KB212200

은혜철학의 발견

존재를 사유하는 새로운 시선
우주를 관통하는 자연의 이치

은혜철학의 발견

와모포로—

지부동률혜다

천—법은히

그리고 읽

이주연 지음

모시는사람들

프롤로그

명사에 동사를 더하다

내 공부 길은 왜 모두 얽힘의 관계 속에서 살아가는지, 이 관계에서 내가 해야 할 일은 무엇인지 고심하며 걸어가는 여정이다. 내 삶의 이유와 일의 몫을 알고자 하는 목마름 때문에 공부해 왔고, 앞으로도 하게 될 것이다. 이 책은 그 답을 찾아가는 과정을 담고 있다.

원불교의 '사은'은 모든 것이 그냥 얽혀 있지 않고 '은혜로 얽혀 있다'는 걸 핵심으로 한다. 처음엔 의아했다. 왜 소태산은 모든 관계의 '은혜'를 말했을까? 사람들은 인공조미료를 첨가하여 가공한 인스턴트식품보다 자연 그대로의 재료를 사용한 식품을 더 신뢰한다. 마찬가지로 무엇이든 자연에 가까울수록 진리에도 가깝다고 보는 법인데, 굳이 은혜라는 인위적인 가치 요소가 필요한가? '도'(道)라든가 '하나'와 같은 궁극적이며 추상적인 것만으로 근본적인 관계를 표현할 수 없는가? 그렇게 하는 것만으로 더 나은 세상이 될 수 없는 것인가? 이 세상엔 폭력적이고 안

타까운 현상이 많이 발생하는데, 그럼에도 은혜롭다고 말할 수 있을까? 눈 감으면 코 베어 가는 이 '험한 세상'에서 어떻게 서로 얽혀 은혜를 느끼고 주고받으며 살아가야 하는 것인가?

'은혜'는 왠지 내 마음 깊은 곳에서부터 완전히 이해하긴 어렵겠다는 생각의 벽이 오랫동안 가로놓여 있었다. 이 벽은 2020년부터 무너지기 시작했다. 코로나19가 확산되기 시작한 즈음이었다. 많은 사람들이 바이러스에 감염되었고 경제적, 사회적 타격을 입었다. 이런 초유의 사태는 비인간 존재를 도구로 삼는 인간중심주의에서 기인했다는 반성의 목소리도 나왔다. 이 시기에 원광대학교 원불교사상연구원 중심으로 '지구인문학연구회'라는 새로운 학문 연구 모임이 태동했다. 지구인문학은 그간의 인간중심주의를 반성하고, 동서양 간 인문학적 대화를 시도하면서, 지구 차원의 새로운 존재 인식과 실천 철학을 모색하자는 학문적 입장이다. 사실 그것은 전에 없던 새로운 것이 아니라, '개벽종교'나 '개벽학'을 비롯한 그간의 논의와 학문적 여정을 새롭게 자리매김하면서 인류세 시대의 항해를 계속하는 일이라 할 수 있다.

2021년에는 도서출판 모시는사람들 부설로 지구인문학연구소가 만들어졌다. 뜻있는 연구자들은 서구의 탈근대적 관점들을 공부해 나가면서 실학, 동학, 원불교학 등 한국사상이 가진 접점, 나아가 공경의 시선 및 태도론을 모색할 수 있었다. '인류세'라는 비공식적 지질시대의 이름이 보편화될 정도로 지구는 황폐화되고 있다. 이 시점에서 기존의 관점을 지구 중심적인 것으로 전환하는 것은 분명 필요한 일이었다. 비슷한 시기에 동양과 서양에서 기존의 관점을 반성하는 경향이 나타난 것도 흥미로운 상황이었다.

코로나19가 지속되는 한편으로 기후위기도 가속화되었다. 그야말로 '위기'가 찾아왔다. 전례 없는 폭우와 폭설, 산불 등으로 인해 많은 사상자가 발생했고, 이 위기는 '포스트코로나'로 돌아선 지금도 진행되고 있다. 그레타 툰베리 같은 운동가가 목소리를 높이고, 범종교적 기후행동이나 시민운동이 계속되고 있지만 인류는 급변하는 기후의 잰 걸음을 따라잡지 못하고 있다.

그 속에서 나는 더한 고민에 빠졌다. "우리는 어떻게 얽히며 살아가야 하는가?"

모두가 은혜로 연결되어 있다는 것은, 이 세계가 그저 색깔도, 냄새도, 형체도 없는 무(無)의 속성만을 진리로 삼지는 않는다는 걸 시사한다. 세상에 명사만 있고 동사와 형용사는 없다면 어떨까? 사각형과 삼각형은 인정하지만 형태 없이 흘러가는 물, 그릇에 담을 수 없는 무형의 공기, 냄새 없는 마음은 인정될 수 없다면 어떻게 될까? 사랑하는 마음과 배려하는 마음, 자비로운 마음은 진리가 아니라고 하는, 아주 딱딱하고 무미건조한 세상이 될 것이다. 그러나 석가모니와 예수는 분명 사랑과 자비를 말하지 않았던가!

소태산이 '은혜'를 선언한 이유는 유기물과 무기물, 유형과 무형 할 것 없이 우주만물이 본래 은혜로 얽혀 있음을 강조하려는 데 있다. 우린 소소한 광물로부터도 무한한 혜택을 입고 있으며, 저 말 없는 공기와 하늘은 조건 없이 모두를 살린다. '은혜'의 주체는 인간, 혹은 인간적인 것일 수도 있지만 광물과 자연물 같은 비인간 존재도 될 수 있다. 소태산의 은혜철학은 인간이든 비인간 존재든, 서로 주체가 되어 서로를 살리는 은혜를 베푼다는 철학이다.

그럼 소태산은 왜 은혜를 선언했을까? 그 이유는 그의 깨달음이 은혜라는 거울에 가장 잘 비치기 때문이다. 인간의 철학적인 사유는 주로 자신이 누구인가의 문제, 어디에서 왔고 어디로 가는가의 질문을 다루는데, 소태산은 나를 둘러싼 만물과 내가 은혜 관계로 얽혀 있음을 '깨달았기' 때문에 은혜를 힘주어 제창했다. 자연 그대로의 진리에 은혜라는 색깔을 인위적으로 덧입힌 게 아니라, 은혜의 얽힘이라는 통찰이 곧 자연 그대로의 진리라고 말한 것이다.

은혜의 본질과 속성을 이해하기 위해 근접한 용어를 빗대어 말한다면 '생명'을 들 수 있다. 생명은 곧 존재의 가능성에 직결된다. 나를 존재하게 하고 보전하게 하는, 생명을 가능하게 하는 그 무언가를 은혜라고 할 수 있다. 길가의 풀이 자라나 어느새 자리를 지키고 있는 것도, 곡식이 때가 되어 결실을 이루는 것도, 해와 달이 교대로 지구를 비추는 것도, 지구가 자전하는 것도, 지금 이 글을 읽는 우리 자신이 규칙적으로 숨쉴 수 있는 것도, 생명을 가능케 하는 은혜의 작용이다. '은혜'는 손으로 부여잡을 수 있는 명사라기보다, 숫자나 무게로 환산 가능한 숫자라기보다, 끊임없이 생성과 소멸을 거듭하며 꿈틀거리는 생명, 그 자체로 동사이고, '은혜하다'이다.

우리 자신이 지금 이 순간 사라지지 않고 이곳에서 존재할 수 있다면, 이 생명의 본질을 은혜(하다/받다)로 표현할 수 있을 것이다. 그래서 은혜는 타자와의 얽힘에 대한 사유이기도 하지만, '나는 누구인지'의 근본적 질문에 대한 답이기도 하다.

이 책의 제목 "은혜철학의 발견"은 두 가지 의미를 지닌다. 첫 번째 의미는 소태산이 '발견'한 우주의 이치다. 소태산이 우리에게 제시한 것은 은혜가 이 우주를 관통하는 자연의 이치라는 것이었다. 나는 무심코 숨을 쉬던 중 '이렇게 호흡이란 걸 할 수 있음이 얼마나 다행한 일인가!'라며 안도한 적이 있다. 이처럼 소태산은 은혜라는 요소를 새롭게 발명한 것도, 가지고 있던 것을 발전시킨 것도 아닌, 지극히 자연적인 까닭에 미처 인식하기 어려운 진실을 '발견'한 것이었다. 두 번째 의미는 소태산이 주창한 은혜철학에 관한 새로운 '발견'이다. 소태산이 '은혜철학'이란 용어를 사용하진 않았으나, 만물을 바라보는 그의 시선은 서로가 긴밀히 맺고 있는 은혜의 관계를 향했다. 이 시선이 지금의 지구적 위기현상에 가 닿는다면? 그런다면 종교적 울타리 내에서의 은혜가 아니라, 이 세상을 위한 보편 담론과 같은 은혜의 철학을 전하기를 바란다.

이 책은 지난 3년간 은혜에 관해 공부하며 쓴 글을 모으고 재구성한 것이다. 본래의 논문 글을 풀어서 좀 더 독자에게 다가가고자 했다. 은혜란 과연 무엇을 말하는 것인지, 은혜를 실천하면 어떤 변화가 일어날 수 있을지, 혐오와 소외의 이 세상에 은혜가 주는 메시지는 무엇인지, 은혜철학은 수양학이나 타자철학, 생태학과 어떤 지점에서 공명할 수 있는지, 영화나 언어와 같은 매개물과는 어떻게 만날 수 있을지 고민한 작은 생각과 마음의 모음이다.

은혜철학을 본격적으로 공부하기 전엔 교육학을 공부했다. 논문을 쓰며 천착했던 사상가 미하일 바흐친, 철학자 엠마뉘엘 레비나스 등의 사유의 폭과 깊이는 나로 하여금 은혜철학에 되도록 폭넓게 접근하도록 유도했다. 넘치는 열정으로 인해 은혜의 개념을 친절히 설명하지 못한 부분이 꽤 있을 것이다. 이 점에 관한 독자 여러분의 따끔한 비판과 충고는 아낌없이 받아들일 것이다. 어쨌든 은혜철학이 이 시대의 위기와 아픔을 어루만지고 시선을 새롭게 전환할 수 있는 유의미한 담론이 될 수 있기를 기대한다.

이 자리를 빌려 감사의 마음을 전해야 할 분이 많다. 공부 방법을 일깨워주신 전북대학교 한창훈 교수님, 학문의 세계에 진입했을 때 아낌없는 격려를 해주신 원광대학교 김대희 교수님, 개벽학에 새로운 눈을 뜨게 해주신 원광대학교 박맹수 전 총장님, 편안한 환경에서 연구에 열중할 수 있게 해주시는 원광대학교 박성태 총장님과 원불교사상연구원 고시용 부원장님을 비롯한 선생님들께 감사드린다. 이 분들이 아니었다면 중단 없이 학구의 길을 지나 지금의 이 행복에 도달하지 못했을 것이다. 또한 충고와 토닥임을 해주고 계시는 원영상 교수님, 견고한 생각의 문을 열고 통합적 사유의 동반자가 되어 주시는 모시는사람들 박길수 대표님, 박일준 교수님, 이우진 교수님, 이원진 교수님, 조성환 교수님, 허남진 교수님께 감사드린다.

피부에 와 닿는 따뜻한 공기와 문밖으로 들리는 발자국 소리, 늘 자식 걱정을 한 가득 안고 계신 부모님, 매일 밤 나 자신과 하나 되는 시간, 그리고 이 글을 읽고 있을 독자 여러분이 날 살리고 살아가게끔 하는 은혜임을 절감한다. 은혜철학을 통해 자신과의 연대를 비롯하여 사회 및 지구의 연대가 이루어질 수 있길 바란다. 나 또한 그 누군가에게 꼭 은혜가 되어야겠다.

2023년 4월

이주연

은혜철학의 발견

제1부 은혜로
시작된
얽힘 _____

제 1 장

———

은혜의 탐구 경향*

* 이 장은 『한국종교』 50집(2021년 8월)에 실린 「원불교 사은(四恩)연구의 경향과 과제」를 수정한 것이다.

'은혜'는 원불교 교리의 핵심 키워드로, 주로 '사은'(四恩: 天地恩·父母恩·同胞恩·法律恩)의 범주로 이야기된다. '은혜'의 교법적 의미와 쟁점, 그리고 현대 사회와 우리에게 시사하는 지혜를 알기 위해서는, 먼저 그간의 연구와 논의의 경향을 살필 필요가 있다. 사은(四恩)은 원불교 교리의 집약체라 할 수 있는 「교리도」에서 핵심 축의 한 줄기를 이루는 '인과보응의 신앙문'에 속한다. 소태산 박중빈(小太山 朴重彬, 1891~1943)은 그가 깨달은 궁극적 진리의 표상 '일원상'을 사은에 기대어 언급하기도 했다. 즉 "일원상의 내역을 말하자면 곧 사은이요, 사은의 내역을 말하자면 곧 우주만유"(『대종경』 교의품 4장)라는 것이다. 이 말은 우리 눈으로 인식할 수 있는 사은이 곧 진리의 궁극적 실재와 둘이 아님을, 나아가 천지만물은 궁극적 실재가 나타난 바라는 것을 뜻한다. 많은 분들이 지금까지 사은을 탐구해 왔다. 그간의 탐구 성과를 주제별로 큰 틀로 정리해 보면, ⑴ 존재론적 측면, ⑵ 포괄적 창조성의 측면, ⑶ 생태적 측면에서 논의되어 왔음을 알 수 있다.

1. 존재론, 은혜의 통합적 시선

일원과 사은 - 동일성과 차이성

사은에 관한 존재론적 연구는 뜨거운 논쟁 가운데서 진행되어 왔다. 그간의 연구들은 일원(一圓)과 사은(四恩)의 이원화를 지양하는 가운데, 일원과 사은의 동일성에 중점을 두는 입장과 차이성에 중점을 두는 입장이 은근한 긴장을 유지해 왔다. 소태산이 사용한 이원적 용어들, 예를 들어 '정신'과 '물질'이 그가 깨달은 진리의 본질을 대중에게 설법하기 위해 사용한 방편 같은 것이었음을 감안하면, 기본적으로 일원과 사은에 관한 이원론적 프레임은 지양되어야 한다는 게 필자의 입장이다.

이런 문제의식 아래 지금까지 전개된 연구 중 대표적인 몇 가지만 소개하면 다음과 같은 성과를 들 수 있다.

· 한기두, 「법신불 사은에 대한 고찰」, 『원불교사상과 종교문화』 20, 1996.

· 한정석, 『사은은 얽혀 있다』, 원불교출판사, 2004.

· 노권용, 「원불교의 불신관 연구: 법신불사은을 중심으로」, 『원불교사상과 종교문화』 50, 2011.

· 박상권, 「원불교 일원상 진리와 사은의 관계에 관한 논의 고찰」, 『원불교사상과 종교문화』 52, 2012.

특히 사은 연구에서 지목하는 주요 쟁점 중 '법신불 사은'이라는 용어를 둘러싼 논란이 더욱 활발하다. 현재 원불교 교단에서 '법신불 사은'이란 표현을 쓰는 것은 근본적으로 원불교 『정전』 중 「심고와 기도」 장의 "천지 하감지위(下鑑之位), 부모 하감지위, 동포 응감지위(應鑑之位), 법률 응감지위, 피은자 아무는 법신불 사은 전에 고백하옵나이다."라는 대목에 의거한다. 그 밖에 다음 용례도 중요한 전거가 된다.

"법신불 사은이 우리에게 죄 주고 복 주는 증거…." (『대종경』 교의품 10장)

"법신불 사은의 가호하심…." (『정산종사법어』 경륜편 22장)

"법신불 사은이시여! 이 예회에 모인 저희에게 특별한 광명과 힘을 내리시와…." (『정산종사법어』 권도편 18장)

"피은자 김대거는 정심 재계하옵고 삼가 법신불 사은 전에 고

백하옵나이다.” (『대산종사법어』 적공편 60장)

“누가 ‘당신의 배경이 무엇이요.’하고 묻는다면 그대들은 자신 있게 ‘법신불 사은입니다.’하고 대답할 수 있어야 하느니라.” (『대산종사법어』 공심편 29장)

“법신불 사은의 거룩하신 은혜와 위력 아래 출생한….” (『예전』 예문편 ‘가례예문’)

　용례에서 볼 수 있듯, ‘법신불 사은’은 주로 죄와 복, 광명과 힘, 은혜와 위력을 주는 주체, 기원과 고백의 대상, 든든한 배경 등의 의미로 사용된다. 그러나 정순일은 ‘법신불 사은’이라는 용어가 소태산의 열반 이후 등장했을 뿐 아니라, 본래 단 두 글자 ‘사은’으로 통용되던 것이 어떻게 해서 ‘법신불 사은’으로 바뀌어 『정전』에 명기되었는지 그 경위가 밝혀지지 않은 점을 지적한 바 있다.[1]

　‘법신불’이나 ‘사은’이라고 하지 않고 법신불과 사은을 병렬한 ‘법신불 사은’이라는 용어로 호칭하는 이유, 그리고 그 의미는 무엇일까? ‘법신불 사은’의 호칭 문제에 천착했던 연구자들은 이

1　정순일, 「일원상 신앙 성립사의 제 문제」, 『원불교학』 8, 2002, 193쪽.

호칭이 타당한지 의문을 제기해 왔다.[2] 이러한 문제제기는 '법신불 사은'과 '법신불 일원상'의 혼용에 대한 문제의식으로도 이어졌다.

현재 『원불교전서』에서는 '법신불 사은'과 '법신불 일원상'이라는 말이 함께 사용되고 있다. 원불교 『교헌』 「전문(前文)」에 의하면 원불교는 "법신불 일원상의 진리를 종지로 하여 신앙과 수행을 병진한다"고 정의된다. 이때 '법신불 일원상'은 신앙의 대상이자 수행의 표본으로서, 본질적이고 궁극적인 진리를 의미한다.

이 '법신불 일원상'이라는 말도 경전과 법어집에서 다양한 용례로 발견되는바, 그중 대표적인 것은 아래와 같다.

· "우주만유의 본원이요, 제불 제성의 심인(心印)인 법신불 일원상을 신앙의 대상과 수행의 표본으로 모시고…." (『정전』 '교법의 총설')

---

2 다음의 연구가 대표적이다.
  정순일, 「일원상 신앙 성립사의 제 문제」, 『원불교학』 8, 2002.
  정순일, 「'법신불사은' 호칭 제고」, 『원불교사상과 종교문화』 49, 2011.
  노권용, 「원불교의 불신관 연구: 법신불사은을 중심으로」, 『원불교사상과 종교문화』 50, 2011.
  고시용, 『원불교 교리성립사』, 한국학술정보, 2012.

· "우리 어리석은 중생은 이 법신불 일원상을 체받아서…."
(『정전』 '일원상')

· "제불 조사 정전(正傳)의 심인인 법신불 일원상의 진리와…."
(『정전』 '영육쌍전법')

· "법신불 일원상을 진리의 상징으로 하고…." (『대종경』 교의품
11장)

· "법신불 일원상의 이치를 깨치어… 법신불 일원상을 숭배하
자는 것…."(『대종경』 교의품 14장)

· "천만 사리의 통일체인 법신불 일원상" (『정산종사법어』 기연편
16장)

· "법신불 일원상은 각 종교의 진리를 통섭한 것…." (『대산종사
법어』 교리편 24장)

· "법신불 일원상은 불멸 불후의 예술이요 문화 상징의 극
치…." (『대산종사법어』 회상편 49장)

'법신불 일원상'은 신앙의 대상이자 수행의 표본, 제불 조사 정
전(正傳)의 심인, 진리의 상징, 천만 사리의 통일체, 각 종교의 진
리를 통섭한 것, 불멸 불후의 예술, 문화 상징의 극치 등으로 설
명되고 있다. '법신불 사은'이 힘, 주체, 배경 등의 의미로서 권능
과 위력을 가진 절대자라면, '법신불 일원상'은 상징이나 합일의

대상을 의미하는 셈이다. '법신불 사은'과 '법신불 일원상'이 서로 다른 의미로 사용되는 이유는 무엇이고, 이 두 용어의 의미는 각각 무엇인가?

한기두는 "요즘 원불교의 신앙이 '법신불 일원상' 앞에서 '법신불 사은'을 향해 심고와 기도를 올리는 격이 되었다"고 비판적인 논조로 지적했다. 한기두는 '법신불 일원상'이 신앙의 대상, 즉 넓고 큰 진리 그 자체이며, '법신불 사은'은 신앙의 당처, 즉 현실적으로 지금 여기에 나타나는 신앙의 장(場)이라고 말한다.[3] 이처럼 한기두는 '법신불 일원상은 신앙의 대상'이고 '법신불 사은은 신앙의 당처'로서 둘이 같을 수 없다는 견해를 밝혔다.[4] 한기두의 견해대로라면 '법신불 일원상'과 '법신불 사은'이 혼용되어선 안 된다. 이는 『정전』「교법의 총설」에서는 "법신불 일원상을 신앙의 대상과 수행의 표본으로 모시고", "천지·부모·동포·법률의 사은과 수양·연구·취사의 삼학으로써 신앙과 수행의 강령을 정하였"다고 밝힌 것으로 뒷받침된다. 한기두의 이 견해가 타당하다고 볼 수 있는 결정적 근거는, 「교리도」상에서 '법신불 일원상' 아래 왼편에 '인과보응의 신앙문'이 있고, 사은은 이 신앙

---

3 한기두, 「법신불 사은에 대한 고찰」, 『원불교사상과 종교문화』20, 1996, 288쪽.
4 앞의 논문, 277-293쪽.

문에만 포함된다는 사실이다. 「교리도」에는 '인과보응의 신앙문'
만 있는 게 아니라, '진공묘유의 수행문'도 있다. '법신불 일원상'
은 이 두 개의 문을 총괄하는 위치에 있고, 사은은 두 개의 문 중
하나인 신앙문에 속해 있다. '법신불 사은'이 '법신불 일원상'과
같다고 간주한다면, 오른편 진공묘유의 수행문, 즉 수행의 표본
으로서 일원상이 어떻게 발현되는지를 설명할 길은 없어진다.

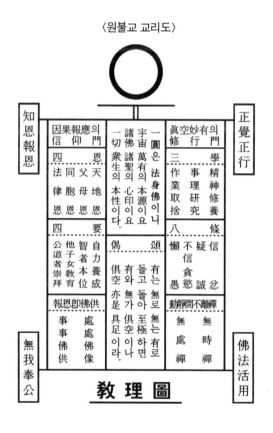

〈원불교 교리도〉

일원과 사은의 동질성 탐구

이와 같이 일원과 사은의 차이에 주목하는 연구가 있는 반면, 일원과 사은의 동질성에 주목하는 연구도 있다. 김인철은 사은을 "심고와 불공의 대상"이라 정의하는데, 그가 이렇게 말하는 것은 일원상과 사은이 둘이 아니라는 점에 무게를 두기 때문인 것으로 보인다. '법신불 사은'이라는 표현이 있는 것도 일원상과 사은을 둘로 보지 않고 동일한 것으로 보기 때문이라는 관점이다.[5] 한정석도 김인철과 유사한 입장에 선다. 그는 저서『사은은 얽혀 있다』에서 "사은은 신앙의 대상"이라고 말한다.[6] 한정석은 우리 주변의 현상적인 것에서 직접 일원상의 진리를 발견하도록 한 것이 소태산의 본의라고 강조한다. 소태산은 진리의 당체를 육근으로 직접 확인할 수 있도록 교법을 구성했으며 그 핵심이 사은이라고 본다는 것이다. 소태산은 대각을 이룬 후 그 경로를 회고하며 "자력으로 구하는 중 사은의 도움"[7]을 받은 것이라 했다. 이는 소태산의 대각이 우리 삶의 현장을 떠나지 않

---

5 김인철,「초기자료에서 찾아본 일원상과 사은의 표현과정」,『원불교학연구』8, 1978, 91-96쪽.
6 한정석,『사은은 얽혀 있다』, 원불교출판사, 2004, 7-22쪽.
7 『원불교교사』, 제1편 개벽의 여명; 제3장 제생의세의 경륜.

고 이루어졌음을, 그러므로 누구든지 우주의 궁극적 이치를 지금 바로 이 순간 살아 숨쉬는 실체로서 오득할 수 있음을 뜻한다. 분명 김인철과 한정석의 논의는 이와 같이 본체와 현상이 동일하다는 관점으로 일원상과 사은의 관계를 이해한다.

물론 앞서 소개한 한기두도 일원상과 사은이 서로 떠날 수 없는 관계라고 보는 점은 마찬가지다. 법신불, 그리고 그 당처로서의 응화신인 사은을 함께 신앙하도록 하기 위해 심고와 기도를 '법신불 사은' 앞에 올리도록 했다는 게 그의 견해이다. 그럼에도 일원상을 신앙의 대상으로, 사은을 신앙의 당처로 구분하려 한 것은 김인철, 한정석의 논의와 다른 입장인 것으로 판단된다. 어떤 이유로 이들의 입장이 달라지는가. 김인철과 한정석이 사은이라는 '현상'을 통해 일원상의 진리의 '본체'를 바로 오득할 수 있다고 본 반면, 한기두는 삼학 수행을 병행하지 않는 사은 신앙으로는 일원상의 진리에 다가서기 어렵다고 보았다. 이와 같은 견해의 차이는 일원상과 사은의 관계의 어떤 측면을 더 부각시키는지에 따라 발생하는 것으로 보인다.

이원론적 패러다임에 관하여

노권용은 이러한 입장 차이를 첫째, '일원즉사은, 사은즉만유'

라는 상즉성의 논리에 입각하여 이들의 관계를 동일시하는 관점, 둘째, '본원'의 개념에 주목하여 이들의 관계를 구별하여 보는 관점의 두 측면으로 정리한 바 있다.[8] 허종희 또한 '상즉성의 측면'과 '본원성의 측면'에서 연구가 진행되어 온 것으로 결론지었다.[9]

이처럼 상반된 견해로부터 흥미로운 점이 발견된다. 바로 일원과 사은의 차이에 주목하는 연구가 '법신불 일원상'과 '법신불 사은'의 혼용을 비판적으로 바라보는 데 비해, 일원과 사은의 동질성을 기반으로 한 연구는 양자의 혼용에 대해 찬성의 입장을 세우지 않는다는 것이다. 그 이유를 추정컨대, 이들 선행연구 대부분이 '법신불 사은' 개념의 등장으로부터 정착에 이르는 과정이 명확하지 않다는 점에 동의하기 때문일 것이다. 또한 일원과 사은의 동질성을 강조한다고 해서 둘 사이의 차이를 외면하는 것은 아니라는 것도 알 수 있다. 만약 차이를 외면한다면 '법신불 일원상'과 '법신불 사은'의 혼용을 긍정적으로 수용하고 입

---

8 노권용, 「「교리도」의 교상판석적 고찰」, 『원불교사상과 종교문화』 45, 2010, 265쪽.
9 상즉성의 측면에서 일원과 사은의 관계를 바라보는 입장은 본체와 현상의 동일성을 강조하고, 현상 밖에 실상의 세계가 따로 없다고 본다. 반면 본원성의 측면에서 바라보는 입장은 본체를 바탕으로 현상이 전개되며, 본체와 현상이 다르지 않더라도 존재의 질적 차이를 구분해야 한다고 주장한다. 허종희, 「일원상진리에 관한 연구」, 원광대 박사학위논문, 2018, 2-11쪽.

장을 표명했을 수도 있는 것이다.

일원과 사은의 차이에 주목하건 동질성에 주목하건, '법신불 사은'과 '법신불 일원상'의 혼용에 대해 긍정적인 입장을 보이는 연구가 없었다는 건 결국 일원과 사은의 관계를 '같다', 또는 '다르다'라는 이분법적 방식으로 설명할 수 없다는 것을 의미한다. 차이에 주목하고 동질성을 인정하지 않거나, 동질성에 주목하고 차이를 인정하지 않는, 이원론적 관점으로 일원과 사은의 관계를 분석할 수는 없다는 점에 대한 공감대가 저변에 형성되어 있다는 것이다.

진리 당체에 대한 이원론적 인식의 프레임을 지양하려는 경향은 언어의 영역에서도 발견된다. 언어학자 벤자민 리 워프(Benjamin Lee Whorf)는 '영어'가 세상을 양극으로 분할한다고 지적한 바 있다. 영어는 대부분의 단어들을 명사와 동사라는 두 가지 유목으로 분할한다. 그런데 이 범주들이 고정되지 않는다는 점이 흥미롭다. 어떻게 사용되느냐에 따라 명사가 동사가 되기도 하고, 동사가 명사가 되기도 한다.[10] 색깔을 표현하는 언어의 스펙트럼이 민족마다 다르듯, 명사와 동사를 구분하는 경계선도 알고 보면 불분명하다. 명사는 고정된 개념, 동사는 고정

---

10 벤자민 리 워프, 신현정 역, 『언어, 사고, 그리고 실재』, 나남, 2010, 330-338쪽.

되지 않는 개념이라고 볼 때 고정되는 것과 고정되지 않는 것 사이의 경계선이 불분명하다는 건 세상을 바라보는 이원적 관점이 얼마나 지엽적인지를 짐작케 한다. 그럼에도 우리는 편의를 위해 언어를 유목에 따라 구분하고, 이 구분되는 언어는 다시금 인간의 사고에 영향을 미친다.

원불교 교리 담론에는 정신과 물질, 영(靈)과 육(肉), 동(動)과 정(靜), 대(大)와 소(小), 유(有)와 무(無), 시(是)와 비(非), 이(利)와 해(害) 등 이원적으로 정립된 단어 조합이 꽤 많이 발견된다. 그러나 이러한 표현이 본래 주체와 객체의 이원화를 지향하는 것은 아니고, 오히려 '이름을 달리한 완전 동일'[11]로서 본질에 다가가기 위한 방편적 표현임을 염두에 둘 필요가 있다. 류병덕도 이러한 이원적 표현을 이분법적 사고방식이나 이질성에 의한 시도로 봐서는 안 된다고 강조한다.[12] 소태산이 제시했던 "물질이 개벽되니 정신을 개벽하자"라는 개교 표어, "동정일여"(動靜一如), "영육쌍전"(靈肉雙全) 같은 교리 표어는 이원적 개념을 담고 있는데, 이들은 모두 "큰 도는 원융(圓融)하여 유와 무가 둘이 아

11 박상권, 「진리 인식에 있어서 무-일원상 진리의 구조에 대한 해석에 있어서 무의 문제」, 『원불교사상과 종교문화』 40, 2008, 26쪽.
12 류병덕, 『원불교와 한국사회』, 시인사, 1977, 97쪽.

니요, 이(理)와 사(事)가 둘이 아니며, 생과 사가 둘이 아니요, 동과 정이 둘이 아니니, 둘 아닌 이 문에는 포함하지 아니한 바가 없다"[13]고 보았던 그의 통합적 관점을 배경으로 한다.

마찬가지로, 일원과 사은의 관계는 이원론적 프레임이 아닌, 그 차이성과 동질성을 함께 충족시킬 수 있는 방향으로 설명될 필요가 있다. 염승준은 일원과 사은을 본체와 현상이라는 두 측면의 이원론적 관계로 도식화하는 경향의 문제점을 지적했고,[14] 허종희 또한 본체와 현상을 이원론적으로 구분하려는 프레임의 위험성을 지적했다. 그는 이렇게 말한다. "초월성의 의미에서 볼 때는 일체의 현상을 초월한 측면을 말하며, 내재적 실재를 의미할 때는 모든 중생에게 관통되어 실재함을 의미한다."[15]

일원과 사은에 대한 연구자들의 지금까지의 견해를 두 가지 양상으로 나눌 수는 있지만, 이는 어떤 측면에 무게중심을 두느냐에 따라 견해가 갈라진 경우다. 두 양상 중 한 가지를 선택해야 하는 문제는 아니다.

결론적으로, 일원과 사은의 관계에 대한 논의에서는 이원론

---

13 『대종경』 성리품 제4장.
14 염승준, 「'법신불 사은' 신앙 연구」, 『원불교사상과 종교문화』 59, 2014, 98-111쪽.
15 허종희, 위의 논문, 111쪽.

적 프레임의 지양이 우선 요구된다. 소태산의 언어는 이원적이었으나 그 기저에는 본체와 현상을 통합적으로 바라보는 관점이 존재한다. 이러한 통합성이 일원과 사은으로부터 비롯되는 존재론의 근간이 된다. 지금까지 살펴보았듯이 그간 연구자들은 이 통합성을 전제로 하여 논의를 전개해 왔다. 그렇다면 여기에 더하여, 본체와 현상에 대한 통합적인 관점이 인간과 자연, 정신과 물질을 분리하는 행태를 지양할 수 있다는 점을 주목할 필요가 있다. 통합적 관점을 기반으로 이원론을 지양하는 것은 상대를 타자화함으로 인해 발생하는 소외와 차별, 혐오뿐 아니라 인간중심주의로 인하여 초래된 지구적 위기를 극복하는 단초가 될 수 있지 않을까?

2. 창조성, 은혜의 포괄적 위상

사은의 용례와 의미

이 절에서는 과거 종교들의 교리와 원불교의 사은론의 개념적 연관성에 대해 생각해 보려 한다. 소태산은 자신의 발심 동기와 도(道) 얻은 경로가 석가모니의 행적에 부합되는 바가 많으므로 연원을 그에게 정한다고 하였다. 그리고 불상이 아닌 법신불 일원상을 모시는 이유에 대해 "석가모니 불상이 우리의 모든 중생의 원(願)을 따라 죄를 사하고 복을 주신다는 것이 그 증거가 자상치 못함을 밝히기 위함"[16]이라고 설명했다. 이는 연원을 석가모니에게 둘지언정, 과거 불교의 신앙 문화는 창조적으로 개혁하겠다는 의지의 표현이라 볼 수 있다. 소태산의 창조성은 이렇게 과거 교법과의 개념적 연관성과 독자적 창조성을 함께 추구하는 '포괄적 창조성'이라고 설명할 수 있다. 사은은 이

16 『불교정전』 권1 개선론 제8장 진리신앙과 석존 숭배.

포괄적 창조성의 측면에서 접근할 수 있는데, 특징이 있다면 사은은 원불교의 핵심 교리로서 불교에서의 사은과 그 위상이 다르다는 점이다. 사은의 포괄적 창조성의 측면을 이해하는 데 참고할 수 있는 대표적 연구는 다음과 같다.

· 김승동, 「원불교 은사상 고찰」, 『원불교사상과 종교문화』3, 1979.
· 이현택, 「원불교 은사상과 증산교 보은상생사상의 비교고찰」, 『원불교사상과 종교문화』7, 1983.
· 류성태, 『원불교와 동양사상』, 원광대학교출판국, 1995.
· 김도공 · 임병학, 「원불교 四恩의『周易』연원에 관한 고찰」, 『원불교사상과 종교문화』67, 2016.

다음으로 사은이 원불교 경전에서는 어떤 맥락에서 주로 사용되는지 확인해 보자.

· "천지 · 부모 · 동포 · 법률의 사은(四恩)과 수양 · 연구 · 취사의 삼학(三學)으로써 신앙과 수행의 강령을 정하였으며…" (『정전』 '교법의 총설')
· "사은 · 사요는 인생의 요도(要道)요, 삼학 · 팔조는 공부의

요도인 바….” (『정전』 '인생의 요도와 공부의 요도')

· “이 원만한 사은으로써 신앙의 근원을 삼고….” (『정전』 '심고
와 기도')

· “우리의 일원 종지와 사은 사요 삼학 팔조는 온 천하 사람이
다 알아야 하고 다 실행할 수 있으므로 천하의 큰 도가 되나니
라.” (『대종경』 교의품 2장)

· “일원상의 내역을 말하자면 곧 사은이요, 사은의 내역을 말
하자면 곧 우주만유….” (『대종경』 교의품 4장)

· “사은의 크고 중하심을 참 마음으로 감사하는 동시에….”
(『대종경』 교단품 37장)

· “삼학 팔조와 사은 등은 어느 시대 어느 국가를 막론하고 다
시 변경할 수 없으나….” (『대종경』 부촉품 16장)

· “사은의 큰 윤리….” (『정산종사법어』 기연편 11장)

· “사은 사요의 광대한 도리….” (『정산종사법어』 기연편 16장)

· “사은의 교리가 만생령을 제도하는 가장 큰 길….” (『정산종사
법어』 경의편 8장)

· “사은의 이치는 항상 여여하여 변함이 없나니라.” (『정산종사
법어』 웅기편 4장)

· “사은 사요와 삼학 팔조만 잘 드러나면 만고 대법….” (『정산
종사법어』 유촉편 2장)

· "사은 사요로 세상을 건져서…." (『대산종사법어』 교리편 12장)

· "사은의 원만한 신앙과 봉공은 세계 평화의 원리요 대도…."
(『대산종사법어』 교리편 23장)

· "사은에 보은하는 것이 가장 큰 효…." (『대산종사법어』 교리편
44장)

· "일체 생령의 복문을 여는 길은 사은 사요 실천…." (『대산종
사법어』 훈련편 14장)

· "사은이 영생의 복전…." (『대산종사법어』 운심편 46장)

· "우리 회상의 삼학과 사은이 천하를 구원할 수 있다." (『대산
종사법어』 개벽편 16장)

이상의 용례들을 검토하건대, 사은은 '신앙과 수행의 강령, 인
생의 요도(要道), 신앙의 근원, 일원상의 내역' 등으로 설명되고
있다. 그리고 '천하의 큰 도, 다시 변경할 수 없는 교의, 큰 윤리,
광대한 도리, 큰 길, 만고 대법, 세상을 건지는 법, 평화의 원리,
효, 복전, 구원의 길' 등의 의미로 표현된다. 사은은 원불교 교리
상에서 핵심적 위치에 있다는 점 외에, 종교의 영역을 뛰어넘어
병들어 가는 이 세상을 치료하고 본연의 건강성을 회복하기 위
해 필요한 윤리로도 해석되고 있다.

이성적 윤리+신앙성

　이렇게 사은은 신앙과 수행, 교리와 철학은 물론 실천적 부분에서 세계 구원과 평화 실현의 긴요한 요체로서 조명되고 있다. 한편 사은의 형성사에 관한 연구를 살펴보면 초기에는 이성적 방식으로 사은에 접근하던 것이 후일 교법을 정비하는 과정에서 신앙적 성격을 보완했음을 알 수 있다. 정순일은 원기 17년(1932)에 심고를 예회 식순에 추가하는 것을 기점으로 사은이 신앙적 의미를 지니게 되었다고 본다. 그 전까지는 주로 이성적인 사리판단을 통해 은혜의 성격을 이해하는 경향이 강했고, 따라서 사은 해석도 철학적 범주 내지는 윤리적 당위를 도출하기 위한 방법상의 기제를 천착하는 데 집중되었다는 것이다.[17] 고시용도 비슷한 입장을 보이는데, 그는 사은이 원불교 수행과목 중 하나인 '사리연구'에 바탕을 두어 구상되었다고 말한다. 사리연구는 일과 이치를 밝게 분석하는 공부다. 그는 원불교 선진이었던 전음광의 수필 「교법제정안」에 "대소 유무와 시비 이해를 해부하사 천지, 부모, 동포, 법률의 피은 보은 배은의 법을 알려주시고"(원기 14년(1929) 10월 6일 발표)라는 대목이 바로 사은과 사리

17　정순일, 「사은신앙의 형성사적 연구」, 『원불교사상과 종교문화』 21, 1997, 349쪽.

연구의 관계를 정확하게 묘파한다고 주장했다.[18]

한편, 정순일은 원기 18년(1933)부터 사은을 타력 신앙의 대상으로 생각하는 경향이 나타났다고 주장한다. 예를 들어 원기 19년(1934) 『회보』 제10호에 실린 이덕신의 「감각감상」에서 "이러한 가온대에 만일 정신을 차리지 못하고 공부에 열성치 못한다면 자연 사은의 죄벌하심을 면치 못할 뜻이옵나이다."와 같은 대목이 이를 입증[19]한다는 것이다. 이와 같이 사은 신앙은 본래의 이성적 윤리로서의 성격에 신앙성이 점차 더해져 왔다.

개념적 연관성+독자적 창조성

우주만유 전반에 두루 미치며 작용하는 은적 관계는 소태산이 대각한 주된 내용이자 원불교 신앙 체계의 핵심이라 볼 수 있다. 이러한 이유로 원불교 핵심 교리로서 사은의 교단 내적인 위상은 독보적이며, 특히 이성적 윤리로서만이 아니라 '신앙적'으로 접근되는 사은은 원불교 교리 체계의 독창성을 보여준다.

류병덕은 "소태산은 우주의 이 대은(大恩)을 누구보다도 먼저

---

18 고시용, 『원불교 교리 성립사』, 한국학술정보, 2012, 255-256쪽.
19 정순일, 위의 논문, 352-353쪽.

철저하게 깨달은 존재자"[20]라고 보았다. 우주만유가 전부 부처이며 권능과 위력을 가진 은적 존재임을, 모든 존재가 은혜로 얽혀 있다는 것을 소태산이 창조적으로 깨달았다는 의미다.

물론 사은이 소태산의 독자적인 창조물이라고는 볼 수 없다. 사은의 개념적 연관성에 대한 선행연구들은 소태산이 독자적으로 사은의 범주와 사상을 창조해낸 것은 아님을 밝혀 왔다. 정순일은 대승경전인 『대승본생심지관경(大乘本生心地觀經)』에 등장하는 사은, 즉 부모은, 중생은, 국왕은, 삼보은이 원불교 사은과 각각 배대된다고 보았다. 천지은은 국왕은에, 부모은은 부모은에, 동포은은 중생은에, 법률은은 삼보은에 배대시켜도 좋겠다는 것이다. 그는 "비록 일치하는 것은 아니지만 그 연원적 성격은 충분히 지닌다"고 말한다. 유정엽은 원불교 사은이 불교의 화엄적 세계관과 불교의 사은(四恩), 유교의 인(仁), 주역 등의 영향을 받았다고 보았다.[21] 김도공과 임병학은 원불교의 사은이 주역의 사덕(四德), 즉 인예의지(仁禮義智) 중 인(仁)은 부모은에, 예(禮)는 동포은에, 의(義)는 법률은에, 지(智)는 천지은에 일치된

---

20 류병덕, 위의 책, 137쪽.
21 유정엽, 「사은 신앙의 고찰」, 『원불교사상과 종교문화』 25, 2001, 208-213쪽.

다고 말한다.[22] 이상순 또한 원불교 사은사상의 불교적 연원과 유교적 연원을 인정하는 한편, 후천개벽사상에서 강조하는 상생으로서의 우주의 본질을 연원으로 하고 있다고 본다.[23]

　이와 같이 원불교의 사은(四恩)은 다양한 측면에서 과거 교법들과의 개념적 연관성을 보여준다. 그런데 원불교의 사은은 그 교리적 '위상'이 선행하는 교법과 결정적으로 다르다는 점을 간과해서는 안 된다. 즉 불법에 연원을 두었다 할지라도 불교 사은의 교리적 위상이 원불교의 사은에 그대로 계승되었던 것은 아니다. 과거 교법과 원불교 사은의 관계를 묻는 질문에 대해 정산(鼎山 宋奎 宗師, 1900~1962)은 "주로 창조하시고, 혹 혁신, 혹 인용(因用)"[24]하였다고 답한 적이 있다. 그리고 소태산은 대각을 이룬 후 자신의 대각에 대해 "자력으로 구하는 중 사은의 도움"[25]을 받은 것이라고 설명했다. 소태산이 깨달은 일원의 진리는 우주만유가 각자의 권능과 위력을 보유한 채 은적인 관계 아래 하나로 연결되어 있음을 가리킨다. 그리고 소태산은 아직 깨닫지

22　김도공 · 임병학, 「원불교 四恩의 『周易』 연원에 관한 고찰」, 『원불교사상과 종교문화』 67, 2016, 20-30쪽.
23　이상순, 「은(恩)의 연원과 실천원리」, 『원불교사상과 종교문화』 77, 2018, 163-176쪽.
24　『정산종사법어』 경의편 39장.
25　『원불교교사』 제1편 제3장 1. 교법의 연원.

못한 인류에게 이를 이해하기 쉽게 설명하고 기존의 신앙 행태를 개혁하고자 천지은· 부모은· 동포은· 법률은의 사은을 제시하였다. 바로 일원의 진리와 사은을 포괄적으로 '창조'하는 것을 근간으로 하되 과거 교법의 체계와 구조를 일부 '인용'하였고, 그 가운데 기존의 등상불 숭배 문화를 '혁신'한 것이다. 이 혁신은 핵심 교리로서 사은의 위상을 기반으로 한다.

사은의 교리적 위상

사은은 원불교의 궁극적 진리 당체에 해당하는 '일원상의 내역[26]'이며, 원불교 「교리도」 상으로는 '인과보응의 신앙문'에 해당한다. 따라서 원불교 교리 체계에서 핵심적 요체로서의 위상을 지니며, 불교의 사은이 불교 교리 체계에서 차지하는 위상과는 그 차원이 다르다. 불교의 핵심적인 교리는 연기법(緣起法)이다.[27] 이 밖에는 일체법, 삼법인, 사성제, 12연기 등의 핵심 교리들이 있다. 다른 요소는 차치하고 교의적 위상만을 기준으로 삼아 비교한다면, 원불교 교리 체계에서의 사은의 위상은 불교에

---

26 『대종경』 교의품 제4장.
27 대한불교조계종 포교원 엮음, 『불교의 이해와 신행』, 조계종출판사, 2004, 41쪽.

서의 사은보다는 핵심 교리의 위상에 비견된다고 볼 수 있다. 선행연구들이 밝히고 있듯 원불교의 사은이 불교의 사은에서 연원했다고 추정할 수는 있으나, 사은이 원불교 「교리도」에서 '인과보응의 신앙문'이라는 한 축을 담당하는 만큼 그 위상은 오히려 연기법이 불교 교리 체계에서 담당하는 핵심적 위상에 가깝다고 보아야 하는 것이다. 부연컨대 유교의 인(仁)이라든가 주역의 인예의지(仁禮義智)가 사은과 어떤 점에서 상통하는지를 비교했던 선행연구들도 철학적 원리나 논리적 구조의 측면에서 연관성을 논의한 것이지, 사은이 이 사상들의 위상까지 계승했다는 관점을 보이는 건 아니다.[28]

사은은 원불교 교리에서 빠져선 안 될 뿐 아니라, 종교적 속성을 제외하더라도 지금의 세상을 개선하고 광정하며 조화하는 미래 지향적 윤리로도 새롭게 조명될 수 있다. 세상의 모든 것이 '없어서는 살 수 없는 은혜'로 얽혀 있으므로 이 은혜에 보은하자는 원불교의 사은사상은 상대적 은혜의 범주가 아니라 만유에 두루 미치는 절대적 원리로서의 은혜에 관한 것이다. 즉

---

28 우주만유가 긴밀하게 얽혀 있다고 본다는 점에서 연기법과 사은의 공통점을 말할 수 있는데, 사은은 여기에서 한 걸음 더 나아가 '얽혀 있음'의 속성을 은혜로 정의하고 있다. 이 점에서 소태산의 창조성이 부각된다. 정리하자면 소태산의 사은은 선행하는 법문의 추수적 계승이 아닌 창조와 혁신, 인용이 통합적으로 작용한 결과물이다.

사은 보은은 내가 은혜를 받았기 때문에 갚는다는 개념이 아닌, 원래 우주만유가 은혜로 이루어져 있으므로 이 본질에 순응하고 그에 따라 살아가는 삶을 구현하기 위하여 보은과 불공이라는 실천을 한다는 개념이다.

소태산과 9인 제자가 영산에서 방언공사[29]를 할 때 이웃의 부호가 토지 소유권을 주장하는 바람에 이 일이 난관에 봉착했다. 소태산은 이때 "비록 처음 계획과 같이 널리 사용되지는 못하나 그 사람도 또한 중인 가운데 한 사람은 되는 것"[30]이라고 말했다. 우리의 토지가 못 되더라도 그 부호의 토지는 될 수 있다고 보고 그에 따라 행동한 소태산의 시선과 태도는 개별적 자아에 국한하여 생각하고 행동하는 입장을 넘어서 우주만유를 한 집안으로 여기는 관점과 삶의 양식, 즉 일원주의를 보여주고 있다. 원불교 핵심 교리로서 사은의 의의는 은적 관계에 대한 소태산의 이러한 안목을 바탕으로 한 포괄적 창조성에 따라 이해할 필요가 있다.

---

29 원불교 교단 초기인 1918년(원기 3)부터 1년간 소태산과 제자들이 전남 영광군 백수면 길룡리 앞 해안 갯벌을 막아 농토를 막은 공사이다. 이 공사로 교단 창립의 물질적 토대를 마련했을 뿐 아니라, 정신과 육신을 함께 닦고 때와 장소 구분없이 마음을 공부하려는 수행정신을 확립했으며, 단결과 화합의 정신을 구현하고 공익정신을 배양하는 등 원불교의 정신적·물질적 터전을 닦는 계기가 되었다.〈원불교대사전〉, https://won.or.kr/, 검색어: '방언공사'
30 『대종경』제1서품 제9장.

3. 생태성, 은혜의 지구적 활동

사은의 생태적 속성

생태적 위기에 대한 자각, 그리고 이를 극복하고자 하는 담론은 근대 이후 다양하게 등장했다. 이들은 기후 온난화 현상과 환경오염, 산림파괴, 인구 과밀화 등 생태적 위기 상황에서 인류가 어떻게 대처할 수 있을지 고민해 왔다. 이 담론들은 공통적으로 기존의 인간중심주의에 대해 성찰하고 새로운 세계관이 필요하다고 본다.

오늘의 '지구촌'으로서의 세계를 형성하는 출발점이 되는 근대 산업혁명과 그 결과로서의 근대 문명사회 구축 과정에서 서구의 이원론적인 세계관이 그 근저를 이루었다. 즉 서구 사상은 근대 문명세계를 이루는 원동력이 되었으나, 이는 인간과 비인간 존재, 문명과 자연, 남성과 여성 등의 이원론적 구분을 기반으로 한 것이다. 그런데 이러한 이원론적 세계관은 오늘날 인류 사회와 지구촌 전체가 직면한 생물대멸종의 위협과 기후 체계

붕괴라는 생태적 위기의 직접적인 원인이 되었다. 따라서 이 이원론적 사유를 벗어나지 않는 한 지구의 역습을 피하기는 어렵다는 우려가 시작되었다. 이에 따라 대안적 세계관과 철학, 사상을 탐색하는 노력이 오래전부터 시작되었고, 사상가들은 동아시아의 일원론적인 사유체계 전통에서 꽃핀 여러 사조를 주목하기에 이르렀다.

원불교의 사은 또한 생태 위기를 지적하고 그 대응 방안을 모색하는 차원에서 조명될 수 있다. 불법연구회가 처음 조직(1912)되고 활동하던 당시의 세계는 물론 지금 같은 생태 위기 상황이 아니었다. 그럼에도 소태산 당시부터 제정 및 보급되었던 사은의 교리가 지금의 지구 위험 문제에 생태적 시사점을 제시한다는 점은 흥미로운 일이다.[31] 사은의 생태적 속성은 다음의 대표적 용례를 보면 확인할 수 있다.

· "우리가 천지에서 입은 은혜를 가장 쉽게 알고자 할진대 먼저 마땅히 천지가 없어도 이 존재를 보전하여 살 수 있을 것인

---

31 이는 서양의 종교와 사상이 입각한 이원론적인 태도, 특히 문명과 야만을 기준으로 삼는 인간중심주의가 팽배한 시대상황 속에서 불법연구회의 창립이 이루어진 것과 관련이 있어 보인다. 불법연구회는 '탈역사적'으로 창립된 게 아니며, 시대적 인식을 바탕으로 창립된 것이었다.

가 하고 생각해 볼 것." (『정전』 '사은')

· "금수 초목까지도 우리에게 도움이 됨이니라." (『정전』 '사은')

· "초목 금수도 연고 없이는 꺾고 살생하지 말 것이니라." (『정
전』 '사은')

· "우리는 어느 때 어느 곳이든지 항상 경외심을 놓지 말고 존
엄하신 부처님을 대하는 청정한 마음과 경건한 태도로 천만 사
물에 응할 것." (『대종경』 교의품 4장)

· "천지의 도를 본받아 행함이 천지 보은이 될 것." (『대종경』 변
의품 24장)

· "생명을 아끼어 죽기 싫어하는 것은 사람이나 짐승이나 일
반." (『대종경』 실시품 34장)

· "일체 유정 무정이 천지 아님이 없나니라." (『정산종사법어』 경
의편 6장)

· "대종사는 우주 만물을 한 집안 삼으셨나니, 이가 곧 세계주
의요 일원주의…." (『정산종사법어』 도운편 24장)

· "삼동윤리의 둘째 강령은 동기연계(同氣連契)니, 곧 모든 인
종과 생령이 근본은 다 같은 한 기운으로 연계된 동포인 것을
알아서, 서로 대동 화합하자는 것 … 인류뿐 아니라 금수 곤충
까지라도 본래 한 큰 기운으로 연결되어 있나니라." (『정산종사
법어』 도운편 36장)

· "천지은은 만물에게 응용 무념으로 덕을 입혀 주신 대시주
은…." (『대산종사법어』 교리편 35장)

· "천지 만물 어느 것 하나가 서로 은혜로 이루어지지 않은 것
이 없으니 이 은(恩)은 바로 정의(情誼)…." (『대산종사법어』 교리
편 43장)

· "온 인류가 서로 잘 살려면 인생 5대 철학을 갖춰야 하나니,
첫째는 인생(人生)이니 금수초목까지도 모두 살리는 활생(活
生)으로 살 것이요, 둘째 인간(人間)이니 일체 만물과 상생 상화
하며 중도(中道)로 살 것이요…." (『대산종사법어』 운심편 44장)

· "우리가 가장 친할 것은 천지자연…." (『대산종사법어』 소요편
6장)

천지·부모·동포·법률이 베풀어주는 네 가지 은혜 중 생태적
시사점을 집중적으로 제공하는 것은 천지은이다. 천지은에서는
천지가 없이는 나(주체로서의 존재) 자신을 보전할 수 없음을 자각
케 한다는 점에서, 인간은 만물 속에서 만물과 더불어서만 살아
갈 수 있는 존재라는 관계의 실상을 드러내고 있다고 본다. 또
한 동포은에서도 초목과 금수 모두 우리에게 도움이 되므로 함
부로 대해서는 안 된다고 말한다. 이 밖에도 '우주만유', '우주 만
물', '천지 만물', '만물'이라는 용어로 지구 구성원들을 표현한다.

용례들을 종합해 보면, 생태 위기의 현실에서 사은이 시사하는 바는 인간과 비인간 존재를 막론하고 무엇이든 서로의 존재함(생존)을 위해 없어서는 안 되기 때문에 모두는 모두에게 은혜로운 존재라는 것이다. 그러므로 이들을 부처로 알고 보은 불공할 때라야 조화롭게 공생할 뿐 아니라, 나 또한 생존 및 존재할 수 있다는 입장이다. 특히 우주 만물을 한 집안 삼은 소태산의 철학을 가리켜 일원주의라고 한 정산의 설명은 지구 신학자 토마스 베리(Thomas Berry)의 '지구공동체'[32]를 떠올리게 한다.

사은의 생태적 측면에 주목한 연구들은 원불교가 지금의 시대적 문제에 어떻게 부응할 수 있는지의 질문에서 출발한다. 그 중 대표적인 연구는 다음과 같다.

· 김성규, 「은사상의 의의-생태학적 윤리관에서 본-」, 『원불교학연구』 10, 1979.
· 이성택, 「환경문제를 극복하는 새 가치관으로서의 恩」, 『원불교사상과 종교문화』 17 · 18, 1994.
· 소기석, 「원불교의 사은윤리에 나타난 생태학적 영성에 관

---

32 토마스 베리는 인간이든 인간이 아니든 모두가 지구의 구성원이며, 지구는 그들을 아우르는 통합된 공동체라고 보았다. 토마스 베리, 『위대한 과업』, 대화문화아카데미, 2009, 17쪽.

한 연구」, 『종교문화학보』1, 2006.

· 황화경, 「원불교 사은사상의 생명윤리」, 『한국종교』40,
2016.

연구자들의 생태적 문제의식은 그간 인간이 자연을 도구화해
왔고, 이 점을 개선하기 위해 은혜철학이 필요하다고 본다는 데
있다. 이 점에서는 대부분 공통된 문제의식을 보이는데, 다만
초기 연구자였던 김성규는 인간의 자연 남용의 문제점을 언급
하면서도 인간중심주의를 기반에 두었다. 그는 인간이 과학이
라는 '매직'(magic)에 정신을 잃고 세상에서 마치 최후의 세대를
살고 있는 것처럼 이 생태계를 사용해 왔다고 지적한다. 그러면
서도 인간이 '앞날의 주인'이라고 강조한다.[33]

그러나 박상권은 입장이 다르다. 그는 '인간은 만물의 영장'이
라는 말을 새롭게 이해해야 한다고 말한다. 인간이 만물의 지배
자가 아니라 관리자라는 개념으로 해석해야 한다는 것이다.[34]
인간을 '관리자'라고 이해한 박상권의 입장은 인간을 '주인'이라

---

33 김성규, 「은사상의 의의-생태학적 윤리관에서 본-」, 『원불교학연구』10, 1979, 21-22쪽.
34 박상권, 「원불교의 생명사상: 생명의 인식과 실천원리에 대하여」, 『원불교학』2,
   1997, 304쪽.

고 이해한 김성규의 견해와 다르다. 관리자로서의 인간은 자연을 도구화하는 권리를 소유한 존재가 아닌, 만물이 평등하지만 그 가운데 책임지고 지구를 가꾸어 가야 하는 자를 의미한다. 이 밖에 이성택, 소기석, 황화경도 자연을 착취해 온 인간의 행태를 반성하고 인간중심적 사유로부터 벗어나야 한다고 말하고 있다.

연구자들은 더 이상 인간이 지구를 착취하지 않도록 하기 위해 인류의 시선을 어떻게 전환해야 할지 그 방향을 모색했다. 이들은 원불교의 사은이 제시하는 '없어서는 살 수 없는 관계', 즉 은(恩)적 관계가 시사하는 생태적 감수성을 강조한다. 김성규는 은(恩)적 관계를 "자작자수(自作自受)와 상의상자(相依相資)의 유기적인 관계"[35]라고 해석하고, 이성택은 은혜가 만물 사이의 상호 윤리를 상생으로 연결시키고 있다고 본다.[36] 박상권은 모든 존재가 다른 존재와의 밀접한 관계 속에서 자기 존재를 보존, 유지하고 있다는 존재의 법칙을 지시하는 것이 은이라고 규정한다.[37]

---

35 김성규, 위의 논문, 26쪽.
36 이성택, 「환경문제를 극복하는 새 가치관으로서의 恩」, 『원불교사상과 종교문화』 17·18, 1994, 723쪽.
37 박상권, 위의 논문, 309쪽.

모두가 은혜

그렇다면 이러한 은(恩)의 관계가 어떤 상황에서도 절대적으로 유지되고 작용한다는 것인가? 소외와 혐오, 차별이 만연한 이 시대에, 모든 것이 다 은혜라고 볼 수 있다는 것인가? 「일원상 서원문」에서는 일원은 "은생어해(恩生於害)로 혹은 해생어은(害生於恩)으로 이와 같이 무량세계를 전개"하고 있다고 말한다. 해로움에서 은혜로움이 나타나고, 은혜로움에서 해로움이 나타날 수 있다는 것이다. 대체로 해로움에선 해로움이 나타나고, 은혜로움에선 은혜로움이 나타나는 게 당연지사라고 생각하기 쉽다. 해로움에서 어떻게 은혜로움이 나타날 수 있다는 것일까? 이 구절은 은(恩)과 해(害)가 단지 상대적 개념이 아님을 가리킨다. 은과 해를 단편적이고 피상적으로 파악하는 기성의 관점으로는 문제의 본질에 다가갈 수 없다. 단편적으로는 해로운 일일 수 있으나 전체적인 입장에서 조망하면 은혜일 수 있다. 현상적으로 해로운 것이 본질의 실상이 아니며, 만물이 은혜로 얽혀 있음을 깨닫고 보면 모든 것이 은혜임을 알 수 있다.

사은의 생태학적 특징은 상대적 은(恩)이 아닌 절대적 은, 즉 내가 상대에게 은혜를 베풀었으므로 상대방도 나에게 은혜를 베풀어야 한다는 관점이 아니라 모든 관계와 대상이 은이라는 점을 주창했다는 것이다. 그렇다면 이 절대적 은(恩)을 실천함으로써 생태 위기를 극복할 수 있어야 한다. 그러지 않고서는 제아무리 모두가 은혜라고 강조해도 참된 은혜라고 인정하거나 신뢰할 수 없다. 사은의 상생 철학으로서의 함의를 연구한 박광수는 처처불상(處處佛像) 사사불공(事事佛供)의 이념을 통한 대사회적 보은의 행위가 원불교 신앙의 기본 요체가 된다고 하였다.[38] 황화경 또한 원불교의 '처처불상 사사불공'을 가리켜 사람과 사람, 사람과 자연이 하나로 어우러지는 생명공동체를 지향하는 사상이라고 말한다.[39]

원불교의 신앙고백이자 다짐이라고 할 「일원상 서원문」에서는 원불교의 진리를 받아들여 수행하는 이들이 궁극적으로 추구해야 할 것으로, 진급이 되고 은혜는 입을지언정 강급이 되고 해독은 입지 말 것을 권유한다. 천지만물이 본래 은혜의 관계 속에 있지만, 즉 절대은혜로 맺어져 있지만, 이 은(恩)적 관계가 강급과 해독을 낳는 관계가 되지 않도록, 즉 혐오·소외·차별 내지는 자연 착취로 인한 환경파괴와 생물대멸종, 바이러스의 역

---

38 박광수, 「원불교의 상생(相生) 사상-사은(四恩)을 중심으로」, 『신종교연구』 12, 2005, 128쪽.
39 황화경, 「원불교 사은사상의 생명윤리」, 『한국종교』 40, 2016, 206쪽.

습 등 해독을 생산하지 않도록 하기 위한 실질적인 실천, 즉 불공이 필요하다는 의미이다. 불공이 따르지 않는 은혜는 실제 은혜가 아니라 누군가에게 해독이 될 수 있다는 것이다.

이러한 불공에 관련해, 최근 들어 바이러스 확산 또는 기후온난화 등 지구가 당면한 위험 현상에 주목하는 연구가 활발하게 이루어지고 있다. 바로 원불교사상연구원에서 태동한 지구인문학이 그 대표적 사례이다. 원영상은《원불교신문》에 기고한 칼럼에서 "지구에 불공하는 길은 지구의 자연성을 회복토록 하는 것"이라고 강조했다. 불공은 모든 존재 각자의 완전함과 존재가치가 발현되게끔 하는 "최고의 예의"이며, 이러한 측면에서 지구에 대한 불공은 지구 본연의 가치를 회복할 수 있도록 하는 것이다.[40]

조성환과 허남진은 원불교를 '지구종교'(Eaeth religion)라고 정의한다. 이들은 사은이 '천지-부모'와 '동포-법률'의 두 계열로 구성된다는 점에 주목한다. 바로 천지를 부모로 간주하는 해월의 천지부모사상에서와 같이, 천지를 우리의 부모이자 스승으로 모셔야 한다는 게 사은의 본래 의미라는 것이다. 이때 천지는 지구로 해석할 수 있다. 지금 다시 소태산이 MZ 세대 또는 알파

---

40 《원불교신문》, '원익선 교무의 현대문명과 〈정전〉', 124. 신앙과 불공, 2019.10.11.

세대로 온다면? 그는 천지를 지구로 표현할지도 모른다. 이 지구를 공경의 대상으로 삼고 있다는 점에서, 현대와 미래시대 원불교는 '지구종교', 사은은 '지구윤리'로 기능할 수 있다.[41]

밝恩생각

"존재론적 측면에서 사은이 이원론적 시각으로 접근되어선 안 된다는 게 최근 연구자들의 입장이다. 본질적 측면, 상황에 따라 달라지는 현상적 측면은 사실 분리된 것이 아니기 때문에 통합적으로 인식할 필요가 있다는 것이다. 또한 사은은 과거 종교의 교리들과 개념적으로 연관되어 있으면서도 소태산이 구도생활 끝에 얻은 창조적 깨달음의 결실이라는 점에서 포괄적 창조성을 띤다. 마지막으로 생태적 측면에서 사은은 지구 만물이 은혜의 얽힘 속에 존재한다는 입장이기 때문에, 지금의 지구적 위기에 대한 응답이 될 수 있다."

41 허남진 · 조성환, 「지구를 모시는 종교-동학과 원불교의 '천지론'을 중심으로-」, 『원불교사상과 종교문화』 88, 2021, 168-178쪽.

제 2 장

———

은혜의 의미와 쟁점*

* 이 글은 『한국종교』 54집(2023년 2월)에 실린 「원불교 기후행동의 사상적 토대로서 '恩」 일부를 수정한 것이다.

은혜철학은 생명이 존재하는 것 자체를 은혜라고 보며, 이 은혜에 의해 세상은 유지·향상된다고 본다. 세상 만리만사를 은혜로 설명하는 근거는 무엇인가? 만물과 '은'(恩)은 어떤 연관성을 지닐까? 예기치 못한 순간에 닥쳐오는 수많은 고통과 슬픔, 고난과 위기도 모두 은혜인가? 2장에서는 은혜, 즉 '은'(恩)에 관한 근본적 질문을 던진다. '은'이 이 세상에 작용하는 과정은 어떤 것인지, 그리고 '은'이 분명하게 드러나고 확산되면 어떤 세상이 전개될지 생각해 본다. 특히 원불교 교리체계에서 폭넓게 등장하는 이원적 개념들에 관한 인식상의 오해와 오류를 짚어보고, 누군가가 받는 벌은 반드시 과거 악업의 업보라는 방식의 인과론적 해석만이 지금 시대 위기 상황들을 전부 설명할 수는 없음을 밝힌다.

1. 생명, 근원의 성찰

은혜로 연결된 세상

'사은'(四恩)은 우주만유의 속성을 은혜에 입각하여 바라본다. 우주의 모든 것이 연결되어 있는데, 은혜를 바탕으로 연결되어 있다는 뜻이다. 은혜라는 것은 눈에 보이지 않기 때문에 파악하기 쉽지 않지만, 알고 보면 만물은 모두가 서로 없이 살 수 없는 긴밀한 은혜의 관계로 얽혀 있다. 불법연구회의 문화 활동에 공헌한 전음광은 사은을 가리켜 다음과 같이 말한다.

이 세상은 근본 천지, 부모, 동포, 법률 사은의 체제로서 구성되었는지라 사은을 내어놓고는 다시 다른 물건이 없으므로 우리에게 좋은 일이 돌아오는 것도 그 근원을 연구하면 모두 이 사은의 범위를 벗어남이 없고 일체 낮은 일이 돌아오는 것도 그 원인을 조사하면 하나도 사은의 범위에 벗어남이 없는 것은

사실이다.[1]

이 말은 세상의 모든 것이 은혜로 이루어져 있으므로 어느 것이나 은혜 아님이 없고, 은혜 없는 곳이 없다는 뜻이다. 2012년 원불교 대각개교절 대주제를 '모두가 은혜입니다'라고 정했던 것도 이 맥락에서 해석된다. 원불교의 은혜철학은 우주만유가 모두 '은혜'(恩惠)의 관계로 연결되어 있다고 본다. '사은'(四恩), 그중에서도 '천지은'(天地恩)은 '동포은'(同胞恩)에서 언급하는 유기체, 즉 인간 및 금수초목 외에도 하늘(공기)과 땅, 바람이나 구름, 비와 이슬 같은 무기체와 모든 존재의 관계를 말하고 있다. 이 무기체 및 유기체가 없다면 누구라도 살 수 없으며, 따라서 모두가 서로 은혜를 입고 있다는 게 은혜철학의 핵심이다.[2]

우주만유의 속성을 은혜로 본다면, 여기에서 '우주만유'는 어떻게 정의되고 있는지 알아볼 필요가 있다. 우선 소태산은 "일원(一圓)은 우주만유의 본원"[3]이라고 밝혀 우주만유가 '일원'(一圓)이라는 궁극적 진리로 말미암아 존재한다고 설파한다. 그런

---

1   전음광, 「우리의 신앙할 곳」, 『회보』 7, 불법연구회, 1934, 9쪽.
2   이주연 · 허남진, 「기후위기시대 원불교사상의 생태학적 재해석」, 『원불교사상과 종교문화』 93, 2022, 99-100쪽.
3   『정전』 제2 교의편 제1장 일원상 제1절 일원상의 진리.

가 하면 일원의 내역은 사은이고 사은의 내역은 우주만유라고 보는데, 이 견해는 '일'(一)이 숫자적으로 유일로서의 하나가 아닌 '만유'(萬有)로도 해석될 수 있음을 말해 준다.

"사은의 내역을 말하자면 곧 우주만유로서 천지 만물 허공 법계가 다 부처 아님이 없다"[4]라는 대목에서 우주만유는 '천지 만물 허공 법계', 그리고 '부처'로 표현된다. 이와 유사한 용례로, 불법연구회(원불교의 전신) 정기간행물이었던 『회보』제18호 회설 '죄와 복의 근원을 알아보자'에서는 "우리의 죄와 복의 근원을 더듬어 본다면 하나님이나 부처님만 주는 것도 아니요 조상이나 귀신만 주는 것도 아니라 오직 우주만물 허공법계가 다 주는 것"[5]이라 하여 '우주만물 허공법계'를 죄와 복을 줄 수 있는 권능을 가진 것으로 설명하고 있다.

비유하자면 나의 부모나 남편, 아내만이 나에게 죄와 복을 줄 수 있는 게 아니라 내 머리 위의 하늘, 내 곁의 직장 동료, 늘 사용하는 자동차, 길가의 풀 모두가 내게 죄와 복을 줄 수 있는 셈이다. 특정 존재가 아닌 '우주만유'가 모두 죄와 복을 줄 수 있는 권능을 가졌다는 것은, 곧 전 우주의 구성원 서로가 빠짐없이 영

---

4 『대종경』 교의품 4장.
5 「회설-죄와 복의 근본을 알아보자」, 『회보』18, 불법연구회총부, 1935, 3쪽.

향을 주고받음을 의미한다. 이는 "개체와 개체 사이에 무량한 다양성의 관계가 서로를 규정하고 서로 영향을 미치며 어울려 존재하는, 은적 존재론"[6]이라고도 표현된다.

우주만유가 서로 영향을 주고받는다고 할 때, 그중 궁극적인 영향력은 '존재함'을 가능케 하는 영향력일 것이다. 『월말통신』 33호에서는 복전(福田)으로서의 사은이 우리 존재를 가능하게, 그리고 보전하게 하는 근원이라고 주장한 바 있다.

천지도 우리의 복전이요, 부모도 우리의 복전이요, 동포도 우리의 복전이요, 법률도 우리의 복전이라 하겠노라. 어찌하여 사은이 우리의 복전일꼬 하면 그것은 다름이 아니라 우리는 과거에도 그 사은 가운데에서 살아왔고 현재에도 그 사은 가운데에서 살고 있고 미래에도 그 사은 가운데로 살아갈 것이니까. 언제든지 우리가 이 존재를 세상에 보전케 된 것은 오로지 그 사은에서 주는 복과를 받음이 아니겠느냐.[7]

---

6   정순일, 「소태산 대종사의 생명철학」, 『원불교사상과 종교문화』 69, 2016, 68쪽.
7   「회설-복전발견과 선근재배」, 『월말통신』 33, 불법연구회, 1930, 7쪽.

존재하고 보전하게 하는 은혜

그러면 어떻게 해서 천지(天地)·부모(父母)·동포(同胞)·법률(法律)의 사은이 우리 존재의 근원이라고 말할 수 있는가? 궁극적 진리이자 우주만유의 본원인 일원(一圓)이 일체 만물을 존재케 하는 근원의 상징이라면 사은은 그 실재를 말하고 있으며, 그 범주 관계를 은혜로 드러낸 것이다.[8] 사은에서 강조하는 '은혜'는 우리를 있게 하는 현실의 은혜를 말하며, 따라서 이때 은혜는 다른 말로 '생명'이라고 할 수 있다. 우리는 '살려는 의지'를 지니며 살아가지만 '살리는 뜻'이 없으면 생존할 수 없다. 살려는 뜻과 살리는 뜻이 마주치는 데서만 우리의 삶이 가능하다고 말할 수 있다. 사은은 바로 '살리는' 은(恩)적 존재,[9] 즉 생명의 은(恩)적 존재인 것이다.

소태산은 '천지 피은(被恩)의 조목'을 다음과 같이 밝혔다.

1. 하늘의 공기가 있으므로 우리가 호흡을 통하고 살게 됨이요,

---

8 류병덕, 『소태산과 원불교사상』, 원광대학교 출판국, 1995, 140쪽.
9 김낙필, 「은사상의 생철학적 조명」, 『원불교사상과 종교문화』9, 1986, 168쪽.

2. 땅의 바탕이 있으므로 우리가 형체를 의지하고 살게 됨이요,

3. 일월의 밝음이 있으므로 우리가 삼라만상을 분별하여 알게 됨이요,

4. 풍·운·우·로(風雲雨露)의 혜택이 있으므로 만물이 장양(長養)되어 그 산물로써 우리가 살게 됨이요,

5. 천지는 생멸이 없으므로 만물이 그 도를 따라 무한한 수(壽)를 얻게 됨이니라.[10]

그리고 '부모 피은의 조목'에서는 "만사 만리의 근본 되는 이 몸을 얻게 됨이요, 모든 사랑을 이에 다 하사 온갖 수고를 잊으시고 자력을 얻을 때까지 양육하고 보호하여 주심"이라 밝혔다. '동포 피은의 조목'은 사(士)·농(農)·공(工)·상(商)·금수 초목의 은혜를, '법률 피은의 조목'은 종교와 도덕, 사·농·공·상의 기관 등의 은혜다. 천지의 은혜를 지금의 표현으로 바꿔 말한다면 지구의 은혜라 할 수 있다. 그리고 부모의 은혜는 나의 친부모뿐 아니라 우리를 이 세상에 살아가게 하고 성장시키는 모든 은혜를 의미한다. 동포의 은혜는 여러 영역에서 삶을 영위하도록 도

---

10 『정전』 제2 교의편 제2장 사은 제1절 천지은.

와주는 은혜, 법률의 은혜는 이 모든 게 가능하도록 질서와 규칙으로 지켜주는 은혜다.

천지·부모의 은혜가 우리 존재를 생성·생존케 하는 은혜라면 동포·법률의 은혜는 존재를 보전·온전케 하는 은혜이다. 소태산이 "천지·부모는 부모 항이요, 동포·법률은 형제 항"[11]이라고 하며 사은을 구분한 것도 수직적 위계에서 생명을 생성·생존케 하는 은혜, 수평적 위계에서 생명을 보전·온전케 하는 은혜로 설명할 수 있을 것이다. 은혜철학이 지향하는 '생명의 존재를 가능하게 하고 보전하게 하는' 은혜는 사실 특정한 종교의 교리라기보다 인류 보편의 황금률에 가깝다. 내가 이 세상에 생겨나 존재하지 못했다면, 또는 탄생하였지만 보전할 수 없다면, 우주 만유가 모두 무로 화하기 때문이다.

11 『대종경』 변의품 23장.

2. 긍정, 무한의 은혜

천지의 도를 체받는다는 것

『정전』 '천지은' 편에서 밝히는 '천지의 도(道)'를 살펴보자.

천지의 도는 지극히 밝은 것이며, 지극히 정성한 것이며, 지극
히 공정한 것이며, 순리 자연한 것이며, 광대 무량한 것이며,
영원불멸한 것이며, 길흉이 없는 것이며, 응용에 무념(無念)한
것이니….[12]

소태산은 이렇게 천지의 여덟 가지 도를 말하며, 만물은 이 도
에 의거하여 생명을 지속해 나갈 수 있다고 보았다. 그리고 사
람이 천지의 은혜를 갚으려면 이 도를 체받아서 실행해야 한다
고 하면서 '보은(報恩)의 강령'을 밝혔다. '체받다'라는 말의 사전

---

12 『정전』, 위의 글.

적인 의미는 '행동·문장·그림·글씨 등의 본보기를 그대로 따라 닮아 가는 것', '성현의 인격이나 일원상의 진리를 그대로 닮아 가는 것'이다.[13] 만약 글씨를 연습하는 사람이 명필가의 글씨체를 따라 쓰며 연습한다면 이것도 '체받는' 연습에 해당한다. 최대한 같아지는 것을 지향한다는 점에서, 천지의 도를 체받는다는 말은 천지의 도를 우리 인간도 최대한 닮아 가며, 일체가 되는 방향으로 따른다는 뜻으로 풀이된다. 그래서 불법연구회「사업보고서」에서도 "그 은혜를 갚기로 하면 오직 천지의 행동하는 것을 보아서 나의 행동도 똑 그대로만 하면 될 것"[14]이라고 했다.

그런데, 천지의 도를 체받아서 실행하기 위해 필요한 조목, 즉 '천지 보은의 조목'을 보면 이원적 표현들이 유난히 눈에 띈다.

1. 천지의 지극히 밝은 도를 체받아서 천만 사리(事理)를 연구하여 걸림 없이 알 것이요,

2. 천지의 지극히 정성한 도를 체받아서 만사를 작용할 때에 간단없이 시종이 여일하게 그 목적을 달할 것이요,

3. 천지의 지극히 공정한 도를 체받아서 만사를 작용할 때에

---

13 〈원불교대사전〉, https://won.or.kr/, 검색어: '체받다'
14 원불교정화사 편, 「시창14년도 사업보고서」, 『원불교교고총간』5, 원불교출판사, 1994, 80쪽.

원·근·친·소(遠近親疎)와 희·로·애·락(喜怒哀樂)에 끌리지 아니하고 오직 중도를 잡을 것이요,

4. 천지의 순리 자연한 도를 체받아서 만사를 작용할 때에 합리와 불합리를 분석하여 합리는 취하고 불합리는 버릴 것이요,

5. 천지의 광대 무량한 도를 체받아서 편착심(偏着心)을 없이 할 것이요,

6. 천지의 영원불멸한 도를 체받아서 만물의 변태와 인생의 생·로·병·사에 해탈(解脫)을 얻을 것이요,

7. 천지의 길흉 없는 도를 체받아서 길한 일을 당할 때에 흉할 일을 발견하고, 흉한 일을 당할 때에 길할 일을 발견하여, 길흉에 끌리지 아니할 것이요,

8. 천지의 응용 무념(應用無念)한 도를 체받아서 동정 간 무념의 도를 양성할 것이며, 정신·육신·물질로 은혜를 베푼 후 그 관념과 상(相)을 없이 할 것이며, 혹 저 피은자가 배은망덕을 하더라도 전에 은혜 베풀었다는 일로 인하여 더 미워하고 원수를 맺지 아니할 것이니라.[15]

바로 '시종'(始終), '원·근·친·소'(遠近親疎)와 '희·로·애·락'(喜怒

15 『정전』 제2 교의편 제2장 사은 제1절 천지은.

哀樂), '합리와 불합리', '길흉', '동정'(動靜) 등이 이원적 표현이다. 이들은 원불교 신앙과 수행을 통해서 극복해야 하는 요소로 설명된다. 즉 '천리만사'에 '구애되지 말아야' 하고, '시종'(始終)은 '여일'해야 하고, '원·근·친·소'(遠近親疎)와 '희·로·애·락'(喜怒哀樂)에 끌리지 않아야 하며, '합리'는 취하고 '불합리'는 버려야 한다. '길흉'에 끌리지 않아야 하고, '동정'(動靜) 간 무념해야 한다.

이렇게 이원적이며 상호 대립적인 개념들을 사용한 이유는 무엇인가? 이 논의에는 류병덕이 언급한 '부정성(否定性) 원리'가 유용한 착안점을 제공한다. 류병덕은 은(恩)사상이 부정의 연속에 의해 마침내 더 이상 부정할 수 없이 절대적으로 긍정된 진리를 우리에게 구현한 최고부정의 징표라고 말한다. 부정성 원리는 소태산이 대각하기까지 궁극적인 진리를 추구하던 방법의 하나로, 이것도 아니고 저것도 아니라는 방식으로 대상을 설명하거나 긍정의 반대로서의 부정이 아니라 초월하는 부정을 하는 방식이다. 가령 사랑을 부정성 원리로 이해한다면, 사랑을 부정하는 것은 미움이 아니다. 사랑의 참된 부정은 사랑도 미움도 모두 수용하고 넘어설 수 있는 초월적 부정이다. 즉 '절대적으로 긍정된 진리를 구현한 최고부정'인 것이다.[16]

16 류병덕, 위의 책, 80-83쪽.

이 원리에 기반하여 살펴보면 천지에 보은하기 위해 합리는 취하고 불합리를 버릴 수 있어야 하며, 길흉에 끌리지 말고, 동정(動靜) 간 무념하자는 등의 보은의 조목들은 '불합리'에 대한 상대적 개념인 '합리'를, '흉'에 대한 상대적 개념인 '길'을, '동'에 대한 상대적 개념인 '정'을 추구하자는 것은 아니다. 이 조목들은 '합리'와 '불합리'를 부정하고 '흉'과 '길'을 부정하고, '동'과 '정'을 부정함으로써 언어로는 전할 수 없는 초월적 차원의 '도'(道)이자 '일원'(一圓)에 도달하도록 한 것이다. 이렇게 최고부정의 방법으로 도에 근접하는 것이 은혜에 '보은'하는 것이 된다.

태양은 언제나 지구를 비춘다

이 점에서, 천지의 여덟 가지 도는 거듭되는 부정을 통한 절대적 긍정의 상태를 지향하는 가운데서 발현된다. 소태산은 "우주의 대기(大機)가 자동적으로 운행하는 것은 천지의 도"에 따른 것이라고 말한다.[17] 이 말은 우주의 운행 자체가 도를 따른 것, 즉 해가 뜨거나 비가 오고, 눈이 내리는 것 모두가 천지의 도에 의거한 현상이라는 의미다. 우리의 삶은 일기, 고락, 희로애

---

17 『정전』, 위의 글.

락에 관계없이 절대긍정의 이치를 따라 전개된다고 볼 수 있다. 그러므로 "만물은 이 대도가 유행되어 대덕이 나타나는 가운데 그 생명을 지속"[18]한다고 한 것도 만물의 생명이 절대긍정으로 유지되고 있음을 뜻한다. 이 절대긍정은 "인간이라는 생명체가 암수·천지·주야·생사 따위를 비롯한 거의 무한한 대립적 양극성을 현실에서 안을 때 생명으로써 출현·존재"[19]하는 본원의 원력이 되는 것이다.

그렇다면 절대긍정으로 유지되는 우리 생명을 중단시키는 것도 이 절대긍정에 포함될까? 은혜는 일원상의 진리가 무한하게 움직이며 영원하게 '생멸'(生滅)하는 무한 생성력 그 자체를 의미한다.[20] 생(生)과 멸(滅)은 끝없이 주고받고 오고가는 생성 작용에 불과하다. 이 무한한 생성력으로 인해 우주가 운행되는 것이 은혜다. 즉 죽는 것도 부정적으로 바라보면 두렵고 힘든 과정일 테지만, 우주의 운행과정 중 하나라는 시선, 천지처럼 무심한 시선으로 바라보면 부정적 감정으로 바라볼 필요가 없는 일이 된다.

『도덕경』 2장에서 '유무상생'(有無相生), 즉 유(有)와 무(無)는 서

---

18 『정전』 제2 교의편 제2장 사은 제1절 천지은.
19 정순일, 위의 논문, 66쪽.
20 류병덕, 『원불교와 한국사회』, 시인사, 1978, 146쪽.

로 말미암아서 생겨난다는 말이 유와 무의 상태를 모두 긍정하는 것처럼, 은혜 또한 생(生)과 멸(滅)을 모두 긍정한다. 지금 이곳이 캄캄한 밤일 때도 태양은 지구를 비춘다. 다만 지구가 자동적으로 운행하며 밤낮이 갈마들 뿐이다. 우주만유는 위협적이고 적대적인 관계에 놓일 때도 없지 않지만 "알고 보면" 또는 "전체적 관점에서 본다면" 또는 "일원상 진리의 관점에서 본다면" 그 본질은 결국 은혜의 관계이다.[21]

따라서 은혜를 양육하고 베풀어 주며 보호해 주는 호혜적 개념에 한정하여 설명할 순 없다. 『정전』 '사은' 편의 "없어서는 살지 못할 관계"라는 설명은 천지가 우주만유의 존속을 위해 특정 존재에게 무언가를 의도적으로 베풀었음을 의미하진 않는다. 왜냐하면 천지의 식(識)은 무념(無念) 가운데 행하는 것[22]이기 때문이다. 소태산은 천지의 식이 사람의 희로애락과 달라서, 공정하고 삿됨이 없다고 보았다. 우리를 받치고 있는 대지가 희로애락 없이 세상 만물을 키워내고 받아들이는 것과 같이 말이다. 무심하기 때문에 특정 대상을 위하여 의도적으로 베푸는 것은 불필요한 일이다. 그 대신 천지의 무차별적인 도를 따라 이 우

---

21 한종만, 『원불교 신앙론』, 원불교출판사, 1995, 206쪽.
22 『대종경』 변의품 1장.

주가 운행되며, 이러한 작용이 우리 모두에게는 없어서는 살 수 없는 은혜로 작용한다.

소태산은 "천지는 생멸이 없으므로 만물이 그 도를 따라 무한 한 수(壽)를 얻게"[23] 된다고 말했다. 이때 생멸이 없다는 것은 천지의 무한 생성력이 생멸하지 않음을 뜻한다. "우주만유가 다같이 생멸 없는 진리 가운데 한량없는 생(生)을 누린다"고 하며, "우주 만물이 모두 다 영원히 죽어 없어지지 아니하고 저 지푸라기 하나까지도 백억 화신을 내어 갖은 조화와 능력을 발휘한다"[24]는 것은 천지의 무한 생성력에 의해 만물이 무한한 수(壽)를 얻음, 즉 무한히 생성되며 존재를 영속해 나감을 의미한다. 무한 생성력에 의해 우주만유로 하여금 그 모습을 계속 달리하며 '조화와 능력'을 발휘하도록 한다는 점에서 천지를 은혜의 소산으로 정의하는 것이다. 그러므로 은혜는 "가깝게는 나 자신의 생존의 은혜를 의미하지만 넓게는 우주를 생성 발전시키고 모든 존재를 형성하는 원리이며, 모든 생명을 무한히 상생상화하게 하는 통합의 기운"[25]이다.

---

23 『정전』 제2 교의편 제2장 사은 제1절 천지은.
24 『대종경』 제9 천도품 15장.
25 한종만, 「사은」, 원불교학교재연구회 편, 『원불교학개론』, 원광대학교출판국, 1985, 170쪽.

3. 공생, 평화의 얽힘

배은을 하면 어떻게 될까?

『정전』'사은' 편의 천지은·부모은·동포은·법률은 각 장에는 보은(報恩)을 하는 방법 및 조목, 결과, 그리고 배은(背恩)을 하면 어떤 결과를 얻게 되는지 서술되어 있다. 우주만유가 상호 주고받는 은혜로 얽혀 있다 하더라도 이 은혜에 보답하지 않으면 곧 배은이 된다는 내용이다. 반대로 보은을 하면 이상적인 세상에서 평안하고 행복한 생활을 영위할 수 있게 된다. 특히 '동포은' 장에서는 동포 보은을 할 경우 "국가와 국가끼리 평화"[26]하게 된다고 하여, 보은을 통해 인류 보편의 평화를 이룰 수 있음을 강조한다. 다만 이런 은혜의 실천에는 짚고 넘어가야 할 두 가지 쟁점이 남아 있다. 하나는 배은자는 어떤 처지에 놓이게 되는지의 문제이고, 또 하나는 예기치 못한 위기의 원인을 피해자의 배

---

26 『정전』 제2 교의편 제2장 사은 제3절 동포은.

은 문제에 직결시킬 수 있는가의 문제이다.

먼저 배은을 할 경우 그는 어떤 처지에 놓인다고 볼 수 있을까? 이 문제에 대답하는 일은 인간의 지위에 대한 교법적 해석에서부터 출발할 필요가 있다. 무한 생성력에 의해 무한한 수(壽)를 얻는 만물, 그중에서 인간은 어떤 위치에 있는가. 소태산은 "만물 가운데 사람은 최령하니 다른 동물들은 사람을 위하여 생긴 것이라 마음대로 하여도 상관없다는 인간 본위에 국한됨"[27]을 지적하며, 비인간 존재를 도구로 여기려는 시각을 경계했다. 그런데 이때 '사람이 최령하다'는 입장이 전제가 된다. 그래서인지 불법연구회 초기문헌에서 인간을 최령한 존재로 정의하는 대목들이 발견된다.

· "우리 인생들은 그 우주대기에서 제작 산출되는 수많은 물품 가운데에서도 제일 고귀하고 최령하다는 칭호를 받나니 그는 무슨 까닭일까요?"[28]

· "가장 크고 많은 은혜를 입은 것은 오직 사람이니 그러므로

---

27 『대종경』 제6 변의품 19장.
28 이공주, 「정축을 맞으면서」, 『회보』 31, 불법연구회총부, 1937, 17쪽.

사람은 만물 중 최령의 위에 있어서 가장 고귀하고 활발하고 행복스러운 생활을 누리게 되는 것이다."[29]

· "사람은 만물 중 최령자가 되며 나아가 대우주의 지배자 곧 주인이 된다."[30]

그러나 앞에서도 언급하였듯이, 천지 보은을 위해 천지의 도를 체받아야 한다는 것은 천지를 닮기 위해 최대한 근접하려는 노력이 필요함을 뜻한다. 소태산은 보은을 실행했을 때 나타나는 결과를 가리켜 "천지와 내가 둘이 아니요, 내가 곧 천지일 것이며 천지가 곧 나"인 경지에 다다르게 된다고 말한다. 천지를 닮고자 천지의 운행 원리를 그대로 따라야 한다는 의미다. 이때 인간이 천지의 도를 체받는 것은 "천지가 인간에게 모범적 기준이 될 수 있는" 상태를 전제로 한다.

그러면 인간이 최령하다는 앞의 관점은 천지의 이러한 위상에 관련하여 어떻게 이해될 수 있을까? 『정전』에서 밝힌 '천지

---

29 「시창14년도 사업보고서」, 위의 책, 79쪽.
30 김영신, 「송구영신을 기념하여 영장의 본처에 돌아가자」, 『월말통신』 22, 불법연구회, 1929, 56쪽.

배은의 결과'에 따르면 천지에 배은을 했을 때는 "응당 사리 간에 무식할 것이며, 매사에 정성이 적을 것이며, 매사에 과불급한 일이 많을 것이며, 매사에 불합리한 일이 많을 것이며, 매사에 편착심이 많을 것이며, 만물의 변태와 인간의 생·로·병·사와 길·흉·화·복을 모를 것이며, 덕을 써도 상에 집착하여 안으로 자만하고 밖으로 자랑할 것"이니 "이러한 사람의 앞에 죄해(罪害)가 있을 수밖에 없다"고 말한다. 이 중에서 '인간의 생·로·병·사와 길·흉·화·복을 모르게 된다'는 부분을 주목해 보자. 생로병사는 삶의 전 과정을 망라한다. 다시 말해 사람의 일평생을 의미한다. 배은으로 인해 생로병사의 이치를 모른다면 그를 정상적인 생활을 영위하는 자라고 보기 어려울 것이다. 살아도 산 것이 아니며, 삶으로 말미암아 세상에 끼치는 공덕이 없으며, 결국은 인간으로 태어났으나 인간으로 죽지는 못한다는 말이 된다. 인간은 기본적으로 최령한 존재로 태어나지만, 배은을 하면 실질적으로는 인간의 범주에 들어갈 수 없는 것이다.

전음광은 인간이 기술을 배워도 정의와 도덕으로 사용할 줄 모른 채 자기 욕심만 채우는 데 치우치면 금수와 다를 바가 없다고 강조한다. 정의와 도덕으로써 '기술적 공부'를 사용하다 보면 그때야 비로소 인간으로서 자격을 완성하게 된다는 것이다.[31] 후일 대산(大山 金大擧 宗法師, 1914-1998)이 "우주의 주인 노릇을 못 하면 곧 짐승과 같은 것이니 사람이 근본 된 자격을 갖추어 책임과 의무를 다하여야 한다."[32]고 한 것도 같은 의미이다. 이들이 주목한 정의와 도덕, 책임과 의무는 보은—천지의 도를 체받음—을 가리킨다. 즉 '보은 없는 피은(被恩)'은 인간으로서의 자격을 상실케 한다는 엄격한 기준이 적용됨을 알 수 있다. 은혜에 보답하는 것은 단지 신앙적 행위이기만 한 것이 아니라, 도덕과 책임에 관한 윤리적 행위가 된다고 본 것이다.

이와 같이 인간의 최령함이 성립되기 위해서는 "천지의 도를 체받아서 실행하는 보은행"의 실천이란 전제가 충족되어야 한다. 보은행을 하지 않으면 '인간'이라고 할 수 없다. 따라서 '(인간은) 제일 고귀한 존재', '(인간은) 대우주의 지배자이자 주인' 등으로 표현했던 수식어들은 보은행의 실천 여부에 따라 효력을 유지할 수도, 상실할 수도 있는 가치를 담고 있다.

반면 천지는 '없어서는 살 수 없는' 절대적인 근원으로 정의되

---

31 전음광,「도덕학을 공부함에 대하여」,『회보』41, 불법연구회총부, 1938, 25-26쪽.
32 대산종사수필법문편찬회 편,『대산종사수필법문집』1, 원불교100년기념성업회, 2014, 397쪽.

고 있다. 스포츠는 항상 존재하지만 선수가 규정을 위반하거나 범죄를 저지를 경우 자격을 상실할 수도 있는 것처럼, 천지는 영원불멸하지만 인간은 보은행의 실천 여부에 따라 그 자격을 상실할 수도 있고 유지할 수도 있다. 대산은 "사람은 천지 부모 동포 법률 사이에서 산다"[33]라고 말했는데, 이는 인간을 최령하다고 보는 관점이 위계의 문제, 즉 천지와 인간의 관계에서 인간을 우위에 있다고 본 것이라기보다 역할의 측면, 즉 보은을 실천해야 최령한 인간의 범주에 들 수 있다는 점을 전제로 한 것이다.

위기의 원인, 배은

다음으로, 개개인이 보은행을 실천함으로써 인간으로서의 자격을 유지한다 하더라도 '예기치 못한 위기'에 관한 문제는 여전히 남아 있다. 평범한 시민이 예상 못한 감염병이나 불의의 사고로 인해 피해를 입거나 목숨을 잃는 상황이 수시로 발생한다. 물론 소태산은 "우연히 돌아오는 고(苦)나 자기가 지어서 받는 고는 곧 천지 배은에서 받는 죄벌"[34]이라고 말했다. '우연히' 돌

---

33 앞의 책, 396쪽.
34 『정전』 제2 교의편 제2장 사은 제1절 천지은.

아오는 고가 어떻게 해서 인간의 배은을 '원인'으로 한다고 말할 수 있을까? 우연한 일에 과연 원인이 있을 수 있는가? 천지 배은이라는 원인 때문에 생겨난 '고'(苦)라면 그것은 우연이 아니라 필연이라고 해야 옳을 것이다. 세계 곳곳에서 발생하는 우연한 위기들이 과연 피해자 당사자들의 배은 때문에 일어났다고 규정할 수 있을지, 누군가 생명을 상실하게 된 것이 그 '생명'의 보유자 자신 때문이라 단언할 수 있을지 생각해 볼 문제다.

한기두는 천지가 우리에게 무위이화(無爲而化)로 은혜를 주기도 하지만 또한 역천자(逆天者)에게는 무위이화로 재앙과 해독을 내린다고 말한다. 우연한 사고까지도 자기 스스로 언제 어디선가 저지른 잘못 때문에 얻어지는 재앙이라는 것이다.[35] 물론 자업자득, 인과응보의 이치에 비추어 보면 맞는 말이다. 그러나 현재 발생하는 다양한 위기적 현상들이―기후온난화, 팬데믹, 예기치 못한 사고들―단순히 당사자의 배은에서 비롯된 일이라고만 말한다면 이 방식은 공감을 얻기 어려운 시대가 되었으며, 이 문제는 교화의 측면에서도 논란의 여지가 있다.

「일원상서원문」에 따르면, "은생어해(恩生於害)로 혹은 해생어은(害生於恩)으로" 이 세계가 전개된다고 한다. 은혜는 본질적인

---

35 한기두, 『원불교 정전연구-교의편』, 원광대학교 출판국, 1996, 183쪽.

면에서 절대긍정의 작용을 하지만, 현실적 차원에서는 해(害)로 드러나기도 한다. 여기서 해가 계속 발생하는 이유는 "무지은자(無知恩者)의 이기적 주아행위(利己的 主我行爲)", "배은자(背恩者)의 장난"[36] 때문이라는 류병덕의 견해를 지금 시대에 특별히 조명할 필요가 있다.

정산 송규는 1961년 '삼동윤리'(三同倫理)를 제시하며 종교와 인류의 실천 방향을 언급하였는데, 그중 두 번째 강령인 '동기연계'(同氣連契)는 모든 인종과 생령이 근본은 다 같은 한 기운으로 연계된 동포이므로 대동화합할 것을 권면한다. 같은 맥락에서 그는 개인주의나 가족주의를 지양해야 한다고 하며, 가족의 범위를 세계적으로 확장할 것을 주장하기도 했다. 이 입장은 그 누군가의 이기적인 배은으로 인해 또 다른 누군가가 예상 못한 고통과 해를 얻을 수 있다는 문제, "혹 배은자의 장난으로 인하여 모든 동포가 고해 중에 들게 되는"[37] 상황을 놓고 봤을 때 필요한 하나의 관점이 될 수 있다.

우주만유는 은혜의 원리에 따라 긴밀하게 얽혀 공동체를 이루고 있으며, 이 지구공동체 구성원으로 존재하는 이상 '배은자

---

36 류병덕, 위의 책, 1978, 183쪽.
37 『정전』 제2 교의편 제2장 사은 제3절 동포은.

의 장난'으로 말미암은 해가 확산될 때에는 본인의 직접적인 행위와 상관 없이 그 영향권 내에 들 수밖에 없다. 그렇기 때문에 더더욱 보은과 불공으로 지구 공동체가 배은행의 악업을 씻어내고 보은행의 결과로 운용되도록 해야 한다는 게 은혜철학의 관점이다. 바로 보은과 배은의 분기점에서 나 한사람부터 보은을 선택할 뿐 아니라 최대한 많은 존재가 보은행에 돌아오도록 함으로써 생명의 위기가 아닌 생명평화의 미래사회가 도래하도록 은혜의 진리를 확산하자는 것이다.

밝恩생각

"은(恩)의 본질적 의미와 쟁점을 속성, 작용, 확산의 세 측면에서 살펴보았다. 첫째, 은은 우리를 존재하게 하고 보전하게 하는 관계, 즉 없어서는 살 수 없는 관계의 속성이다. 존재와 보전을 가능케 한다는 점은 은의 생명으로서의 속성이다. 둘째, 천지는 길함과 흉함, 동함과 정함, 태어남과 사라짐 등 이원적 개념들을 절대 긍정으로 끌어안아 무한 생성하는데, 이러한 작용 속에서 우주의 뭇 생명들이 무한한 삶을 영위해 간다. 이것이 곧 은의 작용이다. 셋째, 은혜철학은 이러한 은혜에 보은을 실천하되 배은을 해서는 안 된다고 본다. 은을 인식하고 실천하는 행동의 확산은 평화의 공생으로 이어지게 될 것이다."

제
3
장

———

은
혜
의
응
답

그러면 배은행을 손절하고 보은행을 실천하는 길은 구체적으로 어떻게 걸어 나가야 하는가. 그 갈래는 사람마다 나름이며, 시대마다 각색일 것이다. 그중에서도 각각의 시대에는 그 시대 특유의, 다시 말해 그 시대에 가장 간절히 요구되는 보은행의 덕목이 있게 마련이다. 이 장에서는 그 가운데 우리 시대의 보은행을 기다리는 과제로서 혐오와 소외, 위기를 넘어서기 위해 필요한 관점을 논의하려 한다.

우리는 왜 누군가를 미워하고 부정하는가? 더욱이 세속의 때가 아직 묻지 않은 청소년이 왜 또래들로부터 미움의 대상이 되고, 이주민이 왜 거부의 대상이 되며, 다른 민족은, 여성은, 장애인은 왜 소외의 대상이 되는가? 혐오와 소외, 위기로부터 자유로워지기 위해서는, 나아가 좀 더 성숙한 세상으로 한 걸음 내딛기 위해서는 어떤 시선이 필요한가? 다양한 인종과 문화가 경계를 넘나들게 됨으로써 더욱 중층적이고 다양한 삶이 가능해진 지금, 그에 비례하여 혐오와 소외, 그리고 위기는 한층 더 빠른 속도로, 그리고 광범위하고 복합적인 양상으로 나타나고 있다. 원불교는 이 지구상의 모든 존재를 포함한 세상 만물이 서로 없어서는 살 수 없는 은혜로운 존재로서 얽혀 있음을 강조한다. 은혜의 시선은 현대 사회의 혐오와 소외, 위기에 어떻게 응답하는가?

1. 혐오, 균형감의 응답[1]

혐오의 시대

한때 뜨거운 여성 혐오 이슈 중 하나로 회자되었던 만화가 '기안84' 작가의 웹툰 〈복학왕〉이다. 이 웹툰이 여성 혐오 논란의 중심에 서게 된 것은 여성 주인공을, 능력이 아닌 성을 활용해 성과를 내려는 인물로 묘사했기 때문이다. 반대로 남성혐오 표현 '한남충'같이 여성혐오에 같은 방식으로 대항하는 움직임을 '미러링'이라 부르는데, '워마드'라든가 '메갈리아'와 같은 미러링 사이트는 역으로 여성을 혐오하기로 유명한 '일베'(일간베스트)와 더불어 다소 폭력적인 발언들로 혐오를 부추기는 상황을 연출했다. 코로나19가 확산되는 동안에는 인종 차별과 혐오도 눈에 띄게 증가했다. 한동안 외국에서 동양인은 '묻지마 폭행'의 대상

---

1 이 글은 2021년 9월 『원불교사상과 종교문화』 89집에 실린 「은(恩)으로 혐오 넘어서기-지구인문학으로서 원불교학-」을 수정한 것이다.

이 되기도 했고 심지어 '바이러스'라 불리는 등, 인종 차별적 혐오 행위도 빈발했다. 백인 우월주의자들이 사용하는 표현 '화이트 파워'는 다른 인종에 대한 혐오 정서를 극명하게 보여주며, 서구 사회에 뿌리 깊게 도사린 혐오 문제의 민낯을 투영해 주고 있다고 보아도 좋을 것이다. 또한 아프리카 등 일부 지역에서 여전히 자행되는 여성 할례는 여성의 성적 자유에 대한 혐오를 품고 있다. 할례 문화의 기저에는 남성 우월주의가 깔려 있다. 여성의 쾌감과 자유를 박탈함으로써 남성에게 순응하도록 하려는 가부장적 욕구가 작용한 악습이라고 보아도 좋을 것이다.

이렇게 혐오는 주로 여성과 성소수자, 유색인종, 노인 등을 향해 생성된다. 법철학자 마사 너스바움(Martha Nussbaum)은 혐오가 동물적인 것에서 벗어나려는 인간의 욕구와 결부되어 있다고 말한다.[2] 혐오는 구토라든가 메스꺼움 같은 신체적 반응을 유발한다. 이런 반응이 일어나는 것은 어떤 역겨운 대상이 '체내화'될 수 있다는 점에 대한 불쾌감 때문이다. 우리는 어떤 대상에 대해서는 역겨움을 느끼지 않지만, 또 어떤 대상에 대해서는 역겨움을 느낀다. 가령 누군가의 땀 냄새나 대소변에는 혐오를 느끼는 반면, 머리카락이나 눈썹에 혐오를 느끼지는 않는다. 너

---

2 마사 너스바움, 『혐오와 수치심』, 조계원 역, 민음사, 2015, 144쪽.

스바움은 대상에 따라 혐오의 감정이 달라지는 이러한 현상에서는 대상이 오염물인지 그렇지 않은지가 기준이 된다고 본다.

그렇다면 어떤 오염이 어느 정도 진행되었느냐에 따라 혐오감이 생성되거나 그렇지 않아야 할 것 아닌가? 그러나 의외로 혐오는 관념적 요소에 의해 주로 유발된다. 즉 문제가 있는 물질이 자신의 체내에 들어올 수 있다고 '여길 때' 혐오가 생긴다. 예를 들어 대부분의 사람은 자신의 입 안에 침이 고여 있을 때는 무감하지만, 자신이 침을 뱉은 잔으로 음료를 마시게 되면 혐오감을 느낀다. 나 자신의 몸 밖으로부터 무언가가 침투함으로 인해 자신이 저열해질 수 있다는 데서 혐오를 느끼는 것이다.[3]

따라서 오염으로 인해 자신이 완전무결하지 못하고 낮은 존재가 될 수 있다는 무의식적 불안감이 혐오를 유발한다. 여기에는 영원하고 순수한 존재, 즉 완성된 인간이 되고 싶은 욕구와의 마찰이 개재한다. 타액과 이물질, 냄새 등의 동물적 요소가 배제된 완전무결한 존재, 이상향에 다다르는 존재가 되길 원하기 때문에, 이물질과 냄새를 지닌 존재 또는 자신에게 이물질과 냄새를 침투시킬 가능성이 있는 존재를 은연중 증오하고 미워하게 된다.

---

3 앞의 책, 166-170쪽.

2018년에 제주도에 들어온 예멘 난민들에 대한 혐오감이 불거져서 사회적으로 크게 이슈가 된 적이 있다. 이때 예멘 난민들은 외부로부터 침투한 존재, 위협을 주는 존재로 인식되었다고 볼 수 있다. 당시 청와대 국민청원 게시판에는 "예멘 난민 때문에 저처럼 제주도에 살고 있는 여성들은 어떻게 밤에 길을 다니냐"[4]라는 글이 올라왔다. 예멘 난민 혐오의 기저에는 '이슬람 포비아'(Islamphobia), 즉 이슬람 혐오증(공포증)이 있으며, 구체적으로는 2001년 발생했던 9.11테러를 비롯한 각종 테러, ISIS(이슬람국가), '김선일씨 피살사건' 등으로부터 만들어진 공포가 복합적으로 작용한 것으로 보인다. 따라서 예멘 난민 혐오에는 이슬람 혐오증이 원인 중 하나로 작용한다고 볼 수 있다.

앞에서 제시했듯, 테러리스트에 대한 공포는 나 자신의 완전성을 위협하는 요소에 대한 공포이자 거부감이기도 하다. 혐오는 우리가 될 수 없는 어떤 존재, 즉 불멸의 존재가 되고 싶은 소망을 중심으로 움직인다.[5] 그리고 테러리스트는 이 소망을 역행하는 존재로 인식된다. 예멘 난민을 향한 혐오뿐 아니라 타 종교, 타 인종, 타 집단을 곡해하고 혐오하는 정서는 역설적으로

---

4 대한민국 청와대, https://www1.president.go.kr/petitions/525883.
5 마사 너스바움, 앞의 책, 191쪽.

우리의 영원불멸과 완전성을 향한 염원의 간절함을 보여준다.

혐오의 대상은 '남자답지 않고' 혹은 '여자답지 않으며' '국가를 무너뜨릴' 존재이며, '테러를 저지를 것으로 의심되며' '범죄자이며' '인색하고' '불결하며' '칠칠치 못하고' '나약한' 이들 등으로 그려지고, 이는 혐오적 연상의 사슬로 이어지며 계속해서 확장된다. 그리고 이런 사슬은 끝없는 반복적 재생산 속에서 확신으로 굳어진다. 그런 연상은 미디어가 보여주는 표현 속에도 담겨 있고, 소설과 영화 같은 픽션들과 인터넷 상의 정보 등을 통해서도 공고화될 뿐 아니라, 학교 같은 공공 기관에서도 어김없이 작동한다.[6]

이와 같이 혐오 기제의 생산과 유통 범위가 넓고 가변적으로 된 데에는 갈수록 국경과 지역 간 거리가 좁아진 데다, 미디어의 발달과 더불어 빠른 속도로 정보가 공유되는 등의 이유가 있다. 전 세계적 차원에서 삶의 조건이 이러한 특성을 띠게 된 것을 감안하여 오늘날을 '지구화'의 시대라고 명명한다. 지구화(globalization)는 영토적인 분절화에 기초하고 있던 근대국가의 경계가 허물어지고 세계가 전 지구적으로 하나의 단위체로 통

---

6 카롤린 엠케, 『혐오사회』, 정지인 역, 다산지식하우스, 2019, 243-244쪽.

합되어 가는 과정[7]을 말한다. 우리가 예전부터 흔히 사용해 오던 '지구촌'이라는 말은 세계가 하나의 생활권으로 연결되는 상황, 즉 지구화되어 가는 세계를 비유한 말이기도 하다. 온라인 화상 회의 프로그램 사용자가 늘어난다거나, 음악, 커피, 패스트푸드, 패션 브랜드 등이 전 세계적으로 통용되는 것도 하나로 연결되는 지구화 경향을 보여주는 사례이다. 지구화 시대의 도래로 인해 혐오의 정서는 더욱 복합적·확장적 추세를 보이게 된다.

기린 이야기보다 기린 체험

은(恩)사상은 삶의 현장에서 천지와 부모, 동포와 법률의 은혜를 자각하고, 이것을 삶의 현장에서 있는 그대로 구현하는 실사구시의 실학적 신앙이다.[8] 김팔곤은 인류에 해독을 주는 사회악을 바루기 위해서는 물리적 힘과 정신적 힘이 필요한데 그중 정신적 힘으로서 종교가 있어야 하고, 인간윤리의 기본방향을 추진하는 정신의 원동력 중 '은'(恩)은 특히 현대적 상황에 맞도록

---

7 조명래, 「'지구화'의 의미와 본질」, 『공간과 사회』 4, 1994, 39쪽.
8 류병덕, 「소태산의 실천철학-조선후기 실학과 대비하여」, 『(석산한종만박사회갑기념) 한국사상사』, 원광대학교출판관, 1991, 1231쪽.

제시된 것이라고 말한다. 이러한 은혜는 인간에게 기본적으로 요청되는 박애, 자비, 인애를 비롯한 이타적 사랑의 자세라 볼 수 있다.[9]

은혜철학은 모두가 서로에게 꼭 필요한 관계에 놓여 있다고 본다. 은(恩)은 원불교에서 신앙의 대상으로 삼고 있는 법신불 사은의 속성이자, 전 지구적 존재가 맺고 있는 관계를 한 글자로 표현한 것이다. 소태산은 이 은(恩)을 천지은·부모은·동포은·법률은의 사은(四恩)으로 설명하며, "없어서는 살지 못할 관계가 있다면 그 같이 큰 은혜가 또 어디 있으리오."[10]라고 강조한다.

서로 없어서는 살지 못할 관계에 놓여 있다는 것은 서로 간에 긴밀한 상생의 관계가 형성되어 있음을 의미한다. 소태산은 사은으로부터 은혜를 입은 내역뿐 아니라 보은을 하려면 어떤 조목이 필요한지, 그리고 배은을 할 경우 어떤 결과가 만들어지는지를 『정전』에 명시했다. 은혜를 이해한다는 것은 피은, 보은, 배은이 어떤 개념인지를 비교하고 구분하여 아는 것과도 같다. 이로부터 우리는 전 지구적 존재가 은혜의 관계에 놓여 있음을

---

9 김팔곤, 「사은윤리의 현대적 의의」, 『원불교 신앙론 연구』, 원불교사상연구원 편, 원광대학교출판국, 1996, 297-311쪽.
10 『정전』 제2 교의편 제2장 사은 제1절 천지은.

아는 것만으로 그쳐서는 안 되며, 서로에 대한 '보은행'을 할 때 은(恩)이 완전히 구현될 수 있다는 시사점을 얻을 수 있다.

보은을 중요시하는 것은 은혜철학의 특장점이다. 특히 '동포 보은의 조목'에서는 '항상 공정한 자리에서 자리이타로써 할 것'을 권하여, 보은행의 기준을 전 지구적 차원에서의 자리이타 정신의 실천에 두어야 함을 강조한다. 이러한 '보은의 조목', '보은의 결과'와 '배은의 결과' 등은 '실천학'의 요소라고도 할 수 있다.

사은은 원불교가 신앙의 대상으로 삼는 일원상의 '내역'이다. 그리고 사은의 내역은 우주만유이다. 이는 법신불 일원상을 신앙하는 것이 곧 사은을 신앙하는 것이며, 나아가 우주만유를 신앙하는 것임을 의미한다. 형이상학적인 '법신불'만을 대상으로 하는 신앙으로는 일원상의 신앙을 현실 생활에서 실천하기 어려운 탓에, 현실적으로 나타나는 사은으로 구체화하여 신앙하는 것이다. 만약 어린 아이에게 기린이 어떤 동물인지 이해시키려 한다면 말로만 설명하는 것보다 실제 기린을 보고 만져보도록 하는 게 가장 쉬운 방법일 것이다. 타자를 혐오하지 않고 일원상으로서 온전히 신앙하고자 한다면, 그를 '법신불'이라고만 하기보다 '사은'으로 여기는, 즉 "남이 있으므로 내가 있고 내가

있으므로 남이 있다"[11]는 은적 관계에서 타자를 신앙하는 것이
사실적이고 구체적인 접근이 될 수 있다.

은(恩)으로 혐오 넘어서기

지구상의 모든 존재들이 서로 은혜의 관계로 맺어지고, 서로
를 없어서는 살 수 없는 존재로서 신앙하는 것은 타자를 한 가족
으로 여기고 공경하는 상생의 관계를 견고하고 두텁게 하는 길
이다. 특히 혐오 문제에 있어 은혜라는 덕목은 기독교의 사랑,
불교의 자비와 마찬가지로 타자에 대한 시각을 전환하는 담론
으로 기능할 수 있다. 혹 해(害)가 되는 관계에서도 은혜의 관점
에서는 "시간적으로 멀리 삼세를 일관해서 생각하고, 공간적으
로 멀리 시방을 두루하여 관계되어 있는 것을 알며, 나의 근본과
현존재인 자신은 사은의 공물임"[12]을 앎으로써 절대적 은혜를
지향하기에 그렇다.

그러나 염려되는 점이 있다면, 법신불의 화현으로서의 사은,
즉 우주만유에 대한 신앙과 보은 불공이 사은 당처와 나와의 관

11 신도형, 『교전공부』, 원불교출판사, 1981, 74쪽.
12 앞의 책, 74쪽.

계 위주로 파악됨으로써 사은 당처에 대한 개별적 신앙심은 강화된다 할지라도, 저 개개물물이 나를 살리기 위한 법신불 자체의 '동체대비적 등류태'라는 인식은 약화될 수 있다는 것이다.[13] 즉 내 앞의 상대를 경외심을 가지고 공경의 자세로 대할지라도, 그가 곧 하늘이며 궁극적 진리 자체라는 자각을 지속적으로 유지하기 어려울 수 있다. 사은 당처를 향한 개별적 신앙은 내 앞의 타자를 내가 원하는 대로 의미화할 수 없고 해서도 안 되는 절대적 존재로 볼 수 있느냐 하는 점에서, 그저 불충분조건에 그칠 수 있다. 그 이유는 당처에 대한 신앙이 강화될 경우 대상을 '죄복인과'의 측면에서 바라보기 쉽기 때문이다. 타자를 나에게 죄 주고 복 주는 존재로만 의미를 두면 그 이상의 확장된 타자, 즉 '법신불로서의 그'를 보지 못하여, 상대를 절대적 타자로 인식하기 어려워진다.

물론 울리히 벡(Ulrich Beck)은 그의 저서 『자기만의 신』에서 이렇게 말한다; "세계 사회적 관계에서 폭력을 포기하는 유토피아가 있다면 그것은 개인화된 다양성에 기초한다."[14] 그가 강조하

---

13 노권용, 「원불교 법신불신앙의 의의와 과제」, 『원불교 신앙론 연구』, 원불교사상연구원 편, 원광대학교출판국, 1996, 146-151쪽.
14 울리히 벡, 『자기만의 신』, 홍찬숙 역, 도서출판 길, 2013, 194쪽.

는 '자기만의 신'은 신앙이 주관화 및 개인화되는 것이다. 지구화 시대 전개의 사상 기반은 본래부터 순수한 것은 없으며 모든 것은 뒤섞인 것이라는 점에 놓여 있다. 이러한 시대에는 '복수의 단일 문화주의'를 강조하는 다문화주의가 아닌, '이도저도 다'라는 혼종의 경험을 개념화한 세계 시민주의를 지향하게 된다. 이 세계 시민주의가 기저에 존재하는 지구화 시대에는 모든 사람이 유일한 단일 신앙에 공통적으로 전념하는 것이 아니라 개인화된 신앙, 즉 '자기만의 신'을 가슴속에 모시는 '신앙들'에 각각 전념한다는 것이다.

울리히 벡은 지구화 시대에 요구되는 신앙 행태를 설명하기 위해 레싱의 희곡 「현자나탄」의 반지의 우화를 인용한다. 아들들이 각자 아버지에게서 반지를 물려받았는데, 그들은 모두 자기 반지가 그 하나뿐인 반지라고 생각한다는 이야기다. 그는 말한다. "하나뿐인 반지를 소유해서는 안 된다! 그것은 보편주의라는 지옥이다." 이 이야기는 '반지로서의 정체성, 그리고 여러 반지들'이라는 두 가지가 동시에 존재해야 하듯 신앙도 절대적 진리에 개인화가 병행되어야 함을 의미한다.[15]

종교는 단일성과 보편주의가 아닌 구성원 각자의 경험과 삶

---

15 앞의 책, 194, 261쪽.

에 맞아떨어지는 '자기만의 신'을 섬기도록 발전한다는 게 벡의 견해다. '자기만의 신'은 유일신 지향의 사고방식, 그리고 이원론에 입각한 선악 구분, 타자를 배제하는 보편주의를 지양하는데, 그 이유는 지구화가 심화될수록 보편주의 '들'—특히 유일신종교—간의 충돌이 격화되기 때문이다. 보편주의 '들'의 충돌에 맞서 벡이 제시하는 대안이 '자기만의 신'이다. 개인화된 신앙을 하는 인간이 '자기만의 신'을 창조하고 또 그렇게 자기가 창조한 신의 계시를 통해서 '자기만의' 삶에 주관적인 확실성과 구원을 약속받는다는 것이다.[16]

보편성과 특수성을 함께 강조하는 벡의 견해는 지구화 시대와 더불어 나타나는 신앙 행태의 변화를 반영하고 있다. 그가 말한 '자기만의 신'을 일원상 신앙에 적용해 보면, '자기만의 일원(一圓)'이라 할 수 있다. 개신교 장로이자 한의사, 문학인 등의 정체성을 가지고도 불법연구회의 교리를 흡수할 수 있었던 조송광이 바로 '자기만의 일원'의 초기 모델이었다. 소태산의 제자가 되기를 원하면서도 변절자로 낙인찍힘을 걱정하는 조송광에게 "참으로 아는 사람은 때와 곳을 따라서 이름만 다를 뿐"[17]이라

---

16 앞의 책, 128쪽.
17 『대종경』 전망품 14장.

고 한 소태산의 가르침은 복수의 신앙이 가능하다는 점을 시사한다. 단일한 유일의 일원이 아닌 복수의 일원 '들' 중의 '자기만의 일원'에 대한 신앙은, 벡이 말했듯 폭력(혐오)을 포기하는 유토피아의 메커니즘이 될 수 있다.

벡은 한스 큉(Hans Küng)이 제시했던 보편적 세계윤리가 개인화된 영적 추구의 밑바탕을 이룬다고 말한다. 보편적 세계윤리는 모든 문화에서 나타나는 윤리적 규칙으로, 인류 공통의 윤리를 말한다.[18] 그가 보편적 세계윤리의 중요성을 언급한 것은 '자기만의 신'의 기저에는 복수의 신앙이 가지는 다양성과 개별성, 무수한 차이들을 변질시키지 않으면서도 모두 감싸 안을 만한 정도의 공통적 윤리가 존재한다고 보기 때문이다. 같은 원리에서, '자기만의 일원'은 그 다양성 내지는 혼종성과 대립 등을 모두 끌어안는 보편적 세계윤리로서 '법신불'이라는 '동체대비적 등류태'[19]를 바탕으로 할 때, 개별적 특수성이 그 빛을 발할 수 있다. 즉 '자기만의 일원'을 추구하는 일원주의는, 비유컨대 물의 절대성과 불변성을 근본으로 하되 이를 담아내는 그릇에 따라 나타나는 다양성을―혼합에서 그치지 않고―회통적으로 보

---

18 울리히 벡, 위의 책, 214-216쪽.
19 노권용, 위의 책, 151쪽.

는 관점이다.[20]

이렇게 볼 때, 원불교 신앙의 관점에서는 '법신불'과 '사은' 중 어느 한쪽에 치우치지 않는, 다시 말해 균형감을 잃지 않는 자세가 중요하다고 말할 수 있다. 이때 균형감 있는 신앙은 류병덕이 "초월적으로 표현한 것이 신(神), 내재적으로 표현한 것이 불(佛)이라고 한다면 일원상은 이 신과 불의 표현을 동격으로 동시적으로 표현한 것"[21]이라고 한 설명과, 노권용이 '일이이'(一而二), '불일불이'(不一不二)[22]라고 한 설명에서 그 의의를 이해할 수 있다. 그리고 비유적으로는 "우리가 피아노를 칠 때 낮은 음, 높은 음 다 있지만 결국 음 하나로 일관되는 것처럼 만법 자리도 그와 같다"[23]고 한 박길진의 말도 같은 맥락에서 이해할 수 있다.

'혐오를 포기하게 하는 유토피아'로서 지구화 시대의 개인화된 신앙, 즉 '자기만의 일원'은 법신불과 사은을 균형감 있게 신앙하려는 태도를 필요로 한다. 이러한 신앙에 의해 내 앞의 타자는 내가 임의로 이름 붙일 수도, 의미화를 할 수도 없는 절대

---

20 이주연, 「지구적 연대를 위한 뒤섞임」, 『우리는 어디로 가야 하는가』, 모시는사람들 철학스튜디오 기획, 모시는사람들, 2020, 264쪽.
21 류병덕, 『원불교와 한국사회』, 시인사, 1977, 172쪽.
22 노권용, 「교리도의 교상판석적 고찰」, 『원불교사상과 종교문화』 45, 2010, 263-264쪽.
23 박길진, 『일원상과 인간의 관계』, 원광대학교출판국, 1985, 133쪽.

적인 존재인 동시에, 전 지구적 존재를 모두 끌어안는 보편적 지구윤리에 가까운 '법신불'로 거듭날 수 있다. 그리고 나에게 죄도 주고 복도 줄 수 있는 당처의 존재, 근본적으로 은혜로운 존재로서 실제적인 의미 또한 가지게 되는 것이다.

원불교에서 전 지구적 존재의 관계성을 은혜로 표현한 것은 이렇게 서로가 서로에게 가장 근원적인 법신불이기 때문이며, 비유하자면 "땅의 바탕이 있으므로 우리가 형체를 의지하고 살게 된"[24]것과 같이, '자기만의 일원', '자기만의 사은', '자기만의 우주만유'로서 저마다의 특수성이 발휘될 수 있도록 서로가 여건을 조성해 주기 때문이다. 이 은혜의 관계는 결국 전 지구적 존재들의 본질적 관계이며, 미워하는 감정과 왜곡돼 버린 시각들로 인한 혐오들의 대안이 될 수 있을 것이다.

---

24 『정전』, 제2장 사은.

2. 소외, 불공의 응답[25]

세계소외의 시대

   한나 아렌트(Hannah Arendt)는 『인간의 조건』에서 두 가지 관점
에서 소외를 소개했다. 하나는 '세계소외'(world alienation), 또 하
나는 '지구소외'(earth alienation)다. '세계소외'는 자본주의가 이 세
계에 대한 인간의 탈소유화를 야기함으로 인해 인간이 세계 안
에 오히려 자신의 터전을 마련하지 못하고 소외되는 것, 즉 '세
계 안에서 자신의 장소를 박탈당하고 적나라한 생존 위기에 내
맡겨졌다는' 것을 의미한다. 아렌트가 인간이 탈소유화로 인해
터전을 상실하는 것을 소외로 본 것은 탈소유화가 곧 더 큰 탈소
유화로 이어지기 때문이다. 그는 인간의 존엄성과 가치가 존중
받지 못하는 현실, 오히려 인간이 세계의 모든 사물이 생산되는

---

25 2절과 3절은 2022년 3월 『원불교사상과 종교문화』92에 실린 논문 「숭산 박길진의
    은사상이 지닌 현대적 의미」를 수정한 것이다.

과정에 점점 빠른 속도로 재투입됨으로 인한 소외현상의 위험성과 문제점을 지적하고 있다.[26]

　이러한 세계소외 현상은 '행위'의 제거라는 문제가 중심에 자리 잡고 있다. 인간의 행위는 인간관계의 그물망을 형성하며 지속적으로 영향을 주고받는 가운데 이루어지기 때문에 자신의 통제력으로부터 벗어나 있다. 그래서 인간은 이미 행한 것을 본래의 상태로 되돌리지 못하는 무능한 존재라고도 볼 수 있다. 인간은 이 무능함으로 인해 '행위'를 포기하고 대신 도피처를 구하는데, 이때 도피처는 곧 행위의 과정을 생산 과정으로 대체하여 통제 및 지배를 가능케 하는 전제정치의 출현을 유도한다.[27] 즉 '노동'과 '작업'에 치우친 나머지, 다원성을 충족시킬 수 있는 소통 과정으로서의 '행위'가 제거되는 것이다.

　아렌트의 '세계소외'를 돌이켜보건대, 인간에게서 '행위'를 제거한다는 것은 인간의 존엄성을 제거하는 것, 즉 혐오와 차별, 폭력의 문제로 이어져 있다. 성소수자와 여성, 타 인종, 노인, 장애인에 대한 혐오와 차별은 아렌트가 예로 든 '인간재료'(human

---

26 한나 아렌트, 『인간의 조건』, 이진우 역, 한길사, 2021, 357-367쪽.
27 공병혜, 「세계소외와 이야기적 정체성」, 『인간연구』 25, 2013, 85쪽.

material)[28]라는 용어가 함의한 문제의식과 유사한 문제를 내포한다. '인간재료'는 인간을 물질처럼 취급하는 근현대 사회의 경시 풍조를 가리킨다. 혐오와 차별은 '인간의 조건'인 다원성을 수용하지 않고 타자를 '인간재료'와 같이 다루는 데서 비롯한다. 타자를 나와 다른 또 하나의, 그러나 동등하며 은혜로운 존재로 인식하지 않고 재료로 인식한다는 것은 곧 타자와 나 사이의 상호의존 관계가 우리의 존재 됨 그 자체와 삶(생활)에서 어느 정도의 비중을 차지하는지를 인식하지 못한다는 뜻이다.

불교의 연기설은 세상 만물은 모두가 긴밀히 얽혀 있는 존재이기 때문에, 누군가를 소외시키거나 차별할 경우 그로 인한 부정적인 영향이 곧 나에게로 돌아온다는 입장이다. 이 밖에도 한국의 자생종교인 동학 천도교, 원불교를 비롯해 근현대에 부흥한 한살림을 비롯한 생명운동은 산업문명의 발달로 인한 '행위의 제거'에 대응해 왔다. 김지하가 밝힌 "모든 무궁하고 신령한 우주생명의 생성을 인정하고, 모시고, 자각적으로 공경함으로써 거룩하게 살려내는 것"[29]이 생명운동의 취지라고 할 때, 이 취지는 상호의존적 관계에 있는 천지와 만물에 대해 모심과 공경

28　한나 아렌트, 위의 책, 288쪽.
29　김지하,『생명학』2, 화남, 2004, 14쪽.

의 윤리를 실천함으로써 '행위의 제거'가 아닌 '행위의 발현'을 추구한다고 볼 수 있다.

지구소외의 시대

아렌트는 '세계소외'에 이어 소외의 두 번째 개념으로 '지구소외'를 든다. 인간이 지구와의 거리를 좁힘으로써 지구를 손으로 만지고 '눈앞에서 소용돌이치는 삶의 공간'으로 만들었으나, 오히려 이러한 가까움이 지구에 대한 '측량'을 어렵게 했다고 한다. 따라서 자연히 인간 스스로를 지구로부터 소외시키는 결과를 낳았다는 것이다. 아렌트가 설정한 '인간의 조건'은 인간이 지구에서 삶을 영위해야 하는 이상 지구라는 조건 아래 살아가야 함을 뜻한다. 이때 지구가 인간의 조건이 될 수밖에 없는 이유를 설명하기 위해 그는 "우리가 상상할 수 있는 인간의 조건의 가장 극단적인 변화는 인간이 지구에서 다른 행성으로 옮겨가는 것"[30]이라고 말한다. 그런데 인간은 극히 예외적인 경우를 제외하고는 모두가 지구상에서 나서 지구상에서 살다가 지구상에서 죽어가는 존재라는 점, 지구를 벗어나서는 잠시도 살아

---

30 한나 아렌트, 위의 책, 86, 357-379쪽.

갈 수 없다는 점에서 지구 위의 삶은 인간의 가장 기본적인 조건이다. 즉 인간이 지구의 거주자로 존재하는 한 지구가 제공하는 조건이 곧 인간 삶의 원천이자 기반으로, 우리가 단순히 지구의 피조물이라기보다 '살아 있기' 때문에 지구라는 조건 아래 있다는 것이기도 하다.

아렌트는 이처럼 인간이 지구 위에 존재하는데도 불구하고 스스로 우주의 관점에서 사유하는 걸 가리켜 '놀라운 능력'이라고 부른다. 그러면서도 보편적인 관점―예컨대 근대수학―으로 지구를 사유하다 보니 '상대적인 지구'를 마음대로 다룰 수 있다는 착각에 사로잡힌다고 비판한다. 지구 밖에 점만 있으면 지렛대로 지구를 들어 올릴 수 있다고 주장했던 아르키메데스와도 같이 인간은 어리석게도 지구를 소외시키지만, 이러한 소외는 곧 역으로 지구로부터 인간의 소외를 야기하고 마는 것이다.[31]

이러한 '지구로부터의 소외' 현상을 보여주는 핵심적인 키워드로 '인류세'라는 용어가 있다. 파울 크뤼첸(Paul Crutzen)이 제안한 '인류세'(Anthropocene, 人類世)는 지구의 변화에 미친 인류의 영향력의 막대함, 현재의 기후위기와 환경재난의 책임이 인간에게 있다는 비판적 의미를 내포한다. 인류세에 대한 성찰은 인

---

31 위의 책, 367-379쪽.

류로 하여금 자연을 자신들의 도구로 삼았던 지난날을 반성하고, 이제는 비인간 존재와 동등한 '행위자'로서 살아가야 한다는 인식 또는 "지구 시스템 교란을 방지하는 인간의 고유한 책임"[32]에 대한 자각으로 이어져 왔다.

근대 서구 중심의 세계 이해 행태에서 파생된 근대적 인간중심주의에 대한 반성은 21세기에 들어선 이래로 다양한 경로로 확장되고 심화하면서 본격화되었다. 특히 '지구화'가 가속화됨에 따라 경제·정치·역사·종교 등을 다루는 다양한 학문분과에서 이 지구화 현상에 주목한 연구 성과를 제출하고 있다. 신학의 경향을 예로 들자면, 가톨릭 사제이면서 신학자이자 생태학자였던 토마스 베리(Thomas Berry)는 '생태대'(Ecozoic Era)라는 새로운 시대 구분 개념을 제안하였다. 여기서 그는 지구가 착취의 대상이 아니라 인간이 상호 존중의 자세로 사귀어야 할 대등한 주체라고 보는 것이 생태대 신학의 과제임을 강조하였다.[33] 이와 더불어 샐리 맥페이그(Sallie McFague)는 지구가 당면한 위기가 인간의 경제활동에서 비롯되었다는 데 주목함으로써 신학과 경제학의 접목을 시도하고, "인간중심주의로부터 우주중심주의를

---

32 클라이브 해밀턴, 『인류세』, 정서진 역, 이상북스, 2018, 95쪽.
33 토마스 베리, 『위대한 과업』, 이영숙 역, 대화문화아카데미, 2009, 10쪽.

향한 운동"으로의 변화로서 '지구신학'을 제창했다.[34] 이후 프란치스코 교황(Francis, Jorge Mario Bergoglio) 또한 회칙 『찬미받으소서』에서 "세상의 모든 것이 서로 연결되어 있다는 확신"과 "모든 피조물의 고유한 가치"[35] 등 지구 구성원에 대한 인식의 변화를 핵심 과제로 삼음으로써 지구와 만물에 대한 관점의 전환이 필요함을 강조한 바 있다. 이 시대에 무엇보다 소외에서 공생으로의 전환이 필요하다는 점에 주목한 것이다.

대표적 '지구인문학자'로 조명되고 있는 차크라바르티(Dipesh Charkrabarty)는 지구를 '글로브'(globe)의 차원이 아닌 '행성'(planet)의 관점으로 인식하려 한다. 지구는 인간중심적 관점을 나타내는 반면에, 행성 즉 지구 시스템 과학의 측면은 그렇지 않다는 것이다.[36] 인간이 도구로 인식하던 기존의 지구가 아닌, 살아있는 유기체와도 같은 '행성' 지구와 새로운 대면을 하여 '지구소외' 이전으로 돌이키자는 것이며, 그러기 위해선 기존의 사유방식을 전면적으로 전환해야 한다는 것이다.

---

34 샐리 맥페이그, 『풍성한 생명』, 장양미 역, 이화여자대학교출판부, 2008, 193-201쪽.
35 프란치스코 교황, 『찬미받으소서』, 한국천주교주교회의, 2021, 22쪽.
36 허남진 · 조성환, 「디페시 차크라바르티의 지구인문학(1) - 지구(Earth)에서 행성(Planet)으로」, 『문학/사학/철학』 67, 2021, 292쪽.

은(恩)으로 소외 넘어서기

'세계소외'와 '지구소외' 현상은 인간으로부터 만물에 이르는 대상을 타자화, 도구화하는 데서 비롯된다. 이러한 소외현상을 극복하자는 것은, 비유컨대 마르틴 부버(Martin Buber)가 '나-그것'의 존재방식을 넘어 '나-너'의 존재방식을 추구할 것을 강조했는데, 이때 대상을 '그것'이 아닌 '신'으로서의 '너'로 보자는 것과도 같다. 또는 한용운의 '나-너' 존재론이 인간 이외의 존재까지도 인격적인 관계에 포함시켰다거나 이규보가 인간과 사물의 상의(相依)·상생(相生) 관계를 강조하며 펼쳐냈던 특유의 '님학'[37]과 그 지향성을 함께하자는 것이다.

소태산의 장남이자 원광대학교 초대총장을 역임했던 숭산 박길진(朴吉眞, 1915~1986)은 서구 근대철학이 개별성보다 전체성을 강조했기 때문에 전체주의와 계몽주의를 양산했다고 보았다. 이는 인종 차별과 식민정책, 그리고 자본주의의 결합으로 이어졌고, 인류를 전쟁 속으로 밀어 넣었다. 그 기저에는 정신과 육체의 이원론적 구분이 있었다. 대표적으로 헤겔(G.W.F Hegel)이

---

37 조성환·허남진, 「인류세 시대의 새로운 존재론의 모색」, 『종교교육학연구』66, 2021, 65-67쪽.

주장했던 '절대정신'(Absoluter Geist)도 서구의 백인들에 해당하는 것이었다. 그는 동양은 이성이 아닌 자연을 궁극적인 것으로 여기기 때문에 정체된 역사 속에서 자유를 누리지 못한 채 살아가는 곳이라 인식했다. 이렇게 정신을 자연과 육체의 우위에 두는 사고는 결국 대상을 도구적인 것으로 보는 시각을 양산했다. 대상을 도구로 인식하는 사고방식은 '세계소외'뿐 아니라 '지구소외'의 주된 원인 중 하나가 된 것이다.

화엄철학에 근거한 한정석의 설명을 빌리자면 은혜철학은 '일원(一圓) 즉 사은(四恩)'의 종적인 측면에서 이사무애법계(理事無碍法界)의 원리를 지니고, '사은 즉 사은'의 횡적인 측면에선 사사무애법계(事事無碍法界)의 원리를 지닌다. 즉 '60억' 인구를 세계라는 하나로 뭉칠 수 있는 동시에 한 사람 한 사람이 가진 특성의 다름도 존재하는 것과도 같다.[38] 지구의 모든 구성원이 '일원'(一圓)이라는 절대적 진리를 담지하고 있음을 인식하는 한편, 저마다의 다름에서 기인하는 다원성을 지향함으로써, 은혜철학은 지금의 소외 현상에 대한 하나의 대안적 관점으로 기능할 수 있다.

소외 현상이 지속적으로 일어나고, 그로 인해 혐오와 차별이 끊이지 않는 것은 인간과 만물, 그리고 지구를 은혜의 존재 또는

---

38 한정석, 위의 책, 17쪽.

부처의 현현(顯現)으로 인식하지 못하는 데에서 비롯된다. 요즘 빈번하게 사회문제가 되는 "소수자들에 대한 증오"[39]는 "우리의 삶의 방식, 즉 우리가 단 하나의 진정한 길이라고 선언한 그것이 사실은 유일한 삶의 방식이 아니라는 것을 일깨워주기 때문"[40]에 발생한다. 다원성을 수용하지 못하는 사유방식은 결국 '세계소외'를 유발하며, 지구 구성원의 다양성, 존엄성을 인지하지 못함에 따른 '지구소외'로도 이어지게 된다.

숭산은 "어린아이 중심의 교육도 해야 하지만, 그와 동시에 어른 중심도 되어야 하고, 노인 중심도 되어야 하고, 여자 중심도 되어야"[41] 한다고 하여, 소수자가 소외되지 않는 교육을 강조한 바 있다. 대산도 "온 인류와 일체생령과 만물을 부처로 보고 모신다."[42]라고 하여 만물을 부처로서 공경할 것을 강조했다. 이들은 은혜의 시선을 통해 '소수자들에 대한 증오'에서 '소수자들에 대한 불공'으로 전환하는 걸 지향했던 것으로 보인다.

39 아르준 아파두라이, 『소수에 대한 두려움』, 장희권 역, 에코리브르, 2011, 73쪽.
40 데릭 젠슨, 『문명과 혐오』, 이현정 역, 아고라, 2020, 272쪽.
41 숭산 박길진 KBS 출연 대담 녹취록, 4쪽.
42 대산종사수필법문편찬회 편, 『대산종사 수필법문집』1, 원불교출판사, 2020, 594쪽.

3. 위기, 탈중심성의 응답

위기의 시대

우리나라는 근대화를 목표로 한 서구식 산업화, 경제성장의
길을 달려왔고, 그래서 근대가 기반으로 하는 정신·물질 이원론
이 오늘날 우리 사회 대다수 사람들의 보편적 가치관이 되었다.
이러한 정신과 물질의 이원화, 그리고 그에 따른 서구 중심주의
는 '서구적'이지 않은 것들을 보편적이지 않고 특수한 것, 전근
대적인 것으로 인식하는 흐름을 형성했다. 그러나 에드가 모랭
(Edgar Morin)이 지적하듯 "순수한 문화란 없다."[43]

20세기 전반에 걸쳐 부흥했던 포스트모더니즘은 보편적 가치
나 문화, 철학이 본래 부재함을 주장했다. 전 세계를 횡단하는
절대 진리도, 전 인류에게 통용될 수 있는 총괄적인 규범도, 전
지구적 역사를 꿰뚫어볼 수 있는 통일성 있는 역사관도 본래 존

---

43 에드가 모랭, 『유럽을 생각한다』, 임문영 역, 문예출판사, 1995, 238-242쪽.

재하지 않았다는 것이다. 모랭이 지적한 대로 전체주의는 대화 가능성을 제거해 버리기 때문에, 보편적인 것과 순수한 것에 대한 환상은 곧 '보편적이지 않은 것'에 대한 오해를 낳게 된다.

그렇다면 보편적인 것과 그렇지 않은 것을 어떻게 인식해야 하는가? 차크라바르티는 보편적 사상의 본산이라고 자임하는 유럽을 '지방화' 하는 시도를 한다. 그렇다고 해서 유럽이 탄생시킨 보편사상 자체를 부정하진 않는다. 오히려 자신이 시도하는 유럽의 지방화가 "유럽 사상을 회피하려는 기획일 수 없다"[44]고 단언하기까지 했다. 그는 "어떻게 보편주의적 사상이 항상 그리고 이미 특수한 역사들에 의해 수정되었는지"[45] 이해하는 게 중요하다고 말한다.

유럽에서 먼저 시작된 근대화의 물결이 이후 비서구권으로 흘러갔다고 해서 비서구 지역을 열등한 곳으로 인식한다면, 이는 곧 보편주의가 "로컬의 장소를 없애 버리는 사유 형식들을 생산"[46]하는 방향으로 사용되었음을 의미한다. 그가 '로컬의 장소'를 이렇게까지 강조한 이유는 보편주의에 치우친 인식이 곧

---

44 디페시 차크라바르티, 『유럽을 지방화하기』, 김택현·안준범 옮김, 그린비, 2014, 500쪽.
45 앞의 책, 19쪽.
46 앞의 책, 499쪽.

'환상'임을 규명하기 위해서였을 것이다. 차크라바르티는 보편주의의 옳고 그름을 논하자는 게 아니라 오히려 '로컬의 장소'가 다양하게 존재할 수 있음을, "'세계-내-존재'의 다양한 방식"[47]이 가능함을 말하고자 했다. 즉 보편주의의 소멸이 필요한 것이 아니라 '보편주의의 재구성'에 도전할 필요가 있으며, 이로써 로컬 지역들의 다양한 지식들, '위계 없는 지식들'이 공존하는 새로운 세계를 꿈꾸게 된다.[48] 차크라바르티가 추구한 것은 결국 보편적인 것들을 어떻게 '탈중심화'하는가의 문제다. 보편주의를 '취할 것이냐, 버릴 것이냐'의 시각으로 바라본다면 이 또한 또 다른 보편주의를 낳을 수 있기 때문에, 보편주의의 탈중심화를 통해 유럽을 지방화하고자 한 것이다.

혹 원불교가 '보편주의를 탈중심화' 한다고 하면, 이는 다른 말로 혁신을 의미한다. 개교표어 '물질이 개벽되니 정신을 개벽하자'에서 물질개벽이 '물질의 효능이 극대화된 세계를 연다'는 의미로서 서구 근대문명을 상징한다면, 정신개벽은 '새로운 정신

47 위의 책, 80쪽.
48 박치완, 「'유럽의 지방화' 논제와 계몽주의적 보편주의 비판」, 『철학과 현상학 연구』 84, 2020, 109쪽.

세계를 연다'는 의미에서 그것에 대한 주체적 대응[49]이다.[50] 원불교 교법은 우주만유를 관통하는 일원(一圓)의 진리, 그리고 일원의 진리를 근간으로 모든 존재가 은혜로 연결되어 있다고 보는 사은(四恩), 이 은혜를 실질적으로 구현하기 위한 불공(佛供) 등의 개념으로 구성되어 있다. 이 개념들은 물질문명뿐 아니라 정신문명도, 인간뿐 아니라 비인간 존재도, 남성뿐 아니라 여성도, 일원의 진리로부터 제외될 수 있는 건 없다는 입장이다. 따라서 원불교는 '일원(一圓)의 진리'라는 보편주의를 갖춘 동시에, 여성이나 과거의 낮은 신분, 비인간 존재들을 동등하게 존중할 것을 강조하는 조항들[51]을 『정전』 곳곳에 배치함으로써 '보편주의의 재구성'을 지향해 왔다. 이와 같은 재구성은 곧 물질문명과 과학, 남성, 인간을 중심에 두던 서구 중심주의를 탈중심화하는 것

49 조성환, 『한국 근대의 탄생』, 모시는사람들, 2018, 140쪽.
50 물론 개교표어에 관해 "어구의 구조상 물질과 정신의 이원적 분립을 강하게 표방하고 있고, 내부적인 내용에서도 동양과 서양의 이분법적 분리를 담고" 있다는 김도공의 논의도 있다. 그러나 여기에서 원불교는 '물심일여'의 관점을 보유하고 있으며, 이 관점으로 탈근대 사유방식과 그 사상적 흐름을 같이 해야 한다는 입장이 발견된다. 김도공의 입장이었다. 김도공, 「원불교 교의해석의 근대성 극복 문제(Ⅰ)」, 『원불교사상과 종교문화』41, 2009, 80쪽.
51 몇 가지 예를 들자면, 『정전』 '동포은'에는 "상(商)은 천만 물질을 교환하여 우리의 생활에 편리를 도와 줌" "금수 초목까지도 우리에게 도움이 됨"이라는 내용이 있고, '자력양성'에는 "과거와 같이 남녀를 차별할 것이 아니라 일에 따라 대우하여 줄 것"이라는 내용이 있다.

으로 조명될 수 있으며, 따라서 기성 관념과 문명의 혁신으로 이어질 수 있다.

원불교 교단에서 혁신 사항으로 요구되는 것들도 기존에 형성되어 온 법규와 시스템과 방식에 대한 고착화에서 벗어나려는 움직임, 즉 '탈중심적' 방향으로의 변화라 할 수 있다. 그런데 이러한 탈중심화는 단지 종교 신앙의 과제에 국한되지 않는다. 예컨대 이러한 변화는 교단뿐 아니라 지방대학에도 요구되고 있다. 현재 지방대학도 탈중심화를 통한 혁신을 절실하게 필요로 한다. 왜냐하면 수도권 집중의 문제는 단순히 '집중'과 '분산'이라는 배치의 차원이 아니라 근대성의 원리가 낳은 중요한 사회적 불평등의 하나라는 점을 인식할 필요가 있기[52] 때문이다.

서구 중심주의 현상에 문화, 예술, 경제, 교육, 행정의 중심이 수도권에 밀집되어 있는 우리나라 현실을 반영해서 보면, 지방대학에 국가 차원의 지원이 부족하거나 이로 인해 경제 및 교육 분야의 발전이 더딘 것도 일종의 '수도권 중심주의'에 의한 것이라 할 수 있다. '보편적이고 과학적인 것 vs 특수하고 영성적인 것'과 같은 이분법적 구도 아래 수도권과 비수도권을 분리함으

---

52 이상봉, 「한국사회 중앙-지방 불평등에 대한 문화적 접근」, 『로컬리티 인문학』 20, 2018, 105쪽.

로써 불균형한 발전이 계속되고 심화한다. 아니, "'서양'과 '동양'
은 사회적 실재라기보다 사회문화적 구성물"이라고 비판했던
조지형의 비판[53]을 고려한다면, '수도권'과 '비수도권'이라는 용
어 자체에도 언어적 전환이 필요할 정도로 지방에 대한 이원화
가 고착화해 온 것이다.

은(恩)으로 위기 넘어서기

이와 같은 원인과 이유로 혁신의 기로에 선 원불교와 지방대
학에 은혜철학은 어떤 시사점을 제공할 수 있을까? 1996년 김현
은 "그 지역사회와 이웃의 삶에 동참하여, 기쁨을 함께 하고 슬
픔을 위로하며 어려움을 함께 거들어 주려는 마음가짐과 구체
적 실천"[54]을 강조하여 사회교화의 방향성을 제안했다. 김현이
제안했던 사회교화를 이 시대에 적합한 교화 방침으로 발전시
킨다면 '지구적 교화'가 될 수 있다. '지구적 교화'는 지역사회를
대상으로 하던 교화의 지평을 넓혀 지구공동체 구성원 모두를
대상으로 삼는 교화를 의미한다. 교화의 지평을 지역에서 지구

---

53 조지형 외, 『지구사의 도전』, 서해문집, 2010, 103쪽.
54 김현, 「원불교 사회교화의 방향과 과제」, 『원불교사상과 종교문화』 20, 1996, 111쪽.

로 확장해야 하는 이유는 현대사회의 위기가 과거의 지역적 차원에서 현대의 지구적 차원―기후위기, 초거대 재해재난, 팬데믹 등―으로 확장되었기 때문이다.

은혜철학은 천지만물의 은(恩)적 관계를 인식하고 이를 세계에 구현할 것을 강조한다. 이때 천지만물에는 유기체뿐 아니라 무기물도 포함된다. 그래서 소태산은 『정전』에서 인간의 위상과 가치뿐 아니라 '풍·운·우·로(風雲雨露)의 혜택'을 강조했고, 정산은 "형상 있는 것을 지배하는 것은 곧 형상 없는 힘"[55]이라 하여 비가시적 요소가 우리에게 미치는 영향을 언급했다. 그리고 숭산은 "우리가 늘 목도하는 삼라만상 즉 식물, 동물, 인간, 물질, 유형, 무형의 모든 것들은 한 기운, 한 원리, 한 생명, 한 진리가 들어서 존재하고 운행"[56]한다고 말했다. 이들 지구공동체 구성원들을 빠짐없이 관통하여 일원의 진리가 운행한다는 것이다.

정향옥이 제시한 바 있는 2세기의 교화 방안, 즉 시대―세계 경쟁 구도의 변화, 기후변화와 환경오염, 종교의 무용화(無用化)

---

55 『정산종사법어』제5 원리편 18장.
56 박길진, 「一圓相에 대하여」, 『원광』57, 1967, 12쪽.

—에 '필요한' 원불교가 되는 것[57]에 중점을 두어 교화의 방향을 탐색했을 때, 천지만물이 은혜로 얽혀 있다고 보는 은혜철학은 앞으로의 원불교 교화가 종교라는 울타리를 넘고 국가사회나 인간·비인간의 경계선을 포용적으로 횡단할 수 있어야 함을 시사한다. 즉 인간 중심, 사회 중심, 국가 중심들을 '탈중심화' 함으로써 "일체 생령을 광대무량한 낙원(樂園)으로 인도"하자는 소태산의 개교의 동기를 실현해 가야 하는 것이다.[58]

원광대학교 건학이념 '지덕겸수 도의실천'(智德兼修 道義實踐)도 탈중심적 사유의 관점에서 새롭게 접근할 수 있다. 대학에 있어 지성과 덕성의 겸비, 그리고 도덕과 정의의 실천을 통합적으로 추구했던 것도 이성과 감성을 이원화하는 근대적 교육이 아닌 지성과 덕성을 겸전하는 교육, 즉 탈근대적·탈중심적 교육을 목표로 삼았음을 의미한다.

숭산 박길진은 원광대 총장 재임 당시였던 1978년 9월 21일자 《조선일보》 인터뷰에서 이렇게 말했다. "과일나무를 키우는데 비료만 주면 된다는 지육(知育) 편중이 문제가 됩니다. 과일나무

---

57 정향옥,「원불교 2세기 교화방안 연구」,『원불교사상과 종교문화』82, 2018, 123-130쪽.
58 교화에는 협의의 교화, 광의의 교화가 있다. 본고에서는 광의의 교화를 언급하고자 한다. 교화의 의미에 대한 자세한 내용은 정향옥, 위의 논문 참조.

를 제대로 가꾸려면 비료도 줘야지만 제초도 해주고 가지도 쳐주고 때로는 접도 붙여줘야 합니다. 그래야 좋은 수확을 얻을 수 있지요. 그러니 덕육(德育)에 더 힘써야 합니다." 이 인터뷰는 지육(知育)에 편중되지 않은 교육, 즉 지와 덕을 겸비하는 교육을 추구했음을 보여준다. 원불교와 원광대학교가 지구적 교화, 지덕겸수의 교육을 실천함으로써 '새로움', '탈중심'을 추구했던 것은 중심과 주변부, 문명과 자연, 인간과 비인간 존재, 남성과 여성 등의 이원화에 직결되는 서구 중심주의 및 보편주의에 대한 '주체적 대응' 차원에서 조명된다.

개교표어 '물질이 개벽(開闢)되니 정신을 개벽하자'가 정신개벽만을 지향하지 않고 물질개벽과 정신개벽을 함께 추구한 것은 "물질문명을 거부하지 않고 잘 이용할 역량과 주체성의 확립"[59]을 중시한 것이다. 그러면 물질문명을 거부하지 않고 잘 이용할 역량과 주체성을 확립한다는 건 구체적으로 어떤 의미일까? 차크라바르티는 유럽의 지방화는 곧 보편성에 대한 사유, 그리고 "인간 존재의 다양한 방식들에 관한, 그 무한한 통약 불가능성들에 관한 사유", 이 두 사유 간의 대화를 "수정과 저지", 즉 "항구적인 긴장 상태에 두려고 분투"하는 것이라고 설명한

---

59 김도공, 「원불교 100년의 후천개벽사상」, 『원불교학』 10, 2018, 23쪽.

다.[60] 보편주의에 주체적인 대응을 할 수 있다는 것은 곧 물질과 정신, 영과 육, 일과 이치, 지성과 덕성 중 한 가지를 선택하는 것은 아니며, 그렇다고 해서 모두 흡수하여 대응함을 의미하는 것 또한 아니다.

그 대신 백낙청의 표현을 빌려 말해본다면 이중과제, 즉 "물질개벽에 상응한 정신개벽"[61]이라고도 할 수 있는데, 여기에서 백낙청이 차크라바르티의 '수정과 저지'라든가 이와 유사한 표현을 사용하지 않고 구태여 '상응'이라 말한 이유는 무엇인가. 바로 원불교의 교법정신은 '수정과 저지'에서 멈추지 않고 '응하여 활용'으로까지 나아간다는 점을 보이기 위한 것이라 할 수 있다. 이때 '활용'은 정신이 물질개벽에, 물질이 정신개벽에 쓰임새를 가짐을 의미한다. 활용을 한다는 것은—예컨대 소태산이 "불제자가 됨으로써 세상일을 더 잘하자"[62]고 한 것과도 같은 맥락에서—정신개벽 또한 물질개벽에 도움이 되어야 한다는 의미이다. 반면 『대종경』 '인도품'에서 "신문이 곧 산 경전이 될 것"이라고 한 것은 물질 또한 정신개벽에 영향을 미칠 수 있다는 것을

---

60 차크라바르티, 위의 책, 498쪽.
61 백낙청 외, 『문명의 대전환을 공부하다』, 창비, 2018, 241쪽.
62 『정전』 사대강령.

의미한다. 이처럼 정신이든 물질이든 상호 유익한 방향으로 쓰여서 시너지가 창출되도록 하자는 것이다.

따라서 지구적 차원의 교화와 지덕겸수의 교육은 근대 서구 중심주의에서 비롯된 보편주의에 대한 주체적 대응이라는 의미도 있지만, 이때 '주체적 대응'은 보편주의를 향한 '수정과 저지'를 의미할 뿐 아니라 '활용'으로서의 대응도 의미한다. 소태산이 『정전』 '교법의 총설'에서 "모든 종교의 교지(敎旨)도 이를 통합 활용"할 것을 언급했던 것도, 또는 정산이 원광대학교 제1회 졸업식에서 "그간 배운 바를 국한 없는 큰 사업에 널리 활용"하라 당부했던 것도 이러한 '활용'에 따른 주체적 대응이라는 측면에서 해석할 수 있다.

밝恩생각

"은혜철학이 이 시대의 혐오와 소외, 위기에 어떤 응답을 할 수 있는지 생각해 보았다. 혐오와 소외는 타자를 이원화하는 데서 비롯된다. 타자를 이원화하면 타자를 존중하기보다 도구로 인식하게 된다. 울리히 벡은 '자기만의 신'을 언급했는데, 원불교의 경우엔 '자기만의 일원', '자기만의 사은', '자기만의 우주만유'를 향한 신앙, 다원성과 특수성을 인정하고 존중하는 신앙으로 지금의 혐오 및 소외에 대처할 수 있다. 이러한 관점은 탈중심화를 통한 위기 극복에도 도움이 될 것이다."

제2부

은혜로
통하는
대화 _____

제
1
장

수양학과의 대화*

* 이 글은 학술대회 〈지구화 시대의 인문학: 경계를 넘는 지구학의 모색〉(2021. 03.19)
  에서 발표한 '개인의 완성과 지구적 연대의 통합적 실천'을 수정 보완한 것이다.

기후 온난화가 심각해지면서, 그 근본적인 원인이라고 간주되는 인간 중심주의에 관한 반성이 일어나고 있다. 지구 구성원 간의 상생과 조화를 지향하는 인문학적 사유가 확산되고 있는데, 한국의 신종교들은 한국인이 선험적으로 추구해 온 종교적 심성, 즉 만물의 조화로운 공존을 지향한다는 점에서, 이 시대가 요구하는 인문학적 사유에 유의미한 시사점을 제공할 수 있다는 기대가 높아지고 있다. 특히 이들의 수양학은 개인의 인격 성장만이 아닌 지구 구성원들과 덕을 공유하고 또 나누는 방법론이라 할 수 있다. 그중 동학·천도교, 원불교는 외세의 침입과 불안정한 시국, 신분 차별로 고통 받던 근대 한국에서 '민중적 공공성'을 강조했다는 공통점을 공유한다. 이 공공성은 지금의 시점에서 '지구적 공공성'으로 재조명될 수 있다. 그 이유는 이들 종교가 제시하는 수양학에서 개인의 심성을 도야하는 과정이 지구 구성원 전체를 향한 공경 및 불공과 함께 통합적으로 실천되기 때문이다. 이러한 통합적 실천으로 물질과 정신, 인간과 비인간 존재, 땅과 하늘, 문명과 자연, 남성과 여성의 이원성, 그리고 그로부터 유래한 전 지구적 위기를 극복해 갈 수 있을 것이다.

1. 수양, 위기의 극복

수양은 연대의 통로

수양(修養)이란 몸과 마음을 갈고닦아 품성이나 지식, 도덕 따위를 높은 경지로 끌어올리는 것을 말한다. 수양은 인간에게 실재하는 '경험'으로부터 비롯된다. 인간은 사유 이전에 실재하는 경험이란 것을 일회적인 것으로 만족하지 않고 '반복적이고 지속적인 것'으로 만들고자 노력하니, 이것이 바로 수양이다.[1] 동양의 학문은 사물의 이치에 대한 탐구 못지않게 실천의 문제를 중시[2]해 왔고, 그래서 이성 중심의 서구에서와 달리 수양이 삶과 학문의 주된 과제로 자리매김해 왔다.

유학에서는 마음의 구조를 이해하고 마음을 닦는 것을 수양

1 이길용, 「수양론으로 본 한국 신종교의 구조적 특징: 동학과 증산교를 중심으로」, 『동학학보』 25, 2012, 155-156쪽.
2 이재호, 「유학의 수양론과 대순진리의 수도론에 관한 고찰: 성, 경, 신을 중심으로」, 『대순사상논총』 12, 2001, 293쪽.

의 기본으로 한다. 그렇다고 해서 유학이 개인의 인격 수양만을 주장하진 않았다. 군자의 과업인 '수기치인'(修己治人)은 '수기'(修己)와 '치인'(治人)의 통합을 강조했다. 개인적 수양과 사회적 실천을 함께 추구한다.[3] 이러한 '수신제가치국평천하'의 사상은 사실 유학의 전유물이 아니며, 중국 제자백가의 학설들은 대체로 '수신'과 '치국', '평천하'를 중시한다는 점에서 공통성을 보인다.

노자의 수양론도 도덕-허무주의가 아니라 현실사회를 최종 지향점으로 하며, 무욕의 마지막 단계에 도달하여 사회적 역할을 해야 할 것을 강조했다.[4] 그리고 노자철학을 이은 장자 또한 허정(虛靜)의 수양을 통한 무위(無爲)의 통치론을 제시하여, 개인의 자유를 위한 수양론을 사회적·정치적으로 구성하였다.[5]

불교의 '상구보리 하화중생'(上求菩提 下化衆生)은 위로는 깨달음을 얻고 아래로는 중생을 구제하라는 뜻으로, 존재 간의 연결 관계에 주목하는 연기론은 사회 갈등은 물론 생태적 공공성을 살릴 수 있는 개념이다. 이런 이념을 바탕으로 해서 불교에서도 수양은 사회적, 대중적 성격을 병행해 왔다. 근대기 우리나라

---

3 박석, 「『논어(論語)』의 '학(學)'의 용례를 통해서 본 공자(孔子) 수양론(修養論)의 특징」, 『중국문학』 58, 2009, 13-20쪽.
4 신진식, 「노자의 수양론 체계」, 『윤리교육연구』 25, 2011, 172, 189쪽.
5 김경희, 「『장자』 외·잡편에 나타난 군주 통치론」, 『선도문화』 9, 2010, 514쪽.

불교 잡지들을 검토한 결과, 1919년 3.1운동 전후로 불교계의 혁신과 개혁운동을 지향하는 대중운동이 활성화되면서 불교 교화를 위한 대중의 수양론이 등장했다는 연구 보고[6]도 있다.

어쨌든 동양의 수양학이 근본적으로 대상으로 삼은 것은 마음이며, 이에 따라 수양인은 수심(修心)을 하고자 노력했다.[7] 존재론이나 인식론에 중점을 둔 서구적 사유법과 달리 동양의 수양학은 마음을 닦는 일과 존재의 근원적인 도달점에 관심을 두었으며, 이 관심을 바탕으로 인격의 완성을 이루고자 했다. 그러나 개인의 마음 닦는 일에서 멈추지 않고, 인간의 삶에 긴밀하게 연관되는 자연 본연의 생명성 회복이나 당시 사회문제들을 함께 궁구함으로써 개인의 단독적 진화가 아닌 주변과의 공진화(共進化)를 실천하려 했다.

개인 내적인 완성과 더불어 사회 참여를 지향했던 학문으로서 수양학은 정치·경제·인간관계 등 다양한 영역에서의 가치관과 방향성을 제시해 오고 있다. 그리고 이들 수양학을 혁신적으로 계승한 근대 한국 신종교들은 동양과 서양의 문명이 부딪히

6 이기운, 「한국 근대불교잡지에 나타난 사회인식의 근대전 전환」, 『禪學』 24, 2009, 447쪽.
7 류성태, 『동양의 수양론』, 학고방, 1996, 134쪽.

는 가운데 민중의 주체성을 보존할 수 있는 수양학을 제시해야 했고, 얼마 지나지 않아 지구의 위험이라는 새로운 과제를 마주하게 되었다. 오늘날 한국의 신종교들은 새로운 과제를 해결하기 위한 새로운 버전의 수양학으로서 그 역할을 요구받게 된 것이다.

근대로부터 지금에 이르기까지 자본주의와 과학문명의 발달 속에 지구온난화를 비롯한 지구적 위험, 그리고 차별과 소외, 혐오 등의 사회적 위험이 지속적으로, 그리고 변신을 거듭하며 발생하고 악화해 왔다. 이 중에서 특히 지구위험 담론의 대표적인 패러다임으로서 '인류세'에 대한 논의와 성찰이 활발해짐에 따라 인류세의 근본 원인인 인간중심주의에 대한 반성도 일어나고 있다. 본래 수양학이 자아의 성찰과 탐구, 사회적 참여를 함께 추구했다면 현재 시점에서의 수양학은 기존의 사회 참여를 지구적 연대의 차원으로 전환할 필요가 만들어진 것이다. 이때 지구적 연대는 인간과 비인간, 자연과 사물을 포괄하는 지구 구성원 간의 연대를 의미한다. 따라서 현재 그리고 이후의 수양학은 전 지구적 존재들이 지구라는 공통의 삶의 터전 위에서 다양한 얽힘의 관계를 맺고 있고, 따라서 수양을 통한 개인의 완성도 단독적으로 이루어지는 것이 아닌, 지구공동체의 조화로운 운용과 더불어 진행된다는 관점을 바탕으로 한다.

이 글에서 다루려는 동학·천도교, 원불교 외에도 근대 한국의 신종교 사상들은 대체로 지구적 연대를 추구하는 윤리와 방법론을 담지하고 있다. 동학·천도교에서 '천지부모(天地父母)는 일체'라 하여 지구가 곧 모든 존재들의 부모이자 포태(胞胎)임을 강조했던 점, 정역이 '十五一言'(십오일언)과 '十一一言'(십일일언)을 통해 하늘과 땅과 사람의 조화가 필요함을 주장했던 점, 대종교의 '삼일(三一)사상', 그중에서도 '사물사상'에서 사물에 내재한 신성을 드러냈던 점, 원불교의 삼동윤리(同源道理, 同氣連契, 同拓事業) 등이 대표적인 사례다.

따라서 한국의 신종교를 단순히 민족·민중 운동의 틀 안에 매몰시킬 것이 아니라, 인간의 보편적 종교 심성을 바탕으로 한 보편적 종교운동으로 보는 자세가 필요하다.[8] 종교적 이념이라는 틀 안에서가 아닌, 근대에 등장한 한국의 자생적 담론으로서 '지구 위험에 대응하는 한국 발(發) 지구 윤리와 방법론'으로 새롭게 자리매김될 수 있는 것이다.

물론 새로운 종교 현상으로 등장하는 신영성운동에서도 인간과 자연의 친화를 강조하며 비인간 존재들과의 연대를 언급하

---

8 이재헌, 「한국 신종교의 생태담론과 생태사상: 동학, 원불교, 금강대도를 중심으로」, 『신종교연구』15, 2006, 148쪽.

고 있다. 한국의 신영성운동 단체의 경우 기(氣) 수련을 통한 명상을 강조하고, 나아가 전 지구를 배려하고 연대하려 한다. 그러나 일부 신영성운동을 가리켜 "인류의 보편적인 가치나 윤리 덕목에 대한 언급은 거의 없이 개인의 육체적·정신적인 건강과 안녕, 그리고 심리적 평화만을 강조"[9]한다는 비판은 외면할 수 없는 부분이다.

이런 비판을 받는 것은 신영성운동의 핵심이자 실천적 영역이라 할 수 있는 수련 체계가 개인의 내적 자아완성을 중심에 두는 데 반해, 지구공동체를 향한 이타적 사랑의 강조는 '도덕적 강령'에 그칠 수 있기 때문이다. 운동이 지향하는 강령에 지구적 연대를 포함시킨다고 해도 수련 체계에 이 강령을 실천할 수 있는 방법이 녹아들어 있지 않다면, 개인의 영성을 성장시킬 수는 있을지언정 지구적 연대를 함께 실천하기는 어려울 것이다. 더하여 신영성운동이 근본생태론과 대립적이라는 지적도 있다. 신영성운동가들은 인간을 지구 진화 과정의 정점에 있는 존재로서 '피라미드'의 꼭대기에 있다고 본다는 것이다.[10]

9 전명수, 「신영성운동에 대한 종교사회학적 고찰」, 『한국사회』 5, 고려대학교 한국사회연구소, 2004, 78쪽.
10 조지 세션스, 「세계관으로서 근본 생태론」, 『세계관과 생태학』, 메리 이블린 터커, 존 A. 그림 엮음, 유기쁨 역, 민들레책방, 2003, 255-259쪽.

이는 비인간 존재와의 연대를 지향함에도 불구하고 한편에서는 인간의 위치를 위계 중심적으로 설정함으로 인해, 결국 '인간중심적인 지구 중심주의'라는 오류로 환원될 수 있음을 지적한 것이다.

2. 불공, 얽힘 속의 실천

민중적 공공성에서 지구적 공공성으로

동학의 교조 수운(水雲 崔濟愚, 1824~1864)은 1860년 음력 4월 5일에 도를 이루었고, 그로부터 1년 후에 「포덕문(布德文)」을 냈다. 「포덕문」에는 그의 득도 과정과 함께 "잘못되어 가는 나라를 바로 잡고 도탄에서 헤매는 백성들을 편안하게 만들 계책(輔國安民)이 장차 어디에서 나올 수 있을 것인가?"[11]라는 우려가 담겨 있다. 그가 도를 이루기 위해 수년간 정진했던 근본적인 동기는 나라와 백성을 구하려는 것이었다. 그래서 득도 후 민중(백성)의 주체적인 자기도야와 동귀일체를 통한 "사회적 변혁"의 출발점으로 제시한 21자 주문, '지기금지원위대강'(至氣今至願爲大降)과 '시천주 조화정 영세불망 만사지'(侍天主造化定永世不忘萬事知)는

---

11 "我國 惡疾滿世 民無四時之安 是亦 傷害之數也 西洋 戰勝攻取 無事不成而 天下盡滅 亦不無脣亡之歎 輔國安民 計將安出.",『동경대전』,「포덕문」.

누구나 천인합일을 이룰 수 있게끔 하는 대중적 수련법이다. 수양의 출발점은 민중과 함께하며 민중 자신을 자기 구원은 물론 나라를 보위하는 주체로 자리매김하는 데 있었다.

흥미로운 건 원불교 수양학의 특징도 시대 상황과 맞물려 나타난다는 점이다. 대산(大山 金大擧, 1914~1998)은 마음공부를 가리켜 "마음공부로 도덕을 살리고 세상을 구원하는 근본을 삼아야"[12] 한다고 하여, 개인의 수양력이 내면에 머물러 있지 않고 외부로 확장되어야 함을 강조한다. '물질이 개벽되니 정신을 개벽하자'라는 개교표어에서도 알 수 있듯이 원불교는 태생적으로 시대와 짝하고 사회적인 성격을 표방하는 바, 원불교의 수양학도 외세의 침략과 분단의 아픔, 그리고 도탄에 빠진 창생, 개화 등 거대한 변화의 흐름 속에서 '정신개벽'이라는 변혁을 이루고자 했다.

동학·천도교, 그리고 원불교의 공공성은 '개벽'(開闢)이라는 기치 아래 "민중 스스로의 공공성"[13]으로 발동되었으며, 이에 따라 수양법도 민중적 공공성을 기반으로 한다. 동학과 천도교에

---

12 『대산종사법어』 경세편 10장.
13 김도공, 「원불교 초기 전개과정에 나타난 공공성의 변모양상」, 『신종교연구』 28, 2013, 169쪽.

서 매일매일의 일용행사(日用行事)와 일동일정(一動一靜), 매 끼니 식사와 매 순간을 모두 의례의 연속이라고 보아 이를 역행하는 별도의 제천의례를 중시하지 않는다거나,[14] 원불교 '무시선법' (無時禪法)이 "괭이를 든 농부도 선을 할 수 있고, 마치(망치)를 든 공장(工匠)도 선을 할 수 있다"[15]고 하여 누구나 실천 가능한 방법을 제시한 점을 보면 알 수 있는 점이다.

이러한 공공성은 당시 시대상에 요청되던 사회적 공공성으로 설명될 수 있으나, 근본적으로는 동학·천도교, 원불교 모두 '지구'라는 공동체의 공공성을 지향한다는 특징으로부터 유래한다. '시천주'(侍天主)는 인간뿐 아니라 세상의 모든 존재가 한울님을 모시고 있음을 뜻하고, '일원상의 진리'에서도 '일원은 우주만유의 본원'이라 하여 만유에 전부 일원의 진리가 깃들어 있다고 갈파한다. 지구 구성원 모두를 곧 진리의 실상으로 본다는 점에서, 이제까지의 사회적 공공성의 범주는 지구적 공공성으로 확장될 필요가 있다.

한편, 동학의 2세 교조 해월(海月 崔時亨, 1827~1898)은 지구 구

---

14 조성환, 「동학에서의 제천의례의 일상화」, 원광대학교 종교문제연구소 기획, 『한국 근현대 민족중심 제천의례 조명』, 모시는사람들, 2021, 28쪽.
15 『정전』, 제3 수행편 제7장 무시선법.

성원이 서로 어떤 관계를 형성하고 있는지 밝히고 있다. 해월은 "천지부모는 일체", "천지는 만물의 아버지요 어머니"[16]라고 하여, 지구는 곧 모든 존재의 부모이자 '포태'와 같은 산생(産生)의 근원임을 강조한다. 나아가 "천지가 아니면 나를 화생함이 없고 부모가 아니면 나를 양육함이 없을 것이니, 천지부모가 복육하는 은혜가 어찌 조금인들 사이가 있겠는가."[17]라고 하여, 지구(천지)와 만물의 관계를 '은혜'로 표현한다.

소태산의 '사은'(四恩)에서도 만물의 관계를 천지은·부모은·동포은·법률은의 네 가지 은혜로 설명하고 있다. 그는 공기(숨)로서의 하늘, 삶의 바탕으로서 땅, 밝음의 근원으로서 일월, 생태계 혜택의 근원으로서 풍운우로, 생태계로서 금수초목 등 인간뿐 아니라 비인간 존재가 나에게는 은혜로운 존재이며 이들 모두의 관계를 가리켜 "없어서는 살 수 없는 관계"라고 말한다.[18] 또한 정산이 언급했던 '삼동윤리'의 '동기연계'(同氣連契) 강령에서는 인류뿐 아니라 금수 곤충까지 다 같은 한 기운으로 연계된 '동포'이니 대동화합해야 한다고 주장한다. 우주만유의 긴

---

16 『해월신사법설』, 「천지부모」.
17 『해월신사법설』, 「도결」.
18 『정전』제2 교의편 제2장 사은.

밀한 상호의존성, 나아가 '은혜로운 관계'라고 설명되는 관계성, 집약하여 표현하건대 '은(恩)적 네트워크'는 지금 시대가 요구하는 새로운 수양학의 윤리적 기반이라 할 수 있다.

얽힘 속의 완성

수운이 동학을 창도하면서 새로운 세계의 개벽을 선언한 후 가내 여종 두 명을 각각 수양딸과 며느리로 삼았다는 이야기는 유명하다. 해월은 제자의 집에 들렀다가 그 집 며느리가 베 짜는 소리를 듣고 '한울님이 베 짜는 소리'라 함으로써 며느리도 한울님이요, 그가 하는 일도 한울님의 일임을 선언한 이야기가 전해진다. 소태산은 불효하는 며느리의 개심을 기원하는 불공을 드리러 가는 어느 노부부에게 '불효하는 그 며느리를 산 부처님으로 공경(佛供)'하도록 권유한 실지불공 설법의 일화를 남겼다. 이 일화들은 '공경' 또는 '불공'의 키워드로 요약된다. 해월의 '삼경'(三敬) 사상은 '경천'(敬天), '경인'(敬人), '경물'(敬物)의 세 가지를 말한다. 삼경사상은 그의 "우주적 연대성에 대한 공감의 경험"에서 나온 것으로, 타자의 개체적 존재를 절대적으로 긍정하고 본질적 화(和)의 관계를 정립한다.[19] 『해월신사법설』에는 이 공경의 윤리에 대한 언급이 상당수 보인다. 해월은 "아이를 때리는 것은 곧 한울님을 때리는 것"이라 하거나, "사람을 대할 때 언제나 어린아이같이 하라"거나, "물건을 공경하면 덕이 만방에 미친다."고 말한다. 특히 「내수도문」에서는 '밥을 하거나 방아를 찧을 때, 식사하거나 다른 집을 왕래'하는 등 일상생활을 영위하며 공경의 윤리를 실천하는 법을 설명한다.

원불교의 경우 살아가면서 상면하는 세상의 모든 존재를 부처로 인정하고 하는 일마다 불공이 되도록 할 것을 권장하는 소태산의 '처처불상 사사불공'(處處佛像 事事佛供) 설법을 기반으로 '불공하는 법'을 제시하고 있다. 『정전』「불공하는 법」에서는 "우주만유는 곧 법신불의 응화신(應化身)이니, 당하는 곳마다 부처님(處處佛像)이요, 일일이 불공 법(事事佛供)"이라고 하여, 지구상의 만물이 모두 빠짐없이 법신불이라는 궁극적 실재이므로 법당의 등신불 불상이 아닌 우리 눈앞에서 살아 숨쉬는 대상에게 사실적 불공을 할 것을 권유한다. 동학·천도교의 공경과 원불교의 불공은 인간뿐 아니라 비인간 존재까지 그 대상으로 삼고 있다는 점에서 '지구적 차원의 공경과 불공의 윤리'를 제시한

---

19 이규성, 『최시형의 철학』, 이화여자대학교출판부, 2011, 37-69쪽.

셈이다.

지구 구성원들을 공경하거나 그들을 대상으로 불공하는 건 타자를 '한울님', '법신불 사은님'으로 여길 때 진정성을 갖게 된다. 천도교 사상가인 이돈화는 "한울은 범신관적(汎神觀的)이며 만유신관(萬有神觀)으로 해석"[20]할 수 있다고 설명한다. 김용준은 이돈화의 이 견해를 가리켜 '범신론적 일신관'이라고 했다. 수운이 신비체험을 하면서 신과 대화를 나눈 것은 일신론의 근거이고, 이돈화는 '물물천 사사천'(物物天 事事天) 등의 구절은 범신론의 뜻을 가진 것으로 해석한다는 것이다.[21] '범신론적 일신관'이란 궁극적 실재를 초월적인 존재로만, 또는 내재적인 존재로만 보는 것이 아니며, 초월성과 내재성을 모두 통합한 것으로 본 신관을 일컫는 것이라 할 수 있다.

그렇다면 원불교 신앙의 대상인 '법신불 사은'에 대한 관점은 어떠할까? 노권용은 '범재불론적 내지 범재은론적 성격'을 띤다는 견해를 제출한다. 그는 '법신불'이 절대유일의 총상(總相) 또는 총덕(總德)이며 '사은'은 그 구체적 별상(別相) 또는 별덕(別德)

---

20 이돈화, 『신인철학』, 일신사, 1963, 12쪽.
21 김용준, 「동학의 신관과 생명관: 이돈화의 해석을 중심으로」, 『동학학보』 18, 2009, 51쪽.

이라고 해석한다.[22] 즉, 전체를 총괄하는 유일무이의 궁극적 실재인 '법신불', 그리고 이 법신불의 개별적인 나타남으로서의 '사은'은 하나로 통합되는 동시에 구분될 수도 있다는 견해. 이찬수도 유사한 견해를 제시한다. 그는 정산의 '동기연계'에서 '동기성'(同氣性)이 범재신론의 기초가 된다고 설명한다. '동기' 자체가 만유를 살리고 포섭하는 선행적 근원이라는 것이다. 그리고 사은사상도 범재신론적이라는 게 그의 생각이다.[23]

이와 같이 동학·천도교와 원불교는 초월성과 내재성을 동시에 추구하는 경향이 강하다. 따라서 공경 또는 불공의 대상을 초월적 대상만이 아닌, 내 앞에 현현하는 존재로 설정할 수 있다. 만약 이들 사상이 범신(불)론적 관점에 국한되었다면, 법신불이나 한울과 동일한 위격의 궁극적 실재가 수없이 많이 등장했을 것이다. 그리 된다면 개별 신들을 숭배하는 샤머니즘적 신앙 체계를 갖추게 될지언정, 지구 구성원들이 한 기운으로 연결된 형제, 즉 상호의존적 가족이라 인식하긴 어려울 일이다.

그래서 동학·천도교와 원불교가 만물을 공경과 불공의 대상으로 삼는다는 것은, 개별자들을 각각 '한울님', '법신불 사은님'

---

22 노권용, 「원불교의 불신관 연구」, 『원불교사상과 종교문화』 50, 2011, 439-489쪽.
23 이찬수, 「대산의 일원주의와 세계주의」, 『원불교사상과 종교문화』 61, 2014, 111쪽.

으로 봄과 동시에 서로의 긴밀한 연결 관계도 함께 고려함을 의미한다. 누구나 단독으로 살아갈 수는 없으며, 타자와의 관계 속에서라야 자신을 보전할 수 있다는 것이다. 그것은 현상계의 모든 존재의 한계를 말하는 것이 아니라, 그 존재의 실상과 본질을 드러내주는 것이다. 이는 누군가가 단독적으로 자신의 인격 완성을 추구한다고 해서 그 완성이 성취되는 것이 아니라, 지구공동체 구성원 간의 관계, '은(恩)적 네트워크'에서라야 자신의 완성을 이룰 수 있음을 시사한다. 동학·천도교와 원불교의 수양학이 개인의 완성만을 추구하지 않고 전 지구적 연대를 함께 지향하는 이유가 여기에 있다.

3. 연대, 자기완성과의 통합

수양, 누구나 할 수 있다

동학·천도교의 수양 요체는 수심정기(守心正氣), 즉 마음을 잘
보존하여 기운을 바르게 하는 것이다.[24] 이는 마음과 기운을 함
께 다루고자 하는 것으로, 수심(守心), 즉 한울님 본래의 마음, 본
연한 마음으로서의 한울님을 보존하는 것과 정기(正氣), 즉 기운
을 바르게 하여 한울님의 본래 기운과 융화하는 것이 유기적으
로 밀접하게 이어져 있다는 걸 의미한다. 마음을 제대로 보존하
기 위해서는 기운을 바르게 해야 하니, 이 두 가지는 밀접할 수
밖에 없다. 이러한 수심정기 공부는 사람은 모두 '마음과 기운'
을 갖추고 있으므로 누구나 수양을 할 수 있다는 뜻을 내포한

---

24 수운이 '내가 새로이 정하여 만든 것'이라 하여 최초로 제시한 수심정기(修心正氣)
는 이후 해월에 이르러 지금의 수심정기(守心正氣)가 되었다. 김용휘, 「동학의 수
양론」, 『도교문화연구』 22, 2005.

다. 마음과 기운이 없는 자는 없을뿐더러, 누구나 기운을 다스리면 마음을 제대로 보존할 수 있으며 본래의 마음을 회복(보존)하면 기운을 바르게 할 수 있다는 것이다. 그래서 지식의 유무나 지위의 고하를 가릴 것 없이 수심정기를 할 수 있다. 성리학의 수양법이 '독서에 기초한 학습 행위'로 변질되고, 나아가 고급관료가 되기 위한 교과 과정으로 고착화한 것에 대한 수운의 대응이 이렇게 수심정기 수양의 강조로 나타났다고 볼 수 있다.[25]

원불교의 수양도 신분이나 성별, 나이 등에 관계 없이 모두가 실천할 수 있는 방법을 지향한다. 원불교 개교표어인 '물질이 개벽되니 정신을 개벽하자'는 물질과 정신의 진보와 성숙을 병행하겠다는 의지를 담고 있다. 그리고 이 의지를 그대로 반영한 수양법들을 제시하였다. 예를 들어 원불교 표어, 즉 '처처불상 사사불공'(處處佛像 事事佛供)은 내가 이르는 곳마다 부처가 있으니 일마다 불공으로서 하자는 뜻이다. 불공을 할 수 있는 자격이나 장소, 시간이 따로 정해질 필요가 없다는 것이다. '무시선 무처선'(無時禪 無處禪)은 누구든지 때와 곳을 가리지 않고 생활 속에서 선(禪) 공부를 할 수 있다는 의미다. 회사원이든, 가게

---

25 이길용, 위의 논문, 163쪽.

점원이든, 운전기사든 상관없이 자신의 일을 하면서 그 일을 통해 선공부를 할 수 있다. '동정일여'(動靜一如)는 움직일 때든 고요히 있을 때든 주변 환경의 영향에 관계없이 한결같은 마음가짐을 갖도록 하는 수양을 가리키며, '영육쌍전'(靈肉雙全)은 정신적인 측면만 갈고 닦을 일이 아니라 육신 방면도 수양의 대상이 되어야 하며 될 수 있음을 의미한다.[26] '불법시생활 생활시불법'(佛法是生活生活是佛法)은 부처를 이루기 위한 법, 즉 불공 헌성이나 불법 도야, 수행 정진이 일상에서 생활하는 것과 둘이 아니어야 한다는 말이다. 이 표어들은 결국 심성의 도야는 실제 삶을 바르게 운용하고자 노력하는 것과 다르지 않으며, 삶을 바르게 운용하는 일이 곧 심성 도야라는 관점을 바탕으로 한다. 이를 위해 '일상수행의 요법'과 '일기법'을 비롯한 생활 속 수양법들이 있다.

개인적 심성 도야와 공경·불공의 통합

동학·천도교, 원불교의 수양은 이와 같이 민중 누구나 일상에

---

26 이는 바람직한 수양이란 육신 방면, 물질적 측면을 도외시하고 정신 방면만을 추구하는 것이 아님을 의미하기도 한다.

서 실천할 수 있는 방법을 제시하는데, 이는 '개벽종교'의 경향 자체가 지구 구성원의 평등성을 지향하기 때문이기도 하거니와, 정신적 측면뿐 아니라 물질적·신체적 측면을 동시에 수양한다는 점에서 데카르트 식의 물질과 정신 이원론을 '지양'하는 것이라고도 해석할 수 있다.

원불교는 창립 초기에 종교적 제도화나 교리 전파나 세력 확장에 앞서서 방언공사를 통한 자립 기반 구축, 작농과 양잠, 축산, 원예 등의 산업 활동을 전개했고 황무지를 개간하거나 과원을 경영하기도 했는데, 이러한 과정은 단지 종교 산업으로서 그 경제적 기반을 구축하는 활동만이 아닌 영육쌍전, 이사병행(理事並行), 동정일여(動靜一如)의 수양의 프로그램이기도 했다. 소태산은 "도학과 과학이 병진하여 참 문명 세계가 열리게 하며, 동(動)과 정(靜)이 골라 맞아서 공부와 사업이 병진되게"[27] 해야 한다고 강조했다. 물질과 정신의 이원론적 구분을 지양함으로써 도학과 과학, 이치와 일, 움직이는 것과 고요히 있는 것을 둘로 나누어서 보는 허위의식을 타파한 것이자, "인격의 완성을 위하여 수련을 쌓는 생활 과정이 세간을 떠난 데서 이루어져서

27 『대종경』 서품 8장.

는 안 된다"[28]는 진리를 설파한 것이다. 물질과 정신에 대한 이원론적 접근을 지양함으로써 일상 속에서 심성을 도야하게 하는 대중적 수양을 추구한 것은 곧 '개인적 심성 도야와 공경·불공의 통합'이라고 정의된다.

이와 같은 맥락에서 동학과 천도교의 주문 수련이 어떻게 해서 개인적 수양에 한정되지 않고 지구 구성원들을 향한 공경의 실천과 통합으로 이어질 수 있는지 다음의 견해를 통해 유추할 수 있다.

주문 수련을 열심히 한 결과 내 안에 한울님을 확실히 모시게 되면, 다른 사람도 나와 똑같은 존재임을 알게 된다. 그래서 다른 사람을 한울님처럼 모실 수 있는 것(事人如天)이다. 다른 사람을 한울님처럼 모시면 그 사람 또한 감응하여 나를 한울님처럼 모시게 된다. 그래서 나를 중심으로 사람들이 모이고 기화(氣化)가 상통하므로, 하는 일도 원만하게 이루어지게 된다. 이러한 관계를 사람들에게만이 아니라 동물과 식물들에게도 실천하면 세상 만물과 조화를 이루는 삶을 살게 된다.[29]

---

28 류병덕, 『원불교와 한국사회』, 시인사, 1977, 317쪽.
29 송봉구, 『동학을 배우다 마음을 살리다』, 모시는사람들, 2020, 29쪽.

원불교의 경우 은혜의 얽힘에 주목하는 사은(四恩)을 '일상수행의 요법'을 통해 실천하도록 한다. '일상수행의 요법'은 남녀노소 누구나 일상생활 속에서 '경계'를 대하며 마음을 닦는 방법이다. 이 방법을 통해 일상생활도 윤택하게 영위해 갈 것을 권장하기 때문에, '일상수행의 요법'은 물질과 정신의 겸전을 추구한다고 볼 수 있다. '일상수행의 요법' 중 다섯 번째 조목인 "원망생활을 감사 생활로 돌리자."는 은혜로움이 아닌 원망하는 마음이 일어나도 이것이 곧 내 마음을 요란하게 하는 '경계'(境界)임을 알아차려 즉시 이를 감사하는 마음으로 전환시키자는 실천법이다. 정산은 이러한 '일상수행의 요법'을 가리켜 "자성 반조(自性 反照)의 공부"로서 "천만 경계에 항시 자성의 계정혜(戒定慧)를 찾는 것"이라고 설명하였다.[30]

즉 일상 속에서 원망할 일이 생길 때, 본래 성품을 회복함으로써 원망심을 버리고 감사심을 얻는 수양법으로, 후일 대산의 견해처럼 "전 생령이 구원을 받는 방법, 세계 평화의 근본, 온 인류가 서로 잘 사는 묘방", 개인의 마음을 닦는 수양이 곧 "전 생령의 구원"과 통합되도록 하는 방법론으로도 해석된다.[31] 이렇게

---

30 『정산종사법어』 무본편 27장.
31 『대산종사법문집』제1집 정전대의 11. 일상수행의 요법.

물질과 정신의 이원론을 지양하는 방식 아래 개인의 심성을 도야하는 수양, 그리고 지구공동체 구성원을 향한 공경과 불공의 실천이 서로 통합되는데, 이로부터 인간과 비인간 존재, 땅과 하늘, 문명과 자연을 이원론적으로 분리하는 관점을 마음을 관조하는 수양의 실천으로 해체할 수 있게 된다.

해월의 '이심치심'(以心治心)은 자기 본래의 한울 마음으로써 (以心) 인간의 마음을 다스리면(治心) "화가 바뀌어 복이 되고 재앙이 변하여 경사롭고 길하게"[32] 됨을 강조한다. 지극한 수양으로 한울을 모시는 마음이 흔들리지 않게 되면 실제로 복이 넘친다는 것이다. 다시 말해 '복'이라는 가시적인 결과물을 얻게 된다. 이는 "날짐승 삼천도 각각 그 종류가 있고 털벌레 삼천도 각각 그 목숨이 있으니, 물건을 공경하면 덕이 만방에 미친다"고 한 해월의 설법과 연관해 생각해볼 수 있다. 수양을 통해 한울의 마음이 내 마음에 자리를 잡으면 사사물물(事事物物)이 전부 시천주한 존재임을 깨닫게 된다. 그래서 날짐승이건 털벌레건 모두 공경의 대상이 되고, 이는 곧 지구적 공공성의 실천으로 이어지는데, 그에 따른 '복'이 나에게로 돌아오게 된다. 즉 더욱 좋은 세상이 만들어지고 나는 이 좋은 세상에서 살아갈 수 있게 된

---

32 『해월신사법설』, 「이심치심」.

다. 얽힘의 세상이 '은혜의 얽힘'의 세상으로 발전하는 셈이다.

수평적 연대의 확장

이처럼 개벽종교, 특히 동학·천도교, 원불교의 수양법으로 정
진할 경우 물질과 정신의 이원화를 지양할 뿐 아니라 인간과 비
인간의 이원론적 구분을 해체하게 되는데, 이런 측면은 지구적
수양학의 하나의 특이성이자 시사점을 보여준다. 바로 지구 구
성원들과 궁극적 실재 간의 관계를 수직적 관계에서 수평적 관
계로 전환시킨다는 점이다. 이러한 전환은 "지금껏 하등하다
고 여겨진 생명체나 기계를 향한 성찰"[33]에서 시작된 탈인간중
심주의에 핵심적인 계기를 제공한다. 제인 베넷(Jane Bennett)이
강조한 "정치생태학"[34]은 비인간 존재들의 권리에 주목하여 그
들을 전 지구적 민주주의의 주체로 등장시키고, 그래서 인간과
비인간의 수평적 관계를 확립하려 한다. 도나 해러웨이(Donna
Haraway)의 "소중한 타자성"[35] 또한 인간과 비인간의 위계화를

---

33 김은주, 「포스트휴먼은 어떻게 지구 행성의 새로운 유대를 만드는가?」, 이감문해력
    연구소 기획, 『21세기 사상의 최전선』, 이성과감성, 2020, 122쪽.
34 제인 베넷, 『생동하는 물질』, 문성재 역, 현실문화, 2020, 237-267쪽.
35 도나 해러웨이, 『해러웨이 선언문』, 황희선 역, 책세상, 2019, 115-240쪽.

거부하고 서로가 서로에게 '반려종'이 될 수 있는 수평적 관계를 강조한다.

동학·천도교, 원불교의 수양학은 이 수평적 관계의 대상을 한울님 또는 법신불까지로 확장했다고 볼 수 있다. 수운은 한울님이 절대자이자 초월적인 존재이면서도 "(한울님을) 네 몸에 모셨으니 사근취원(捨近取遠)하지 말라"고 하였으며, "내 마음이 곧 네 마음"(吾心卽汝心)임을 깨달아 각자가 한울님 마음으로 살아가야 한다고 밝혔다. 동학에서 한울님에 대한 관념은 '초월적 존재'에 대한 압도적 체험으로서의 종교체험으로 동학을 창도하던 초기 단계에서 초월성과 내재성을 함께 경험하는 중기를 거쳐 초월성보다는 내재성을, 그리고 믿음보다는 깨달음이 강조되는 방향으로 한울님에 대한 함의가 더욱 풍부해졌고 깊어졌다.[36] 특히 인간과 한울님의 관계로서의 시천주 이해가 인간을 포함한 만유에 내재하는 한울님에 대한 확장적 인식, 현실 세계의 구체적인 만인만물에 구현된 한울님과의 수평적 관계에 대한 인식으로 심화확장되었다. 해월의 '베 짜는 한울님' 이야기는 이러한 수평적 관계로서의 천인(天人) 관계에 대한 관념을 반영하는 것으로, 궁극적 실재의 영역을 수직적으로 한정하지 않고

---

36 김용휘, 『최제우의 철학』, 이화여자대학교출판부, 2012, 53쪽.

수평적으로 확장했다고 볼 수 있다.

또한 소태산은 진리의 실상인 '일원상의 진리'를 "제불 제성(諸佛 諸聖)의 심인(心印)"이자 "일체 중생의 본성"으로 믿는 것이 곧 신앙임을 말하여, '일원상의 진리'는 모든 존재자에게 동등하게 적용되는 것임을 천명하였다. 어린이 사랑하는 도를 강조하여 어른 못지않게 존중하고 위해 줄 것을 강조했던 소태산의 이야기는 "하늘만 높이던 사상을 땅까지 숭배하게"[37] 한다는 대산의 설명과 더불어, 궁극적 실재와 지구 구성원의 관계를 수직적 관계로만 보지 않고 수평적 관계로도 인식함을 뜻한다. 다시 말해 인간이 동물이나 식물, 나아가 무기체에 이르기까지 모두에 대하여 영성의 측면이나 이성의 측면이나 감성의 측면에서 우위를 주장하거나 전제하지 않는 새로운 인식의 세계가 열림을 의미한다. 이것이 지구적 수양학이 지향하는 1차 목표이다.

우리는 지구 구성원들의 수평적 관계를 궁극적 실재와의 관계로까지 확장하게 된다. 탈 인간중심주의가 그동안 하등하게 여겨졌던 비인간 존재들과의 관계를 수평적인 것으로 전환했다면, 수양학은 이들 존재를 평등한 동시에 '공경과 불공을 받아 마땅한 존재'로 정의한다. 즉 비인간의 주체성과 상호작용에 중

---

37 『대산종사법어』 교리편 13장.

점을 두는 탈 인간중심주의에 지구적 수양학이 공경과 불공이라는 실천 요소를 보완할 수 있는 것이다.

결론적으로, 동학·천도교와 원불교 수양학의 특징은 개인적인 수양이 지구공동체 구성원들에 대한 공경과 불공과 통합된다는 점이다. 개인의 심성을 도야함으로써 자신을 완성해 가는 과정이 타인이나 타자를 향한 공경과 불공을 실천하는 가운데 이루어질 수 있다는 자각이자 수양의 지침이다. 이는 동학·천도교와 원불교가 인식하듯 지구 구성원이 '은(恩)적 네트워크', 즉 긴밀한 상호의존적 관계로 이어져 있기 때문이며, 한편으로는 공경과 불공을 실천함으로써 이 네트워크를 더욱 원활하게 운용할 수 있음을, 이로부터 연대를 실천할 수 있음을 함의한다.

연대는 다른 존재와 함께 더불어 하는 것을 주된 요건으로 삼는다. 강수택은 자유, 평등, 박애 같은 관념들이 연대의 전제가 된다고 말한다. 즉 연대 자체가 수평적 관계에서 이루어지는 것이며, 이 수평적 관계에서 구성원들의 집합적인 노력이 필요하다.[38] 그리고 김용해는 연대를 가리켜 상호책임을 지는 것, 재난 재해 같은 위험을 줄여 나가는 예비적 상호보험으로 볼 수 있다

---

38 강수택, 「연대의 개념과 사상」, 『역사비평』 102, 2013, 14쪽.

고 말한다.[39] 공경과 불공, 이를 통한 '은(恩)적 네트워크'의 활성화는 지구위험에 대비하는 상호보험, 지구적 연대를 위한 하나의 실천이 될 수 있을 것이다. 즉 '수양과 통합되는 공경과 불공'은 자유, 평등, 박애와 더불어 연대의 새로운 전제로 기능할 수 있다.

밝恩생각

"동양의 수양학은 마음을 닦는 일과 존재의 근원적 진리에 관심을 두었으며, 이 관심을 바탕으로 인격의 완성을 이루고자 했다. 그러나 한편으로는 개인의 마음 닦는 일에 그치지 않고, 인간의 삶에 긴밀한 연관성을 가지는 자연 본연의 생명성이나 당시 사회문제들을 함께 궁구함으로써 개인의 단독적 진화가 아닌 공진화(供進化)를 실천하려 했다. 위기시대의 수양학, 특히 지구적 위기를 극복하기 위한 지구적 수양학은 인간중심주의에 대한 성찰적 사유를 바탕으로 개인의 심성 도야와 지구적 공경·불공을 함께 실천하는 하나의 방법론이 될 수 있을 것이다."

---

39 김용해, 「연대의 가능성과 인간의 의무」, 『생명연구』45, 2017, 20쪽.

제
2
장

타자철학과의 대화*

* 이 글은 『원불교사상과 종교문화』 85집(2020년 9월)에 실린 「여성혐오 문제에 대한
제언 - 레비나스 타자철학과 원불교 여성관을 중심으로 -」를 수정한 것이다.

이 장에서는 에마뉘엘 레비나스(Emmanuel Levinas)의 타자철학과 원불교 불공의 실천윤리가 현대사회의 타자화 현상에 제공하는 시사점을 밝힌다. 여성, 성 소수자, 타 인종, 노인, 비인간 존재 등 다양한 존재들이 타자화의 대상이 되고 있다. 그러나 레비나스는 주체보다 타자에 무게중심을 두었다. 그가 바라본 타자는 주체가 의미화할 수 없는 절대적 존재, 즉 신(神)이다. 주체는 다만 타자의 얼굴을 마주하며 그에게 귀를 기울이고 응답할 뿐이다. 한편 원불교의 '남녀권리동일'은 여성의 평등과 해방을 강조했다. '일원상의 진리'에 따르면 우리는 포월적 존재로서 일원의 공통된 바탕을 갖춘 동시에 개별적 고유성을 가진 처처불(處處佛)이다. 절대적 타자이자 포월적 존재로서의 타자는 누군가가 이름을 붙이거나 변모시킬 수 없다. 우리는 레비나스가 강조했던 타자를 향한 환대의 윤리, 그리고 원불교의 불공(佛供)을 통해 여성을, 다른 인종과 민족을, 내 앞의 타자를, 부처이자 신으로 바라볼 수 있을 것이다.

1. 타자, 새로운 시선

타자에 관한 레비나스의 관점

에마뉘엘 레비나스(Emmanuel Levinas, 1889~1976)가 사유했던 타자철학에서 타자는 내가 무어라 규정하거나 의미를 둘 수 없는 존재, 즉 절대적 타자이다. 유대인이었던 그는 제2차 세계대전 당시 가족들이 모두 수용소로 끌려가는 아픔을 겪었다. 그리고 독일군의 포로수용소에서 노역을 하며 전체주의의 기저에 자리한 존재론에 회의를 품게 된다. 서구의 자아 중심적 철학은 주체적 자아가 타자를 충분히 인식할 수 있다고 보는데, 그는 이러한 사유가 폭력의 원인이 될 수 있다고 보았다.

레비나스가 "존재 철학이 아닌 존재자의 철학"[1]을 새롭게 개진한 것은 타자들이 하나의 의미로 수렴될 수 있다는 생각에 대한 반박이자, 개별 존재들의 고유성을 명확히 바라보기 위한 시

---

1 박남희, 『레비나스, 그는 누구인가』, 세창출판사, 2019, 18쪽.

도였다. 레비나스 자신은 이러한 작업을 가리켜 "통일성 안에 용해할 수 없는 다원론을 지향하며, 파르메니데스(Parmenidēs)와 결별하자는 시도"[2]라고 말한다. 고대 그리스의 철학자였던 파르메니데스는 불변하는 것만이 진실이라고 여겼다. 변하는 것이나 사라지는 것들은 전부 허상에 불과하다는 입장이다. 레비나스가 '파르메니데스와 결별'하겠다고 한 것은 개별 존재들의 다양함, 내가 인식하건 그렇지 않건 관계없이 존재할 수 있는 타자, 즉 주체가 아닌 타자에 초점을 맞추기 위해서였다.

레비나스는 어느 강의에서 말한다; "어떻게 한 관계가 인간과 인간을 초월한 것 사이에 실존할 수 있는가? 어떻게 존재 너머가 그것의 초월성 속에서 사유될 수 있는가? 철학의 역사는 초월의 파괴이고 내재성의 긍정이다."[3] 그의 철학에서는 타자가 곧 신(神)이다. 그런데 대자(對自)의 존재가 아니며, 탈자(脫自)의 운동을 가져오는[4] 신이다. 나 자신을 중심에 두고 신을 사유해서는 신을 만날 수 없다는 것이다. 내가 인식하지 않는다고 해서 신은 없다고 단언할 순 없다. 세상의 중심은 내가 아니다.

2 에마뉘엘 레비나스, 『시간과 타자』, 강영안 역, 문예출판사, 1996, 33쪽.
3 에마뉘엘 레비나스, 『신, 죽음 그리고 시간』, 김도형 외 역, 그린비, 2013, 310쪽.
4 윤대선, 『레비나스의 타자물음과 현대철학』, 문예출판사, 2018, 126쪽.

따라서 세상에 존재하는 많은 타자들은 허상의 존재로 분류될 수가 없다. 그의 철학이 이론적이지 않고 실존적이라고 평가받는 것도, 우리 눈앞에서 먹고, 자고, 살아가는 타자들을 통해 형이상학적 초월성과 절대성을 확인하기 때문이다. 모두는 저마다 다르기에 서로의 고유함을 침범하지 않으며, 그 자체만으로 본질적이고 근원적이고 자유롭다. 서로 영향을 미칠 수 없으므로 우린 평행선을 계속 달릴 뿐, 동일해질 수는 없다. 그래서 우리는 고독한 존재이며, 홀로서기를 해야 한다.

이 고독한 우리가 홀로 일어서서 얼굴을 마주 보는 것, 타자의 얼굴을 마주한다는 것은 사실 그리 간단한 일은 아니다. '타자' 자체가 낯설고 어색하게 느껴지기 때문이다. 레비나스는 타자와의 관계를 설명하기 위해 '얼굴'(visage) 개념을 도입했다. 저마다 얼굴이 다르기에, 얼굴은 타자의 고유하고 존엄한 면모를 상징한다. 누구나 상대의 얼굴에서 그의 품격과 품성을 읽은 적이 한 번쯤은 있을 것이다. 타자의 인격과 영혼, 기분 상태, 삶의 여정을 모두 담고 있는 게 얼굴이다. 그래서 레비나스는 "얼굴이 주는 용모 아래 그의 모든 약함이 터져" 나온다[5]고 말한다.

타자와 얼굴을 마주할 때 우리는 그 얼굴을 바꿀 수 없다. 그

---

5 에마뉘엘 레비나스, 『타자성과 초월』, 김도형·문성원 역, 그린비, 2020, 126쪽.

저 마주할 뿐이다. 마주할 뿐인 얼굴에 대해 내가 할 수 있는 것은 타자를 향한 환대를 실천하는 것이다. 이는 한편 내가 내 얼굴을 책임지는 것이기도 하다. 타자를 환대할수록 내 얼굴도 아름다워지기 때문이다. 레비나스는 타자와의 관계에 관심을 가졌다. 그의 철학이 '타자윤리학'이라고도 불릴 만큼, 사유를 하는 '나 자신'이 아닌 타자와의 관계에서 빚어져 나오는 '윤리'가 그의 사유의 주제였다. 그래서 그가 말한 윤리는 자신보다 타자를 우선하는, 타자 중심의 환대의 윤리이다.

타자를 향한 환대의 '윤리'에 따르면, 타자는 나보다 더 존중받아야 하는 귀한 자다.[6] 타자는 내 안에서 이해되는 자도, 내가 내 안으로 들여올 수 있는 자도 아니다. 나보다 귀한 존재를 내가 함부로 해석하거나 규정하고, 변화시킬 수 없다. 귀한 손님을 집에 모셨는데 그분에게 후한 대접을 할지언정 다른 무엇을 강요하진 않는 것처럼 말이다. 나아가 타자에 대한 환대는 내가 하고 싶으면 하고 싫으면 하지 않아도 되는 성격의 것이 아니다. 타자는 '절대적 외재성'의 존재인 것이다. 레비나스는 타자에 대한 환대를 의무라고 보았다.

타자는 내가 가까이 할 수 있는 대상이 아니다. 언제까지나 멀

---

6 박남희, 위의 책, 62-63쪽.

리 존재하는 낯선 자이다. 아무리 타자를 향해 달려가도, 타자는 우리에게서 멀리 떨어져 있다. 레비나스에게 타자는 신이자 초월적 존재이다. 주체의 입장에서 보았을 때 타자는 '그'가 아닌 '너'인 것 같지만, 알고 보면 '너'가 아닌 '그'로서 절대적이고 초월적인 타자이다. 그런데 절대적 외재성을 지닌 타자를 환대한다는 것이 과연 가능할까? 타자가 '그가 아닌 '너'일 때, 즉 친근하고 편안한 대상일 때, 오히려 환대는 더 자연스러운 일이 아닐까? 알지 못하는 상대를 환대하는 일이 쉽지는 않을 테니 말이다.

신이자 초월적 존재인 타자는 '제삼자'로도 표현된다. 제삼자인 타자는 내 앞의 유일한 '너'가 아닌 '낯선 이'로서, 보편적인 인간성을 열어주는 길이다.[7] 즉 외재적이고 낯설지만 그만큼 편견 없이 다가설 수 있는 존재다. 가까운 벗보다 처음 만나는 타자에 대한 편견이 덜한 건 당연한 일이다. 그래서 제삼자로서의 타자, 보편적 얼굴의 '너'가 아닌 '그'로서의 타자, 레비나스의 절대적 타자는 결코 언어화될 수 없다. 언어화되는 순간, 타자는 '무한한 외재성'에서 '내재적 전체성'으로 떨어지고 만다.

이상한 건, 레비나스는 절대적 타자를 짐작할 수 있도록 비유

7 에마뉘엘 레비나스, 위의 책, 140쪽.

적 선택을 표현한다는 점이다. '여성적인 것'이 그것이다.[8] 그는 여성성이 타자성이 순수한 상태로 나타나는 상태이자, 타자성을 자신의 본질로서, 적극적인 자격으로 담보할 수 있는 상황이라고 말한다.[9]

　레비나스의 타자철학에서 '여성성'은 절대적 타자성을 부득이 언어로 전달하기 위해 차용한 비유적 표현이다. 이때 여성성은 남성성에 대립되는 이원적 성격의 여성성이 아니다. 여기에서의 여성은 생물학적 여성도, 경험되는 여성도 아니다. 한 인터뷰에서 그는 "남성적인 것과 여성적인 것 사이의 존재론적 차이는 인류를 두 종류로(혹은 두 유형으로) 나누는 것이 아니라 남성적인 것과 여성적인 것에 참여하는 것이 모든 인간 존재의 속성이라는 점을 말하는 것"[10]이라고 설명한다. 비록 절대적 타자를 '여성'에 비유했지만, 우리 모두는 그 누구도 쉽게 가까이 할 수 없고 의미화할 수 없는 절대적 타자이다.

8　김애령, 『여성, 타자의 은유』, 그린비, 2012, 89쪽.
9　에마뉘엘 레비나스, 위의 책, 103쪽.
10　에마뉘엘 레비나스, 『윤리와 무한. 필립 네모와의 대화』, 양명수 역, 다산글방, 2000, 86쪽.

타자에 관한 원불교학자들의 관점

정산은 "원래에 차별 없는 그 평등한 자리를 생각할 것"[11]을 당부했다. 본래 차별이 없다고 보는 것은 우리에게 가장 가까운, 아니 가장 근본적이고 원초적인 성품의 원리에 근거한다. 이는 '일원상의 진리'를 통해 확인할 수 있다. 일원상의 진리는 이 세계를 관통하는 근본적인 진리를 가리킨다. 그렇다면 모든 존재는 일원상 진리의 어떤 점에서 평등하다고 볼 수 있을까?

『정전』 '일원상의 진리' 장 서두에서는 "일원(一圓)은 우주만유의 본원이며, 제불 제성의 심인이며, 일체 중생의 본성이며, 대소 유무(大小有無)에 분별이 없는 자리며, 생멸 거래에 변함이 없는 자리며, 선악 업보가 끊어진 자리며, 언어 명상(言語名相)이 돈공(頓空)한 자리"라고 밝히고 있다. 이어서 "공적 영지(空寂靈知)의 광명을 따라 대소 유무에 분별이 나타나서 선악 업보에 차별이 생겨나며, 언어 명상이 완연하여 시방 삼계(十方三界)가 장중(掌中)에 한 구슬같이 드러나고, 진공 묘유의 조화는 우주만유를 통하여 무시광겁(無始曠劫)에 은현 자재(隱顯自在)하는 것이 곧 일원상의 진리"라고 한다.

---

11 『정산종사법어』 무본편 27장.

일원상의 진리를 평등의 측면에서 적용해 본다면 본래 여성과 남성의 성별 차이는 있어도 분별 즉 차별이 없으며, 그 밖에 신분, 연령, 직업에 관계없이 모두 일원으로서 평등한 존재라고 볼 수 있다. 그러면서도 여성은 여성으로, 남성은 남성으로, 부모는 부모로, 자녀는 자녀로, 연장자는 연장자로, 어린이는 어린이로 그 색깔을 분명히 구분함으로써 분별도 가능해진다. 모두 평등한 가운데 그 다름은 분별할 수 있다는 이러한 시각은 체(體)와 용(用)을 함께 보고, 본체와 현상을 함께 볼 수 있어야 함을 의미한다. 소태산이 일원상의 진리를 "공적영지의 광명", "진공묘유의 조화" 등으로 표현한 것은 법신불의 체와 용을 함께 보아야 하기 때문이었을 것이다. 정산도 "체와 용, 그리고 이를 주재하는 영지(靈知)가 다 법신불 하나"[12]라고 하였다. 이처럼 체와 용은 동일한 본질(법신불)의 다른 측면인 것으로 인식된다.

그런데 이 둘(체와 용) 사이의 관계에 대한 원불교학자들의 견해는 크게 두 가지 양상으로 전개되어 왔다. 이 책의 앞에서부터 소개한, 일원과 사은의 동질성에 주목하는 연구와 그 차별성에 주목하는 연구 경향이 바로 그것으로, 달리 표현한다면 상즉

---

12 『정산종사법어』 예도편 9장.

론(相卽論) 중심의 해석과 본원론(本原論) 중심의 해석이다.[13] 이 두 갈래 경향을 아래에서 좀 더 구체적으로 소개하려 한다.

먼저 본체와 현상이 같다고 보는 상즉론은 소태산이 "일원상의 내역을 말하자면 곧 사은이요, 사은의 내역을 말하자면 곧 우주만유로서 천지 만물 허공 법계가 다 부처 아님이 없나니"[14]라고 한 점을 주목한다. 한종만은 근본적 진리의 상징인 일원상과 현실적으로 전개된 우주의 삼라만상이 서로 상즉해 있으므로 현실적 만유 자체에 일원상의 진리가 그대로 구유해 있어 일원상 진리의 모든 작용을 나타내며 그대로 일원상의 화현이라고 보았다.[15] 상즉론의 입장에서는 '공적(空寂) 즉 영지(靈知)', '진공(眞空) 즉 묘유(妙有)'가 소태산이 설파한 진리의 핵심이라고 본다. 이때 '공적'은 텅 비어 고요한 상태, '영지'는 신령한 지혜, '진공'은 참으로 빈 상태, '묘유'는 묘하게 있어지는 것을 말한다. 얼핏 보면 공적과 영지, 진공과 묘유는 양 극단의 상태를 의미하는 것 같다. 그러나 이들은 이원화하여 볼 수 있는 것이 아니라는

---

13 허종희, 「일원상진리의 본원론과 현상론 소고」, 『원불교사상과 종교문화』79, 2019, 49쪽.
14 『대종경』교의품 4장.
15 한종만, 「불공의 원리에 대한 연구」, 『원불교학연구』8, 1978, 8쪽.

관점이다.[16]

김팔곤도 일원상 진리의 상즉성에 주목했다. 일반적으로 하기 쉬운 상식적 추측과 달리, 일원의 자리에 있어서는 무와 유가 둘이 아니고, 진공과 묘유도 둘이 아니며, 변하지 않는 것과 변하는 것이 둘이 아니고, 영원한 것과 영원하지 않은 것이 둘이 아니며, 불생불멸 인과보응이 둘이 아니다.[17] 그러므로 본체와 현상은 상즉하다는 것이다. 여기에 주목할 점이 있다. 그는 인간의 마음에 대조해 볼 때 희로애락의 감정에 사로잡히지 않고 만사를 바르게 판단하고 공정하게 처리할 때가 바로 본체와 현상의 상즉관계가 형성되는 순간이라고 말한다. 이는 한편으로 오염된 상태에서 이해하거나 결정하는 것은 진정한 의미에서의 상즉관계로 귀결되기 어려움을 의미한다. 이 점은 상즉론적 관점에 필수적으로 요청되는 전제다.

다음으로 본원론의 입장은 모든 현상들의 절대적 본체를 일원상 진리의 중심에 둔다. 송천은은 일원은 물론 사은의 현실을 조화로서 포섭한다 할지라도, 일원의 바탕은 '영지불매(靈知不

---

16 한종만, 「일원상진리의 상즉성」, 『일원상진리의 제연구 上』, 원광대학교 원불교사상연구원, 1989, 333쪽.
17 김팔곤, 「일원상진리 소고」, 『일원상진리의 제연구 上』, 원광대학교 원불교사상연구원, 1989, 394쪽.

昧)한 절대진공', 즉 신령한 지혜가 어두워지지 않는 진공이라고 보았다. 그는 일원상과 그 조화(전개)로서의 사은이 크게는 상즉 일치(相卽一致)의 관계에 있어 처처불상 사사불공의 교리로 나타난다 해도, 본원이요 참 달인 일원상의 진리를 표준으로 해서 사은과 일체 만유를 이해하는 것이 소태산의 진의라 강조한다.[18]

이 두 가지 입장 중 하나의 입장에 치우칠 경우 어떤 문제가 나타날까? 먼저 본체가 곧 현상이라는 상즉론을 중심에 두면 사은신앙, 즉 내가 당면하는 현상 자체를 부처로 알아 사사불공을 실천하고자 하는 의미가 살아날 수 있다. 그러나 상즉론의 본래 의미를 살리지 못하거나 상즉론에 매몰될 경우, 사은이라는 우주만유의 현상에 갇혀 무한덕상으로서의 본원적인 은(恩)을 발견하지 못할 수 있다. 자칫 일체중생이 본성(本性)을 향한 깊은 신행보다는 분별심(分別心) 수준에 머물고 마는 한계를 보일 수 있다.[19] 이를 인간 마음의 측면에서 논한다면 본체와 현상의 상즉관계를 참으로 이해하고 실천할 때라야 진정한 상즉관계가 구현되는데, 그러지 못할 경우에는 분별성과 주착심마저도 본

---

18 송천은, 「소태산의 일원상진리」, 『일원상진리의 제연구 下』, 원광대학교 원불교사상연구원, 1989, 550-552쪽.
19 허종희, 「「일원상진리」에 관한 연구」, 원광대 박사학위논문, 2018, 60쪽.

체와 상즉하다는 이론 아래 그 분별심과 주착심을 '없이 하는' 공부를 간과할 수 있다.

반대로 본원론에 치우칠 경우에는 사은신앙이 약화될 수 있다. 지금 내 눈에 현현한 존재가 살아 있는 불공의 대상임을 매 순간 자각하고 실천해야 하는데, 자칫 상대를 '달을 가리키는 손가락' 정도로만 인식할 수 있다. 또한 일원상의 진리를 추상적이고 이상적인 '어떤 것'으로 설정함으로써 또 하나의 분별심이 조장될 수도 있다. 이런 방식이 습관이 되면 나 자신 또는 타자의 어떤 모습도 인정하고 배려하기 어려울 수 있다.

타자에 관한 포월적 관점

요즘은 전에 없던 인간성 상실에 따른 흉악 범죄, 학교 폭력, 바이러스 창궐, 환경 문제, 고령화 등 많은 문제가 새롭게 또는 심화된 형태로 지속적으로 등장하고 있다. 그간의 논의들을 바탕으로 일원상의 진리가 어떻게 현대사회가 당면한 문제들을 해소해 갈 수 있을지 모색하는 것은 곧 원불교학이 당면한 과제요, 원불교에서의 신앙과 수행을 사회적으로 실천하는 출가(出家=敎務, 원불교의 성직자), 재가(在家, 원불교 일반 교도) 모두의 공통된 역할이기도 하다. 그럼 일원의 진리에 관한 상즉론에도, 본원론에도 치우치지 않는 시선과 관점을 이 사회에 제시할 수 있다면 어떨까?

원불교학 1세대였던 박길진은 "우주에 한 진리가 있으니 이것이 우주만물을 일관해 있고 만물은 그 분신이라고 볼 수 있다. 사람을 예를 들어 생각해 본다면 사람이 전체라고 하면 코·입·발·손이 모두 연결되어 있다."[20]고 하여, 초월적 존재이자 광대무량한 법신불 작용으로서의 화신불, 그리고 내재적 존재이자 법신불을 갖춘 인간 본성의 양면성을 설명하고 있다. 이와 같이 본체와 현상에 동시적, 양면적으로 접근했던 방식은 원불교에서 말하는 '일원상' 교의의 특수성, 즉 초월성과 내재성을 함께 충족하는 특성을 온전히 보여주고 있다. 그리고 이는 우주에 존재하는 모든 것을 원불교학은 어떤 시선으로 인식할 수 있는지, 나아가 우주만물의 평등성을 어떻게 구현할 수 있을지 사유하는 하나의 근거가 된다.

이와 같은 본체와 현상, 초월성과 내재성의 동시성은 '포월적' 관점으로 설명할 수 있다. '포월'(包越)은 품어 안고서 넘는다는 뜻으로, 내재와 초월을 동시에 충족하는 것을 의미한다. 포월적 관점을 견지해 온 학자들 중에는 칼 야스퍼스(K. Jaspers)가 있

---

20 원불교사상연구원, 위의 책, 56쪽.

다. 야스퍼스는 포괄자(包括者, das Umgreifonde)라는 표현을 사용했다. 포괄자는 모든 것을 포괄하는 존재다. 저마다 내재된 주체와 합일한 상태의 것, 결코 종결되지 않으며 따라서 폐쇄되지도 않는 것, '우리를 낸 것'이다. 그는 포괄자를 '내재자의 존재'라고도 불렀는데, 우리는 포괄자의 모든 양태를 알아차리고, 거기에 몰입하며, 우리의 내면에서 그것들을 일깨워야 한다고 강조했다. 야스퍼스는 포괄자가 무(無)의 공허일 뿐인 것 같지만 '가능적 실존'(mögliche Existenz), 즉 내가 나 자신일 수 있는 것, 타자와의 상호작용 속에서도 나 자신일 수 있는 것을 고려해야 한다고 말한다. 이는 포괄자가 개별 실존에 의해서만 확인됨을 의미한다. 초월자는 본래 존재한다고 간주하면서 개별 실존은 소멸하는 것으로 간주하는 것은 맞지 않다. 또한 반대로 실존이 초월자에 선행한다고 보는 것도 잘못된 것이다. 야스퍼스가 보았을 때 초월자와 실존은 동시적이며 양면적이기 때문이다. 초월자와 개별적 실존을 모두 포함하는 '포괄자'에 대한 야스퍼스의 견해는 초월성과 내재성을 모두 총괄하는 포월자로서의 그것과 근접해 있다.[21]

---

21 칼 야스퍼스, 『계시에 직면한 철학적 신앙』, 신옥희 역, 분도출판사, 1989, 113-125
    쪽 참조.

켄 윌버(Ken Wilber)도 '포월'에 대해 언급하였다. 윌버는 물질 중심의 시대에 필요한 것은 최고 수준인 '영'(spirit)으로 진화하는 것이며, 이 진화의 과정은 "초월하면서 포함"함으로 이루어진다고 보았다. '초월하면서 포함'한다는 것은 '영'이 각각의 새로운 초월에서 그 자신을 전개하고, 새로운 단계에 이르면 그것을 그 자신의 존재 속으로 감싸 넣음을 의미한다. 즉 성장한다는 것은 이전의 나를 품은 상태에서 이를 초월하는 것이다. 여기에는 "한 사람 안에 있으면서 그 사람 너머에 있는 것", "자신이 아닌 자신", 즉 초월적 자기를 직관하는 작업[22]이 필요하다. 윌버는 이러한 작업을 통해 완전한 성장을 이룬 상태를 "온 우주 전체와의, 모든 수준에서의 공과 형상과의, 법신(혹은 무시간의 영)과 색신(혹은 시간적 영) 둘 다와의 하나 됨을 실현한 것"[23]이라고 말한다.

'포월'은 모두에게 내재해 있는 불성, 그리고 개별적 존재들을 초월하여 하나의 기반을 이루는 법신의 동시성과 양면성을 인정한다는 점에서 일원상의 진리의 포월성과 유사한 이치를 표현한다고 볼 수 있다. 이러한 포월적 실재관에 입각해서 바라보는 '존재', 나아가 여성 또는 남성은, 어른과 아이는, 인간과 비

22 켄 윌버, 『무경계』, 김철수 역, 무우수, 2005, 201-207쪽.
23 켄 윌버, 『켄 윌버의 통합영성』, 김명권 · 오세준 역, 학지사, 2018, 307쪽.

인간 존재는, '차별'이라는 개념이 적용되지 않는 초월적 존재인 동시에, 저마다 다른 자신의 특수함과 고유한 개성으로 그 색깔을 달리 할 수 있는 내재적 존재다.

우리는 '여성' 또는 '남성', '어른' 또는 '아이', '인간' 또는 '비인간 존재'라는 이름표를 붙이고 살아갈지언정 모두가 '일원'이라는 하나의 공동체에서 함께 더불어 살아가는, 즉 '여성' 또는 '남성'의 특수한 개별성을 띠는 동시에 '여성'·'남성'을 초월한 일원의 존재라는 점에서 포월적 존재임을 확인하게 된다. 이는 마치 공통의 백지 위에 그려지는 다양한 무늬들이 서로 모양과 색깔은 달리 하지만 그 근본 배경은 같은 것과도 같다.

모든 존재와의 관계를 대립적으로 보고, '억압하고 지배하는 남성' vs '차별되고 복종하는 여성'이라는 구도에 얽매여 폭력과 억압을 자행하는 행태는 이러한 포월성을 모르는 데서 생겨나는 것이며, 원불교의 세계관에서는 수용하기 어렵다.[24] 모두가 공통의 백지에 그려진, 그러면서도 자신의 모양과 색깔을 고유하게 간직한 가족 구성원일진대, 어떻게, 어떤 기준으로, 누가 누구를 억압하고 누가 누구를 의미화할 수 있겠는가!

---

24 민현주, 「원불교의 남녀평등사상과 실천에 관한 연구」, 이화여대 석사학위논문, 1994, 26쪽.

2. 여성, 신이자 부처

애무와 환대의 윤리

지금까지 살펴본 타자를 바라보는 관점을 기반으로, 이 장에서는 타자를 '여성'으로 한정하여 타자를 향한 윤리를 생각해 볼 것이다. 그러기 위해 레비나스의 방법론과 원불교의 실천법을 비교해 가면서 좀 더 탐색하려 한다.

먼저 레비나스는 시몬 드 보부아르(Simone de Beauvoir)를 비롯한 페미니스트들의 공격을 받았는데, 그 이유는 레비나스가 여성성을 가리켜 '빛 앞에서의 도피', '스스로 자신을 감추는 것', '수줍음' 등으로 묘사하기 때문이다. 보부아르의 입장은 본래의 여성성이란 건 존재하지 않는다는 것이다. 다시 말해 태어날 때부터 주어져 있는 여성 또는 남성적인 것은 원래 없다는 것이다. 그러나 보부아르의 비판은 그 출발점부터 레비나스의 관점을 벗어났다는 의견도 있다. 보부아르의 비판 자체가 애초 레비나스 자신이 타자에 대한 사유에서 제외한 것이기 때문이다. 보부아르의 생각대로라면 여성적 본질이란 애초 존재하지 않으며, 존재하는 것은 주체와 대상뿐이다. 이는 곧 '타자'는 내가 이해할 수 있는 존재, 나와 호환될 수 있는 존재, 나의 동류라는 관점으로 이어진다. 이러한 타자 이해야말로 레비나스가 혼신의 힘을 다해 뒤집으려는 바로 그 지견이란 것이다.[25]

그렇다면 레비나스는 왜 여성성을 '수줍음'에 비유했을까? 그는 여성성을 '신비'에도 연관 지어 사유했다. "여성적인 것의 외적 표현이 가장 거칠거나, 가장 뻔뻔하거나 또는 가장 무미건조한 물질성으로 나타난다고 하더라도 그것이 지닌 신비, 그것의 수줍음은 결코 파괴되지 않는다."[26] 어떻게 해도 부정되지 않는 신비, 온 우주를 관통하는 절대성으로서의 이 신비는 곧 절대적 타자성을 의미한다. 타자는 주체에게 자신을 내어주지 않는다. 그리고 수줍게 가려진 채로 자신을 보여주지도 않는다. 타자는 전부 알 수도, 볼 수도 없기 때문에 신비한 '여성'으로 묘사된다. 이러한 여성성의 수줍음과 신비는 정지된 상태의 존재가 아닌 시간의 흐름 속에서 운동성을 띠고 실존해 가는 우리 자신과 타자의 속성이라 볼 수 있다. 마치 흘러가는 구름이 자연의 속성

---

25 우치다 다쓰루, 『사랑의 현상학』, 이수정 역, 갈라파고스, 2013, 215쪽.
26 에마뉘엘 레비나스, 위의책, 1996, 105쪽.

그대로이듯 말이다.

레비나스에 있어 여성성은 '구원에의 가능성'이다. 그는 여성성이 곧 인간성에 관한 철학적인 이해이자, 다시 구원에의 가능성을 정당화하는 메시아의 심성이라고 이해한다.[27] 여성은 어디까지나 타자이고 누군가가 마주하게 되는 낯선 얼굴이다. 그러나 여성성은 이 낯선 얼굴을 환대하고 책임지게 되는 근원적 힘이다. 여성 또한 외재적 존재로서 절대성을 지닌 타자라면, 여성의 얼굴은 곧 신의 얼굴이 된다. 그런데 레비나스는 여성을 여기에서 한 걸음 더 나아간 존재로 본다. 남성성에 대비되는 이원적 성별이 아닌, 소통과 관용을 끌어내는 원동력으로 본다. 여성성은 남성으로부터 대별되는 여성의 것이 아니라, 남성이든 여성이든 모두에게 근원적으로 내재하는 생명력에 가깝다.

이와 같이 삶에서의 가능성과 힘, 생명력에 주목한 레비나스는 여성성과 관계를 맺는 '에로스'(Eros)를 강조했다. 에로스는 남녀의 융합만을 의미하지 않는다. 오히려 절대적 타자를 겪어보는 것, 나와 하나가 될 수 없는 타자와의 차이를 확인하는 것을 가리킨다. 에로스적 관계에서 타자를 '애무'한다는 것은 이러

---

27 윤대선, 「'너'와 '나'의 삶의 공동체를 위한 페미니즘의 기원과 해석」, 『해석학연구』 20, 2007, 261-262쪽.

한 절대적 타자성에 다가가는 하나의 방법이다. 레비나스는 타자를 대하는 법을 마치 애무하듯 해야 한다고 보았다. 내가 대하는 타자가 나와 어떤 관계에 놓여 있건, 설령 미워하는 대상이라 할지라도 함부로 대해서는 안 된다는 것이다.

그런데 여성성을 타자성의 은유로 보았던 레비나스의 관점은 이후 서서히 변화했다. 후기에 그는 '여성적인 것=타자성'이라는 공식을 버리고 나를 너그럽게 수용하고 환대하는 수줍은 타자의 한 예로 여성을 제시한다. 레비나스는 부드럽고 친밀하게, 다소곳이 나를 영접하는 집안의 타자를 여성이라 부른다.[28] 이러한 여성성은 에로스에 의한 애무로 내가 가질 수 없고 알 수도 없는 타자성을 체험하게 하는 동시에, 출산을 통해 완전한 타자성을 보여준다.

그러나 '주체를 환대하는 집안의 타자'로 여성성을 사유한 레비나스는 페미니스트들의 비판을 면하기 어려워졌다. 레비나스의 여성이 흔히 우리가 경험하는 그 '여성'은 아니며, 따라서 보부아르의 비판이 정곡을 찌르지 못했다 하더라도 말이다. 양성

28 이희원은 레비나스의 '여성' 개념이 두 번의 변화를 거쳤다고 본다. 즉 여성은 남성의 윤리적 초월을 돕는 수줍은 여성에서 윤리적 어머니로 변모했다는 것이다. 이희원, 「레비나스, 타자 윤리학, 페미니즘」, 『영미문학페미니즘』 17, 2009, 247쪽.

평등의 관점에서는 더더욱 레비나스의 후기 시각이 가부장적으로 느껴지지 않을 수가 없다. 그러나 여성의 집단적 정체성 강화에 희생되지 않은 채 개인의 고유성을 발전시켜야 한다는 요구에 봉착한 현대 페미니즘에 이 타자철학이 하나의 길을 제시할 수 있으리라는[29] 조명을 받는 것도 사실이다. 이전의 페미니즘이 여성과 남성의 차이를 기반으로 양성평등을 주창하는 방향을 추구했다면, 지금은 여성이라는 성별 아래 묶어진 하나의 집단이 느끼는 억압이 아닌 여성들 간에도 존재하는 다양한 속성과 차이를 고려하는 페미니즘을 추구한다. 이상화는 이러한 새로운 흐름을 '현장 여성주의'로 표현했는데, 이는 여성을 동질화함으로써 또 하나의 억압이 이루어질 수 있다는 점에 주목함으로써 '차이의 존재론'과 '실천적 연대의 가능성'을 염두에 둔 흐름이라 할 수 있다.[30]

현장 여성주의에 입각해서 본다면, 더 이상 다양한 여성들을 '여성'이라는 이름에 수렴시키지 않고 이제는 개별적 타자들이 경계를 넘나들며 복합적으로 상호작용하는 방향으로 나아갈 필

---

29 김도형, 「레비나스와 페미니즘 간의 대화」, 『철학논총』96-2, 2019, 161쪽.
30 이상화, 「지구화시대의 현장 여성주의: 차이의 존재론과 공간성의 사유」, 『한국여성철학』4, 2004, 80-81쪽.

요가 있다. 그래서 로지 브라이도티(Rosi Braidotti)는 "제2의 성인 모든 여성들의 전 지구적 유사성이라는 의미를 띠는 자매애 이미지를 폐기하고, 여성들이 활동하고 있는 기호적이고 물적인 조건들의 복잡성에 대한 인식을 선호할 필요가 있다."[31]고 말한다. '여성'은 핑크색 울타리 안에 들어가 있는 '남성을 제외한' 존재들이 아닌, 연령·기호·민족·인종·취향 등 다수의 요소들이 복잡하게 얽혀 구현해내는 '다성성'(多聲性)[32]의 존재들인 것이다.

레비나스의 타자철학에 따르면, 우리는 타자의 얼굴을 마주하는 동안 타자와 하나가 되고, 그를 환대해야 하는 책임의 윤리를 실천하게 된다. 이렇게 서로를 마주함으로써 소통과 관용의 공동체가 이루어진다. '어깨를 나란히 한 집단성'이 아닌 '나-너의 집단성', 즉 '공통성이 전혀 없는 집단성'[33]의 공동체가 바로 레비나스가 사유한 진정한 '하나'인 동시에 다원성이다. 타자철학에서 여성은 주체의 바깥에 존재하는 절대적 타자로서 여성, 주체가 해석하거나 변화시킬 수 없는 여성이다. 이러한 여성의

---

31 로지 브라이도티, 『유목적 주체』, 박미선 역, 여이연, 2004, 79쪽.
32 러시아의 철학자이자 문예이론가 미하일 바흐친(Mikhail Bakhtin)이 제안한 개념이다. 도스토예프스키의 작품에서 다성성을 찾아볼 수 있는데, 다양한 인물들이 주체성을 가지고 저마다의 목소리를 발신하지만 이 다름은 산만함이 아닌 조화를 생성한다.
33 에마뉘엘 레비나스, 위의 책, 1996, 116-117쪽.

복수 형태인 '여성들'은 '어깨를 나란히 한 집단성'이 아닌 '나-너의 집단성'으로 접근될 필요가 있다.

여성을 집안의 타자로 개념화했던 점을 차치하더라도, 절대적 타자로서 '여성'과의 에로스적 관계에 따른 애무와 환대의 윤리는 이전의 단수적 여성관에 따른 양성평등을 지양하고 복수적 여성관을 중심으로 다양성과 이질성을 추구하는 요즘의 페미니즘에 하나의 시사점을 제공한다. 성적으로 또는 남성을 제외한 여느 성별로서 여성을 대상화하지 않고, 내 앞의 '신'을 향한 경외의 마음으로 여성에 대한 환대를 실천하는 것, 이러한 시도가 곧 레비나스 타자철학의 시사점을 활용하는 길이라 여겨진다.

'곳마다 부처, 일마다 불공'의 윤리

원불교 초기교단 당시만 해도, 사회 전반의 성차별적 문화는 보편적이었다. 사회제도는 물론이거니와 모든 관습과 인습이 하나같이 여자의 권리를 인정하지 않고 있었다. 여자는 남자의 예속 하에 있었고, 모든 질서는 여자를 억압하고 천시하는 경향이었으며, 고려조와 조선 전기까지만 해도 상대적으로 양호하던 남녀 간의 권리 구조가 5백년간의 조선왕조 시대를 관통하는

동안 철저하게 남존여비의 '전통문화'로 자리매김한 것이었다.[34]

소태산은 불법연구회를 창립하고 이렇게 해묵은 남녀 불평등의 구조를 혁파하는 태도를 기본으로 하는 '남녀권리동일'을 주창한다. "나는 남녀권리동일이라는 과목을 내어 남녀에게 교육도 같이 시키고 의무책임도 같이 지우며 지위와 권리도 같이 주어서 피차 의뢰심은 철폐시키고 자력을 얻게 함이요…."[35] 그리고 원기 5년, 그는 '과거 조선 여자의 생활조목'을 다음의 여섯 가지로 설명하여 비판적 입장을 표명한다.[36]

〈과거 조선 여자의 생활조목〉

1. 자기를 낳아준 부모에게 자녀의 도리를 다하지 못하였음이요,

2. 자기가 낳아준 자녀에게도 차별적 대우를 받게 되었음이요,

3. 사람인 이상에는 반드시 받아야 할 교육을 받지 못하였음이요,

4. 사람인 이상에는 인류사회를 면치 못하는 것인데 사교의 권리를 얻지 못하였음이요,

34 김지정, 『개벽의 일꾼』, 원불교출판사, 1985, 37쪽.
35 『회보』26, 불법연구회 총부, 1936, 38쪽.
36 『보경육대요령』. 1932, 27-28쪽.

5. 사람인 이상에는 반드시 수용하여야 할 재산의 권리가 없었음이요,

6. 그 외에도 자기의 심신이지마는 일동일정에 구속과 압박을 면치 못하였음이니라.

이 '과거 조선 여자의 생활조목'을 개혁하기 위해서 소태산은 '남자로서 남녀 권리 동일 권장의 조목', '여자로서 남녀 권리 동일 준비의 조목'도 제시했다.[37]

〈남자로서 남녀 권리 동일 권장의 조목〉

1. 결혼 후 부부간 물질적 생활을 각자 할 것이요,

2. 여자로서 아래에 기록한 남녀 권리 동일 준비의 조목이 충실하여 남자에 승할 때는 그 지도를 받을 것이요,

3. 기타 모든 일을 경위에 따라 처결하되 과거와 같이 여자라고 구별할 것이 아니라 남자와 같이 취급하여 줄 것이니라.

〈여자로서 남녀 권리 동일 준비의 조목〉

1. 인류 사회에 활동할 만한 교육을 남자와 같이 받을 것이요,

---

37 앞의 책, 28-30쪽.

2. 직업에 근실하여 생활의 자유를 얻을 것이요,

3. 생(生)부모의 생전사후를 과거 장자의 예로써 같이 할 것이요,

4. 남자의 독특한 사랑과 의뢰를 구하지 말 것이요,

5. 위에 기록한 준비 조목 4조가 충분치 못하여 남자에 미급한 때는 그 지도를 받을 것이니라.

'남녀권리동일' 조항은 1920년에 처음으로 발표되었다.[38] 1920년대는 이른바 '개조의 시대'였다. 낡은 것을 버리고 새것을 취하려는 물결이 거세게 일었으며, 사회제도의 공적 영역에서 일상생활의 사적 영역에 이르기까지 많은 것이 바뀌었다. 또는 바뀌어야 한다고 주장되었다.[39] 변혁을 요구하는 목소리는 남녀차별 문제에서도 마찬가지였다. 1920년의 어느 신문 사설에서는 "남자와 같이 동등이 되려면 다 같이 나서 우리도 남자의 하는 일을 꺼릴 것 없이 해야 한다."[40]고 주장하기도 했다. 이처럼

---

38 1920년에 '남녀권리동일' 초안이 봉래정사에서 나왔고, 1929년에 『교무부 사업보고서』를 통해 '부부권리동일'이 등장했다. 이후 '부부권리동일'이 '남녀권리동일'로 그 명칭을 달리하는데, 바로 1932년 『보경육대요령』에서다. 민현주, 위의 논문, 33쪽.
39 김윤성, 「1920~30년대 한국사회의 종교와 여성 담론」, 『종교문화비평』 9, 2006, 166쪽.
40 '조선 뉴스 라이브러리100'(https://newslibrary.chosun.com), 이취송, 「가뎡실졔생활 가정(家庭)과 실생활(實生活)」, 《조선일보》, 1920. 05. 22. 석간3면 기사.

'남녀권리동일'을 불법연구회가 발표한 시기는 사회적으로도 남녀평등을 주장하던 때였다. 불법연구회도 결국 이렇게 시대적 요청에 부합하는 강령을 제시했다고 볼 수 있는데, 주목할 대목은 불법연구회는 단순히 여성이 권리를 찾아 남성과 동등해지기를 추구한 것이 아니라는 점이다.

소태산이 새 회상의 교강(敎綱)을 발표했던 1920년, 사은에 대한 피은(被恩), 보은(報恩), 배은(背恩)의 교리가 세상에 등장했으나, 사요(四要), 즉 네 가지의 윤리 덕목은 "그 후 누차 연마하여 완정"[41]되었다. 예를 들어 '남녀권리동일'은 '지우차별', '무자녀자 타자녀교양', '공도헌신자 이부사지'와 함께 사요(史要)의 한 조항으로 자리잡게 되었고, 이들 조항은 이후 '자력양성', '지자본위', '타자녀교육', '공도자숭배'로 변경되었다. 이 중 '남녀권리동일'은 후일 '자력양성'으로 변천된 것인데, 이는 남녀의 상대성을 극복한 범주의 확대적 의미로 해석될 수 있다.[42] 즉 '남녀권리동일'에서는 남성에 비해 불평등의 대상이었던 여성이 실천해야 할 준비 조목만 다루었다면, 지금의 '자력양성'에서는 "자력이 없는 어린이, 노혼(老昏)한 늙은이, 어찌할 수 없는 병든 이"를

---

41 『원불교교사』 '교강 선포와 첫 교서 초안'
42 류성태, 「사요의 용어 변천에 대한 연구」, 『원불교사상과 종교문화』 48, 2011, 14쪽.

제외한 모두가 자력을 양성하고 자력 없는 사람을 보호하자는 내용이다. 이와 같이 '남녀권리동일'에서 '자력양성'으로 변천한 것은 여성과 남성이 함께 평등해야 한다는 관점으로부터 모든 존재가 평등해야 한다는 관점으로 그 지향점을 발전시킨 것이라고 볼 수 있다. 또한 여기에는 여성이 이원적 구분에 따라 정의되는 존재가 아니라 지구공동체의 구성원, 즉 성별의 구분을 초월한 존엄한 타자라는 걸 인식해야 한다는 시사점이 있다.

사요(四要)는 평등한 세상을 만들기 위한 윤리 덕목으로, 남녀뿐 아니라 모든 존재의 평등을 현실적으로 구현하기 위한 교리로 기능한다. 그리고 한 걸음 앞서 발표되었던 사은(四恩)과 함께 사요가 '인생의 요도'로 제시되어 왔다는 점에서, 사요가 구현하고자 하는 평등은 결국 사은의 교리에서 강조하는 '서로 없어서는 살지 못할' 은혜의 관계에서 출발함을 짐작할 수 있다. 즉 남녀를 비롯해 주된 차별의 대상이었거나 불합리한 제도와 문화의 범주 내에 있던 존재가 과거의 습관과 문화에서 벗어나 새로운 시대에 진입하는 데 필요한 실천 조목을 제시한 것이다.

사요의 정신은 여러 측면에서 적용되어 왔다. 원불교에서 강조하는 '처처불상 사사불공'(處處佛像 事事佛供)은 정해진 법당만이 아닌 우리가 살아가는 곳마다 부처님이 계시기 때문에 모든 일마다 불공 하자는 것이다. 평소 생활에 불공의 마음가짐과 자세로 임하자는 의미다. 이는 모든 존재가 불성을 지님에 주목함으로써 누구나 평등하게 대우한다는 것을 함의한다.

또한 현재 원불교의 최고의결기관인 수위단회(首位團會)는 종법사를 단장으로 하여 선거로 선출한 남녀 각 9명의 정수위단, 그리고 정수위단원이 선출한 출가교도 8명의 봉도수위단, 재가교도 8명의 호법수위단으로 구성된다.[43] 즉 교단의 주요 사안을 의결하는 권한이 18명의 수위단원(여성 9명, 남성 9명)에게 주어져 있다. 남녀 동수의 수위단회가 구성된 것은 1928년(원기 13년)의 일이다. 이는 모든 존재, 특히 당시 차별의 표상이던 여성의 평등성을 교리를 넘어 제도 측면에서 현실적으로 구현한 사례라 볼 수 있다. 수위단 구성은 여러 제도 중의 하나가 아니라 원불교의 제도적 정체성을 형성하는 근간이 되는 것으로, 여기에서 남녀동등, 양성평등을 구현한 것은 이하 원불교의 교체(敎體)가 이러한 정신으로 구성되고 실행된다는 것을 상징한 것이다.

소태산의 인재 등용에서도 양성평등을 실천했던 사례를 찾을 수 있다. 불법연구회에 귀의했던 여성 중에는 여학교 출신으로 황실 시독(侍讀)을 역임했던 이공주와 같은 신여성이 있는가 하면, 남녀 간의 존비 관계에 관한 한 특히 열악했던 농촌에서 별

---

43 〈원불교대사전〉(https://won.or.kr)

다른 교육 없이 살아가다 귀의한 최도화, 기녀 출신으로 세간 향락을 청산하고 입문한 이청춘 등 다양한 성장 배경와 출신 배경의 인물이 혼재하였다. 게다가 이들 중에는 결혼 경험이 있으되 홀몸이 된 사람이거나, 남편의 인도로 소태산 문하에 귀의한 이도 있는 등 기혼자가 대부분이었다. 특히 원불교 초기교단의 중요 여성 10대 제자는 전부 기혼자였다. 이 중에서 최도화와 황정신행은 출가가 아닌 재가교도로서 활동을 했으니, 이 점도 주목할 사실이다. 물론 이후 원기 12년에 출가한 공타원 조전권을 시작으로 많은 정녀(貞女) 출가자들이 배출되었으나, 교단이 첫 걸음을 뗄 때 그 토양을 마련한 여성들은 기혼자였으며, 여기엔 출가자와 재가자가 혼재했다.

소태산은 한 여성 제자에게 "집 지으려 할 때 대들보만 있으면 집이 되더냐? 수숫대도 있어야 하고 서까래, 흙 등 모든 것이 있어야 집이 되듯이 너희들이 혹은 서까래도 되고 기둥이 되는 것이다. 자기 능력대로 하는 이런 일꾼이 이 회상 창립주"[44]라고 말한 바 있다. 그의 인재 등용 철학을 고려했을 때 여성은 남성으로부터 억압받아서는 안 될 존재, 사회적으로 차별당해서는 안 될 존재일 뿐 아니라 자신만의 고유성을 간직한 존재다.

---

44 박혜명, 『함께 한 서원의 세월』, 원불교출판사, 1989, 192쪽.

다시 말해 여성은 진리의 초월성과 내재성을 두루 겸비한 포월적 존재이자 처처불이다. 여성뿐 아니라 남성에게도 적용되는 이 특성은 누군가가 변화시키거나 억압할 수 없는 것이다. 다만 우리는 서로 불공을 할 뿐이다. 나와 같을 수 없는 타자로서의 여성(또는 남성)을 향한 불공은 진정한 타자화의 궁극적 실천이 된다.

3. 환대와 불공, 실천의 윤리

이상과 같이 레비나스의 타자철학과 원불교학의 관점을 비교하며 살펴보았다. 이를 바탕으로 여성 차별을 비롯한 타자화에 관해 두 가지 제언을 하려 한다.

첫째, 인식의 측면이다. 레비나스가 사유한 절대적 타자, 그리고 원불교의 포월적 존재론에 근거해 볼 때, 누군가(무엇)에 대한 진정한 '타자화', 특히 여성의 타자화는 남성에 대립되는 이원론적 존재로 여성을 자리매김하는 타자화가 아닌, 그 누구도 자신에게로 동화시키거나 변모시키거나 해석할 수 없는 상대, 즉 완전무결한 '일원'으로 수용하는 것이어야 한다.

일반적으로 혹은 기존의 타자화 현상은 주체를 중심에 둔 전체주의적 발상에서 기인한다고 볼 수 있다. 여성을 절대적 타자, 일원(一圓)이 아닌 '맘충', '된장녀' 등으로 보거나 여성을 그저 신체화하고 마는 것은, 여성을 하나의 어휘 또는 이미지에 수렴시킬 수 있다고 보는 자아 중심적 사고의 일면을 보여준다. 여성뿐이겠는가? 노인도, 청소년도, 비인간 존재도, 비슷한 문제에 노출되고 있다.

그러나 우리는 서로에게 외재적인 존재이다. 주체가 아닌 타자를 사유의 중심에 두면 내 입장만을 고집하지 않고 공동체가 함께 좋아지는 방향을 추구하게 된다. 타자에 무게중심이 실리면 서로 간의 차이는 '내가 인정해주는 것'이 아닌 '당연히 인정되어야 하는 것'이 된다. 그러나 차이를 존중하지 못한다면 이는 폭력으로 이어질 수 있다. 서로의 일원상은 그대로 존중되어야 하는 대상이지, 변형을 가하거나 소유할 수 있는 것이 아니다.

'일원상의 진리'에 따르면 모든 존재는 초월적이면서도 내재적이다. 인간으로부터 금수와 초목에 이르기까지 전부 법신불이라는 공통의 초월성을 바탕으로 하는 내재적 '일원상'(一圓相)들이다. 그리고 레비나스는 내 앞의 절대적 타자가 곧 신이며 초월적 존재라고 보았다. 그러면서도 시간과 공간을 달리하며 이 세상을 살아가는 모든 생명 있는 것들, 그리고 내가 어찌 할 수 없는 자연과 시간, 사물도 내게 모두 타자라는 면에서, 레비나스는 타자를 특정인에게만 한정시키지는 않는다.[45] 따라서 타자는 나와 다른 배경, 다른 인종, 다른 종교, 다른 취향, 다른 성별의 '서로 다른' 제각각의 존재들인 동시에 초월적인 신·부처다.

---

45 박남희, 위의 책, 84쪽.

'포월적 존재', 그리고 '절대적 타자'의 개념에서 유추할 수 있듯, 우리는 초월적 존재인 동시에 각자의 개성과 차이를 내재한 개별자들이다. 우리는 서로의 공통의 위대함, 그리고 각자의 고유성을 알아챌 수 있다. 그러므로 여성, 남성은 누군가가 '충' 또는 '녀', '남'이라는 공통의 이름을 붙일 수 있는 대상이 아니다. 설령 좀 더 고상하거나 아름다운 이름을 사용할지라도, 누군가가 특정 이름으로 그를 규정한다면 이는 폭력이 될 수 있다. 우리 앞의 타자는 어디까지나 절대적 타자이자 포월적 존재, 그리고 신이자 부처이지, 누군가가 의미화하거나 혐오할 수 있는 대상이 아니다.

둘째, 실천의 측면이다. 레비나스가 언급한 환대의 윤리, 그리고 우주만유가 포월적 존재이므로 부처 모시듯 해야 한다는 원불교의 불공은 타자를 우대할 것을 강조한다. 바로 실천과 책임에 대한 언급이다. 타자철학에서 주체와 타자는 대등하지 않다. 오히려 이들은 비대칭적 관계에 있다. 주체는 자신보다 더 우위에 있는 타자를 환대해야 한다. 그리고 책임을 진다. 이런 관계는 불평등하지 않을까? 그러나 레비나스는 서구의 주체 중심 윤리가 양산해 온 타자에 대한 차별을 시정하기 위해 주체가 아닌 타자를 우선시하는 정반대 입장을 취한다.[46] 책임을 진다는 것은 논의에 그치지 않고 직접 현장으로 나서서 실천함을 뜻한다. 타자를 실제로 귀하게 여기고 우대할 수 있어야 한다는 것이다.

  과거 주체를 중심에 둔 타자화의 대표적 사례가 바로 불상 숭배다. 부처를 향한 그리움에 병을 얻은 우전왕(優塡王)을 위해 신하들이 불상을 세웠는데, 이것이 불상의 기원이다.[47] 그러나 불상은 달을 가리키는 손가락 같은 것이어서, 그 아무리 불상을 가까이해도 그 불상은 실제 부처가 될 수 없다. 불상은 어디까지나 부처를 그리는 누군가를 위해 타자화한 것일 뿐이다. 그럼 실제 부처는 어디에 있는가? '처처불상 사사불공'에 따르면 곳곳마다 부처가 있다고 한다. 그러므로 법당을 찾아가 불상에 불공하지 말고 곳곳마다 만나는 모든 이에게 불공을 하자고 말한다. 그러니 원불교에서 '불공'이 등장한 것은 등상불(等像佛: 부처님 형상으로 만든 불상)에 대한 신앙을 진리 신앙, 즉 일원상 신앙으로 변혁하기 위해서였다. 우주만유를 참된 의미에서 '타자화'하는

---

46 앞의 책, 82쪽.
47 우전왕은 BC 6세기 인도 반사국의 왕이다. 신하들은 부처를 배알하고 싶어하는 우전왕을 위해 공장이를 불러서 높이 5척의 형상을 만들었다. 등상불의 이 유래는 신앙의 대상이라기보다 부처의 위대함을 사모하는 관념에서 만들어진 것으로, 비유하자면 부모의 사진과 같은 것이었다. 박길진, 『일원상과 인간의 관계』, 원광대학교 출판국, 1985, 75쪽.

것, 즉 주체가 우주만유를 자신의 소유로 삼거나 오염시키는 타자화가 아닌 '곳곳마다의 부처'로 타자화하는 것이 곧 일원상 신앙에서의 불공이라 할 수 있다.

내 앞의 타자에게 직접 불공을 한다면 레비나스가 말했던 환대의 윤리를 실천할 수 있을 것이다. 우리가 매일 만나는 편의점 점원과 아파트 경비원, 은행 직원과 이웃 주민이 살아 있는 부처다. 타자를 나의 우위에 두고 환대하는 것은 곳곳의 산 부처에게 경외심으로 다가가 불공하기를 주저하지 않는 현대적 공부인의 모습일 것이다. 레비나스는 얼굴과 얼굴의 마주함, 그리고 타자를 따뜻하게 어루만지는 애무의 에로스가 이 시대에 필요한 행위라고 보았다. 애무는 내가 가질 수도, 나와 같아질 수도 없는 타자를 존중하며 서서히 다가서는 것이다. 에로스를 다른 말로 정의하자면 사랑이자 경외다. 코로나19 상황에서 많은 타자들을 치료하는 데 헌신했던 의료진들은 타자를 향한 환대와 불공을 실천한 이들이다. 이들의 사랑은 레비나스가 강조했던 타자에 대한 책임을 다하는 행위이기도 했다. 알지 못하는 타자를 위해 잠을 줄이고, 체력적으로나 정신적으로 한계상황에 이르기까지 고통을 감내하며 환자들을 돌보았던 그들의 행위는 곧 실천으로서의 환대와 불공이다.

레비나스는 "말함은 말해진 것의 소통이 아니"라고 말한다.

"말해진 것 없는 말함에는, 끊임없이 자신을 여는 열림이, 스스로를 그런 것으로 선언하는 열림이 있어야 한다"고 한다.[48] '말해진 것'의 소통은 주체가 의미화한 것을 타자에게 전하려는 것과도 같다. 이러한 소통에서는 주체가 중심에 위치하며, 주체에 의해 화석화되어 버린 '말해진 것'을 타자에게 강요하는 셈이 된다. 여성이 남성의 언어로 소통해야 하는 상황[49]이 바로 이런 경우다. 남성의 언어란 대체 무엇인가? 가부장제다. 가부장제는 모권사회에서 부권사회로 이행함으로써 시작되었다. 그간 가부장적 결혼 문화에서 여성의 성적 주체성은 인정받지 못했다. 성은 인간 실존의 한 표현임에도 여성의 성은 남성에 의해 지배당하고 통제되어 왔다.[50]

반면, '말함'으로서의 소통은 가부장제에 고착되지 않는다. '말함'은 지금 이 순간 깨어 있음이며, 집착 없는 마음으로 이전의 '말해진 것'들을 허무는 것이다. 집착하지 않는 걸 달리 표현하면 '상(相)이 없다'고 한다. 대산(大山 金大擧)은 "상 없는 자리를 보다가 상 없는 마음을 쓰는 공부"[51]를 해야 한다고 말한다. 여

---

48 에마뉘엘 레비나스, 위의 책, 2013, 288-289쪽.
49 윤보라 외, 『여성 혐오가 어쨌다구?』, 현실문화, 2015, 94쪽.
50 심귀연, 「가부장적 구조 속에서 본 타자화된 여성」, 『철학논총』 59, 2010, 215-219쪽.
51 『대산종사법어』 교리편 25장.

성을 남성의 도구로 여겼던 가부장제에 대한 상이 없던 자리를 보아서, 즉 내가 고집하는 관념과 문화에 대한 집착으로부터 벗어나서, 객체로서의 타자가 아닌 절대적 타자로서의 여성과 소통하는 것, 여성의 성적 주체성을 환원시키는 것, 이것이 곧 레비나스가 그토록 강조했던 책임으로서의 실천일 것이다.

누군가를 특정 어휘에 수렴시키거나, 성적으로 또는 물건으로 대상화하는 행위들은 자아중심적이고 전체주의적인 사고에서 비롯된다. 이는 우리의 본래 면목인 '신' 또는 '부처'를 보지 못한 채 상대를 내가 원하는 대로 의미화할 수 있다는 왜곡된 타자화이다. 그러나 모두가 나의 바깥에 존재하는 절대적 타자이자 포월적 존재이며, 이들의 존엄함과 고유성은 누구라도 훼손하거나 왜곡해서는 안 된다. 레비나스의 환대의 윤리와 원불교의 불공은 실천의 메시지이며, 우리는 지금 이 자리에서 내 앞의 타자와 얼굴을 마주한 채 실천의 메시지를 행동에 옮길 수 있다. 존귀하고 존엄하며 귀한 타자에게, 경외심과 배려와 사랑으로.

밝恩생각

"넷플릭스 드라마 '더 글로리'가 고발한 학교폭력 문제는 더 이상 도외시할 수 없는 '타자화' 이슈 중 하나다. 나와 같은 하늘 아래, 같은 학교 안, 같은 학급 내에서 살아가는 그 또는 그녀를 레비나스의 언어로 칭한다면 '신', 원불교적 표현으로 부른다면 '부처', '법신불'이라 할 수 있을 것이다. 지금 당신이 떠올리는 바로 그 사람이 신이며 부처다. 내 앞의 그 또는 그녀가 이렇게 절대적 외재성의 존재임을 마음 깊이 안다면 그 또는 그녀에게 도저히 폭력을 가할 수는 없을 것이다. 환대와 불공의 윤리는 인식의 전환, 그리고 태도와 자세의 변화를 함께 추구한다."

제 3 장

생태학과의 대화*

* 이 글은 2022년 9월 『원불교사상과 종교문화』 제93집에 실린 「기후위기시대 원불교
사상의 생태학적 재해석」(2019년 대한민국 교육부와 한국연구재단의 지원을 받아
수행된 연구: NRF-2019S1A5B8099758) 중 필자의 견해를 담은 일부를 수정한 것이
다. 공동저자로서 원고 수정과 사용에 동의해 준 허남진 박사님께 감사드린다.

오늘날은 기후위기 시대로 정의되고 있다. 이러한 시기에 종교의 역할은 세상 속으로 깊이 스며들어 세상으로부터 분리된 존재들을 향한 시선을 재정립하는 것이다. 이 글에서는 생태학과 원불교학의 대화를 통해 기후위기를 극복하기 위한 사유와 관계 맺기, 그리고 천지와 만물을 대하는 태도론을 탐색한다. 원불교 창립 당시의 생태 환경은 물론 지금과 같지 않았다. 그러나 애초에 생태적 사유를 기반으로 하는 동아시아 사상의 흐름과 그 궤를 함께하는 만큼, 천지 및 만물, 그리고 태도 등에 관한 관점은 생태학적 대화의 가능성을 보인다. 원불교의 핵심 사상인 '일원상의 진리'와 '사은'을 비롯하여, '불공' 등의 개념은 생태학적 재해석을 통해 '기후위기'라는 지구적 문제에 좀 더 보편적인 언어로 응답할 수 있을 것이다. 그리고 이러한 언어의 보편화는 온갖 고통과 어려움 속에서 살아가는 <일체> 생령을 드넓은 낙원(樂園)으로 인도하는 것을 지향하는 원불교의 본래 목적, 즉 인간만이 아닌 비인간 존재들을 포함한 <모든 존재>를 생명과 평화로 안내하려는 취지에 부합할 수 있을 것이다.

1. 탈인간중심성, 지구를 위한 새로운 시선

가타리의 관점으로 보는 자연과 인간

하인리히 롬바흐(Heinrich Rombach, 1923~2004)의 '공(共)-창조성' 논의에 따르면, 창조는 본질적으로 한 개인이 단독으로 이루어 낼 수 없다. 오히려 "모든 참여자가 상호작용하고 상호 수정하는 과정 속에서 상호 고양되는"[1] 사건이 창조다. 미하이 칙센트미하이(Mihaly Csikszentmihalyi, 1934~) 역시 "'창조적'이라는 꼬리표가 붙을 만한 아이디어나 산물은 한 개인의 정신에서 나오는 것이 아니라 여러 원천들의 공동작용의 결과"[2]라고 말한다.

소태산이 대각을 이루기까지의 구도생활 과정에는 이러한 '원천'들이 함께 작용했던 흔적들이 발견된다. 부친 박회경은 아들

---

1 전동진, 「창조적 과정의 근본특징들: 롬바흐의 유일한 사유거리에 관한 일고」, 『현대유럽철학연구』 45, 2017, 10쪽.
2 미하이 칙센트미하이, 『창의성의 즐거움』, 노혜숙 역, 북로드, 2003, 9쪽.

을 위해 영광 옥녀봉 마당바위 위에 기도장소를 마련해 주었다. 모친 유정천도 소태산의 구도를 위해 물심양면으로 후원했고, 부인 양하운은 소태산의 건강 회복을 위해 기도를 올렸다. 의형이었던 김광선이 소태산의 연화봉 수도 기간 동안 초당을 빌려 조력하기도 했다. 소태산의 대각은 한 인물의 독자적 창조가 아닌 주변의 인물들과 만물의 도움이 있었기에 가능했던 일이며, 그가 주창한 '사은' 또한 누구나 홀로 살아갈 수 없음을 표방했다는 점에서 공-창조성의 의미와 상통한다.

우주의 대은(大恩)을 깨달았던 소태산이 이후 '구인(九人) 제자³'를 중심으로 불법연구회를 조직하여 금주금연 및 미신타파 운동을 함께 하였던 것도 '은'(恩)의 창조의 속성을 알았기 때문일 것이다. 왜냐하면—필자의 관점에서—소태산의 눈으로 바라본 세상은 은혜로 얽혀 있기 때문이었다. 그는 이 세상을 좀 더 나은 세상으로 만드는 것은 구성원들의 연대를 통해서라야 참

---

3 소태산의 첫 표준 제자 아홉 사람. 일산 이재철(一山李載喆), 이산 이순순(二山李旬旬), 삼산 김기천(三山金幾千), 사산 오창건(四山吳昌建), 오산 박세철(五山朴世喆), 육산 박동국(六山朴東局), 칠산 유건(七山劉巾), 팔산 김광선(八山金光旋), 정산 송규(鼎山宋奎) 등이다. 소태산이 1916년 대각을 이룬 후 영광군 백수면 길룡리 부근에서 40여 명의 신자를 모았으나 그들은 대부분 일시적 허영심으로 모인 자들이었다. 그래서 소태산은 그중에서 특별히 진실하고 신심 굳은 아홉 사람을 선택하여 첫 표준 제자로 삼고, 최초의 단(團)을 조직했다. 〈원불교대사전〉 참조.

된 의미가 있다고 생각했을 것이다. 즉 뛰어난 한 사람의 비범함보다 뜻을 함께할 수 있는 여러 사람의 단합이 소태산에겐 더 유의미한 일이었다. 홀로 '주체'가 되어 새로운 창조물을 생산하는 게 아니라, 구성원들이 모두 주체성을 회복한 가운데 이 우주를 공동으로 창조한다는 생각이었다.

그런데 롬바흐는 주체와 객체를 분리하는 것이 불가능하다고 보았다. 주체가 있으면 객체 또한 존재한다고 여기기 쉬운데, 롬바흐는 좀 다르게 생각했다. 주체와 객체가 분리 불가능하다면 모든 존재와 사건이 각각 다 주체에 해당한다는 것인데, 롬바흐의 표현을 빌려 이를 설명한다면 "생기 사건 그 자체"[4]가 창조의 주체인 셈이다. 공-창조성 개념에 의하면 모든 존재가 객체 아닌 주체이며, 그래서 이 개념에 근거하여 본다면 지구 구성원 모두가 주체적인 존재이다.

이러한 지구 구성원의 범(凡) 주체성, 즉 누구나 다 주체일 수 있다고 보는 이 공-창조성을 생태학적 맥락에서 해석할 수 있다. 펠릭스 가타리(Félix Guattari)는 『세 가지 생태학』에서 주체성을 설명하기 위해 '욕망하는 기계'라는 비유를 사용했다. 욕망

---

4 하인리히 롬바흐, 『아폴론적 세계와 헤르메스적 세계』, 전동진 역, 서광사, 2001, 329쪽.

하는 기계는 곧 욕망하는 주체성을 일컫는다.[5] 욕망하는 주체성을 강조하는 것은 '인간 대 자연'의 이항대립적 관점이 아닌, 주체의 생산으로 시작되는 순환적 관점을 기반으로 한다. 즉 생태 위기 문제를 "주체가 자연으로부터 무엇을 생산하고, 다시금 그것을 사회와 자연 안에서 생산·분배·소비하는 일종의 순환 과정"[6]에 입각해 바라볼 수 있다. 인간과 자연을 이원화하면 둘 중 하나는 주체, 나머지 하나는 객체가 되어야 한다. 이런 관점 대신 인간·사회·자연을 하나의 주체로 개념화하고, 하나의 주체가 거듭 순환할 뿐이라고 본 것이다.

주체의 순환 과정 속에서 살아가는 만큼 자연과 문화, 인간과 자연은 서로 분리될 수 없다는 관점 아래 인간은, 또는 자연은, 또는 사회는 끊임없이 '생산'이라는 걸 하고 있다. 이를 롬바흐의 시선으로 본다면 지구 구성원 각각이 주체이고, 이 세상에서는 주체들의 지속적인 '공-창조'가 순환의 과정을 통해 끊임없이 이어진다. 주체들의 공-창조성에 입각해서 보았을 때, 자연을 객체화하는 인간중심주의에서 탈피하는 것부터가 생태학적 기

---

5 신승철, 『펠릭스 가타리의 생태철학』, 그물코, 2011, 28쪽.
6 박민철·최진아, 「펠릭스 가타리의 생태철학: 카오스모제, 생태적 주체성 그리고 생태민주주의」, 『철학연구』 127, 2019, 235-236쪽.

반이 된다. 인간중심주의에서 벗어날 수 있을 때 우리는 더 이상 인간만을 주체로 설정하지 않을 수 있고, 자연과 인간이 서로 주체가 되어 건강한 순환 과정, 즉 생태시스템 속에서 공생할 수 있다.

만물에 관한 탈인간중심적 시선

원불교 교리에서는 인간과 자연, 문명과 자연의 이원화를 지양하는 요소가 다수 발견되는데, 그중 '만물'에 대한 관점을 살펴보려 한다. '만물'은 우주-내의 모든 것을 뜻한다. 소태산은 "천지 만물 허공 법계가 다 부처 아님이 없다"[7]고 말한다. 정산은 "공(公)은 일체 만물의 공유가 된 것"[8]이라고 하며, 대산은 소태산의 법을 가리켜 "우주와 만물까지도 다 살아 있는 부처로 모시고 살리고 구제"[9]하는 법이라고 말한다. 이렇게 인간과 자연을 포괄하는 단위로서 '만물'은 우주의 모든 존재와 사물들이 일원(一圓)이라는 궁극적 진리를 본원으로 한다고 보는 '일원상의

---

7 『대종경』 교의품 4장.
8 『정산종사법어』 경의편 5장.
9 『대산종사법어』 교리편 8장.

진리'를 근간으로 한다.

'만물'에 대한 사유는 이 밖에도 다양하게 발견된다. 조선후기 철학자 혜강 최한기(1803~1877)의 경우 "氣學功效在於天地人物 一統運化"(기학공효재어천지인물일통운화), 즉 "「기학」의 공효(功效) 는 천지인물이 일통운화 하는 데 있다."고 하여, 하늘과 땅과 사람 그리고 사물이 모두 하나의 기(氣)가 운화하는 현상이고, 이 이치를 따르면 분열과 근심이 사라진다고 보았다.[10] 소태산이 만물의 속성을 일원으로 정의했다면, 최한기는 만물의 속성을 기의 운화로 정의한 것이다. 해월 최시형(1827~1898)[11]의 "물오동 포"(物吾同胞), 즉 만물은 한 포태 속의 형제라는 말 또한 인간과 자연과 사물이 동일한 근원에 뿌리를 두고 있음을 의미한다. 만물에 대한 이들 견해의 공통점은 우주만물의 근간을 '일원', '기', '한울'로 정의함으로써 인간중심적 관점을 지양하고 있다는 것이다.[12]

10 혜강 최한기, 『氣學』, 손병욱 역주, 통나무, 2004, 287쪽.
11 이하 '해월'로 칭함.
12 물론 이 사유들에서 만물의 동질성으로의 환원만이 아닌 차이에 대한 이해와 존중도 발견된다. 소태산은 "우주 만물이 이름은 각각 다르나 둘이 아니"라고 하여 만물이 일원을 바탕으로 하면서도 그 형체나 성격은 서로 다를 수 있음을 말하였다. 최한기 또한 "천기와 인기는 둘로 나눌 수 없으니, 기를 들어 말한다면 천인이 일치하고, 형체를 들어 말한다면 대소(大小)의 차이가 있다."(天氣人氣不可分二, 擧氣以言, 則天人一致, 擧形以言, 則大小有分., 혜강 최한기, 위의 책, 317-318쪽)고 하여,

이러한 사유에서 출발한 일원의 진리와 사은, 그리고 만물에 대한 관점에서 탈인간중심적 성격이 발견된다. 그리고 소태산 외에 19세기 한국이라는 동시대에 같은 장소에 존재했던 이들 사상가들의 견해도 탈인간중심적이었다는 것은 눈여겨볼 사실이다. 당시 서구에서도 니체(F. W. Nietzsche)를 비롯, 이성중심주의와 근대성에 대한 비판의식이 서서히 싹트고 있었음을 고려한다면, 이러한 경향은 전 지구적인 것이었다.

기의 운화 측면에서는 동일성을 가지나 형체의 측면에서는 차이가 있다고 말한다. 해월도 "한울은 한쪽 편에서 동질적 기화로 종속을 기르게 하고 한쪽 편에서 이질적 기화로써 종속과 종속의 서로 연결된 성장발전을 도모"한다고 말함으로써('한울은 一面에서 同質的 氣化로 種屬을 養케 하고 一面에서 異質的 氣化로써 種屬과 種屬의 連帶的 成長發展을 圖謀하는 것', 『해월신사법설』 24. 以天食天), 만물이 다 한울이지만 그중에서도 동질성과 이질성이 존재함을 인정한 바 있다

2. 은혜공동체, 공생의 터전

은혜는 어질지 않다

이러한 탈인간중심적 특성을 고려해 볼 때, 지구공동체에 대한 새로운 관점이 점점 분명하게 자리매김 된다. 근래에 인간중심주의에 대한 성찰과 반성이 일어나면서, 환경과 자연 또는 지구에 대한 관점에도 변화가 나타났다. 이는 주로 '관계'에 대한 것으로, 인간이 자연 및 지구와 불가분의 관계로 맺어져 있음에도 이 관계를 단절시켰던 것에 대한 반성이 일어난 것이다.

김지하는 일찍이 생명학적 논의를 활발하게 전개하면서 근대 서구 태생의 '기계론적 패러다임'에서 '생명의 패러다임'으로 전환할 것을 강조했다. 인간과 자연을 이분법적으로 분리하는 방식이 기계론적 패러다임이라면, 생명의 패러다임은 우주만물이 서로 연결되어 있다고 보는 인식의 관점이다.[13] 일본의 철학자

---

13 김지하, 『생명학1』, 화남, 2003, 88쪽.

시노하라 마사타케도 인간과 자연의 관계를 강조했다. 마사타케는 인간과 자연의 관계를 '상호침투성'으로 설명한다. 인간의 영역은 자연과 무관한 인공세계가 아닌, 오히려 야만성을 보유한 자연과 관계를 맺어야 유지되는 세계이다. 자연은 인간의 뜻대로 움직이지 않을 뿐 아니라 인간을 위협하기도 하므로, 이 사실을 인정하면서 자연과 사이좋게 지내야 한다는 것이다.[14] 토마스 베리의 '지구공동체'는 이러한 인간과 자연의 밀접한 관계와 영향력을 바탕으로 한다. 인간과 비인간 존재를 불문하고 모두가 지구의 구성원으로서, 이들을 전부 포함하는 통합된 지구공동체가 있다는 것이다.[15]

그런데 '사은'(四恩)의 특이한 점은 이 관계의 성격을 바로 '은혜'(恩惠)라는 관점에 입각하여 바라본다는 것이다. '천지은'(天地恩)은 '동포은'(同胞恩)에서 언급하는 유기체, 즉 인간 및 금수초목 외에도 하늘의 공기와 땅, 바람이나 구름, 비와 이슬 같은 무기체와 우리 자신의 관계의 원리를 말하고 있다. 이 무기체 및 유기체가 없다면 우린 사는 것은 고사하고 존재할 수조차 없으며, 따라서 우린 이들의 무한한 은혜를 통해 세상에 나서 살아간

---

14 시노하라 마사타케, 『인류세의 철학』, 조성환 외 역, 모시는사람들, 2022, 91쪽.
15 토마스 베리, 『위대한 과업』, 이영숙 역, 대화문화아카데미, 2009, 17쪽.

다는 것이 사은의 핵심이다.

원불교학적 맥락에서 보았을 때 베리의 지구공동체는 곧 '은혜공동체'라고 말할 수 있다. 사은에서는 지구 구성원들의 관계의 속성을 은혜로 보고 있으며, 지구공동체가 이 은혜를 기반으로 유지·발전한다고 본다. 이때 '은혜'는 단순히 호혜적인 것으로 정의되진 않는다. 『정전』 '천지은'에서는 '없어서는 살지 못할 관계'를 언급하며, 천지의 여덟 가지 도가 있는데 만물은 이 도를 따라 생명을 지속하고 보존해 나간다고 말한다. 천지의 도가 바로 은혜의 근원이라는 것이다. 이때 천지의 여덟 가지 도는 '지극히 밝고, 정성하고, 공정하며, 순리자연하고, 영원불멸하고, 길흉이 없으며, 응용에 무념한' 것을 말한다. 이 도는 호혜적이라는 사실보다 무차별적인 것이라는 점이 가장 본원적인 속성이다.

이는 마치 『도덕경』 5장의 '천지불인'(天地不仁), 즉 천지는 너그럽지 않다고 본 도가의 사상과 상통하는 부분이라 볼 수 있다. 최진석은 '천지불인'이 『도덕경』 79장의 '천도무친'(天道無親)과 같은 의미라고 말한다. 천지는 무엇을 대하더라도 공평무사하게 대한다는 뜻이다.[16] 소태산은 천지의 이러한 도를 은혜로

---

16 최진석, 『노자의 목소리로 듣는 도덕경』, 소나무, 2001, 66쪽.

재해석하였다. 『대종경』에서 "천지의 식은 무념 가운데 행하는 식이며 공정하고 원만하여 사사가 없는 식"[17]이라고 말했던 것도 천지의 무차별적 특성을 밝힌 것이다. 그리고 이러한 천지가 도를 행하면 은혜가 나타난다고 보았다.

이처럼 천지의 무차별적인 은혜는 한편으로 비가시적이다. '천지은'에서 대표적으로 예거하는 공기의 은혜는 그 형태를 뭐라 정의하기 어렵다. 그러나 분명 이곳 지구에 존재하여 생명을 살리는 은혜를 베푼다. 노자의 '천지불인'에서 '불인'(不仁)은 단순히 어질지 않다는 의미가 아니라 '허정'(虛靜)이자 '무위'(無爲)의 뜻이다.[18] 그러면서도 완전한 텅 빔이 아닌 풍부한 생명력이 작동하는 상태가 '불인'(不仁)이다. 지금 우리가 호흡하는 이 공기는 텅 비었으나 생명력 가득한 '불인'의 요소다.

은혜공동체는 실천의 공동체

비가시적인 동시에 생명력을 머금은 천지는 티모시 모튼(Timothy Morton)이 주장하는 '하이퍼오브젝트'(hyperobject)와 닮았

17 『대종경』 변의품 1장.
18 최진석, 위의 책, 69쪽.

다. 하이퍼오브젝트는 인간의 눈에 보이지는 않으면서도 벌레, 레몬, 그리고 자외선 같은 것들과 '하이퍼'(hyper)하게 연관되는 것, 누군가가 그것에 대해 생각하거나 그렇지 않음에 관계없이 실재하는 것이다.[19] 우리가 분명하게 볼 수 있는 사물이 아닌, 기후처럼 형태와 넓이 또는 무게를 정의하긴 어려우나 지구 구성원의 삶에 막강한 영향력을 미치는 것을 하이퍼오브젝트에 비유한 것으로 보인다.

이런 관점에서 보면 지금의 기후위기 문제도 이 하이퍼오브젝트[기후]를 앞서 인식하여 대처하지 못한 데서 발생했다 할 수 있다. 가시적이고 비가시적인 것, 크고 작은 것, 가깝고 먼 수많은 하이퍼오브젝트와 우리는 '없어서는 살 수 없는' 관계를 맺고 있다. 은혜공동체는 이처럼 호혜적이지 않고, '불인'하며, 무차별적인 하이퍼오브젝트-천지의 도를 따라 운행되는 이곳 지구공동체의 또 다른 이름이다.

그럼 우리는 왜 은혜공동체라는 또 하나의 개념을 말하는가? 지구공동체 개념 하나만으로도 족하지 않은가? 『정전』 '천지은'에서는 천지의 은혜에 우리가 '보은'(報恩)을 해야 한다고 말한다. 보은을 하지 않으면 그 자체로 '배은'(背恩)이 되는데, 이런 경

---

19 Timothy Morton, *Hyperobject*, University of Minnesota press, 2013, pp.1-2.

우는 하늘의 도(道)를 본받지 못함에 따라 죄해(罪害)를 얻을 수밖에 없는 일이라는 것이다. 지구공동체를 '은혜공동체'로 설명하는 이유는 바로 여기에 있다. 천지의 도를 따라 우리의 삶의 터전이 운행되고 이러한 운행 자체가 은혜인데, 이 운행을 어떻게 하느냐에 따라 기후위기의 양상이 달라진다. 좋은 차가 있어도 운전을 어떻게 하고 관리를 어떻게 하는지는 우리에게 달렸다. 이 선택은 곧 보은과 배은의 분기점으로, 둘 중 어떤 선택을 하느냐에 따라 지구 구성원이 맺고 있는 은혜의 관계는 기후위기가 될 수도 있고 기후평화가 될 수도 있다. 은혜공동체는 곧, '보은공동체'라는 실천적 개념을 내포한다.

3. 생태불공, 실천의 방법론

생태불공의 태도론

이와 같은 탈인간중심적 경향과 은혜공동체의 가능성을 기반으로, 우주만물을 대하는 태도론을 생각해 보고자 한다. 자연 파괴와 환경문제, 기후온난화가 가속화됨에 따라 학계에서는 탈인간중심주의를 바탕으로 문명과 자연의 이분법적 구분을 지양하거나, 인간과 비인간 존재들의 공생에 관심을 가져 왔다. 그중 그레고리 베이트슨(Gregory Bateson, 1904~1980)은 "우리의 세계를 파괴하는 필요조건들"로 "기술의 진보, 인구 증가, 서구 문화의 사고방식과 태도에서의 어떤 오류들, 우리의 가치들"을 든다.[20] 여기서 마지막에 언급한 '사고방식과 태도' 또한 기후위기와 지구 위험의 원인으로 작용한다는 언급을 참조할 필요가 있다.

서양철학이 형이상학으로 발전하였고 윤리학 역시 형이상학

---

20 그레고리 베이트슨, 『마음의 생태학』, 박대식 역, 책세상, 2006, 736쪽.

에서 정초된다면, 동양철학은 윤리학으로 발전하였고 윤리적 또는 도덕적 인간이 되기 위한 수양론에 초점이 맞춰져 있다.[21] 그래서 서구에서 출발한 인류세 담론은 대상의 양상을 분석하는 것에 중점을 두는 데 비해, 동아시아 사상들은 대상과의 '관계'를 구축해 나가는 것에 중점을 두게 된다. 예를 들어 서양철학에서는 "왜 인류중심주의가 문제인가?", "디지털 라이프가 미친 생태학적 영향은 무엇인가?", "어떻게 탈-인류중심주의적인 패러다임 전환을 이룰 것인가?", "가이아 이론은 우리에게 어떤 쟁점을 제기하는가?"[22]와 같은 인식론적 문제들을 제기하는 것과 달리, 동아시아 도가사상에서 대상과의 관계맺음에 대한 '행위방식'(way of behavior)이나 심적 '태도'(attitude)를 나타내는 '응물'(應物) 개념[23] 같은 것이 주로 발견되는 것은 세상을 바라보는 방식과 사유 방향의 차이가 분명 존재함을 보여준다.

대상을 대하는 태도에 연관되는 개념은 도가사상 외에도 유학, 그리고 동학·천도교에서도 발견된다. 유학에서 수양의 두 축인 성(誠)과 경(敬)은 자연의 질서이자 우주의 본질로서의 성

---

21 양선진, 「서양의 이성중심의 윤리학과 동양의 수양중심의 윤리학 비교-고대희랍철학과 유가철학을 중심으로-」, 『동서철학연구』 75, 2015, 261쪽.
22 프란체스카 페란도, 『철학적 포스트휴머니즘』, 이지선 역, 아카넷, 2021, 208-213쪽.
23 조성환, 「정제두의 심학적 응물론」, 『유교문화연구』 1-19, 2011, 123-125쪽.

(誠), 그리고 이 성에 담긴 진실성을 구체적으로 실천하려는 자세로서 경(敬)을 뜻한다.[24] 또한 수운 최제우가 창시한 동학의 성경신(誠敬信)은 유불의 전통을 결합하여 이에 새로운 특성을 가한[25] 것으로, 융합과 회통의 방식 아래 타자를 향한 '태도'의 사상이 새롭게 창조된 경우라 볼 수 있다. 수운에 이어 해월은 삼경(三敬)사상을 통해 공경의 관계맺음을 강조하였는데, 『해월신사법설』에 그가 남긴 '敬物則德及萬邦矣'(경물즉덕급만방의), 즉 "사물을 공경하면 덕이 만방에 미친다."는 말은 비인간 존재들까지도 공경의 대상이 되어야 한다는 점과, 공경이라는 태도를 '실천'할 때라야 '덕'이라는 결과가 도출될 수 있음을 말한다.

이어 등장한 원불교도 대상을 향한 태도, 그리고 이 태도를 구현해 가는 실천을 강조한다. 원불교 기본경전인 『정전』의 '불공하는 법'에서는 "천지에게 당한 죄복은 천지에게, 부모에게 당한 죄복은 부모에게, 동포에게 당한 죄복은 동포에게, 법률에게 당한 죄복은 법률에게 비는 것이 사실적인 동시에 반드시 성공하는 불공법"이라고 설명하고 있다. 이러한 신행(信行)은 생태운동

---

24 신창호, 『경(敬)이란 무엇인가』, 글항아리, 2018, 20-24쪽.
25 정혜정, 「동학의 성경신 이해와 분석」, 『동학학보』 3, 2002, 258쪽.

으로서 불공에 부합되는 이상적 사상이라 할 수 있다.[26] 우주만물이 나에게 죄와 복을 줄 수 있는 권능을 가진 부처이므로, 불상이나 특정 존재가 아닌 만물 전부가 불공의 대상이 되어야 한다는 것이다. 다음은 불법연구회 「회설」의 한 대목이다.

> 과거 사람들의 소위 보은하였다는 것을 본다면 조각 보은이라고 아니 할 수 없으니 사은에서 중차대한 은혜는 입고 부처나 하나님께만 내내 감사를 드리는 것은 비컨대 네 사람의 도움으로써 식비와 학비를 얻어서 공부를 하여 성공한 사람이 나중에 그 은혜를 갚을 때에 한 사람의 은혜만 알고 치하와 선물도 한 사람에게만 주고 다 같은 은인 세 사람에게는 감사를 드리기는 고사하고 도리어 배척 비방하는 셈이라 실로 그러한 사람은 사은의 원만한 은혜를 발견하지 못한 사람이라고 아니 하지 못하겠다. 그러면 보은지도(報恩之道)를 배워서 실행하려는 우리는 과거 불합리한 보은 방식 즉 불공법을 폐지하고 현시대에 적절한 불공법을 쓰지 않으면 아니 될 것이다.[27]

---

26 강은애, 「원불교의 생태학적 상상력: '개벽'의 생태 공공성을 중심으로」, 『원불교사상과 종교문화』89, 2021, 207쪽.
27 『회보』18호, 「회설」 '罪와 福의 根本을 알아보자', 1935, 166-167쪽.

등상불이 아닌 내 앞에 현존하는 대상에 실질적인 불공을 하자는 것은 불교 여래 십호(十號)의 하나인 '응공'(應供), 즉 "마땅히 공양 받아야 할 자라는 이름을 이제는 만물 전부에 붙이자는 것"으로 해석할 수 있다. 초기불교의 공양은 먹이는 자의 공덕과 먹는 자의 수행적 토대에 대한 상호 교환적 가치 속에서 불이론적 합일을 추구했다. 그리고 이를 계승한 동아시아 대승불교의 공양은 여기에 초월적 존재의 위신력에 대한 타력적 종교 심성이 추가된 것이다.[28] 소태산이 과거 불교 불공법을 혁신했다는 것은 초기불교의 '공양' 개념에서 '먹이는 자'와 '먹는 자'가 별도로 구분되어 있던 것을-그래서 상호교환이라는 의례를 해야 했던 것을-번거한 구분이 필요없는 체계로 단순화했음을 의미한다.

이는 한편 해월의 '이천식천'(以天食天), 즉 '하늘이 하늘을 먹는다.'는 말과 상통한다고 볼 수 있다. 이천식천은 그 어떤 것도 하늘 아닌 존재가 없고, 서로가 도움을 주고받는 가운데 삶을 살아간다는 뜻이다. 소태산이 제시했던 불공 또한 만물이 '응공의 부처'이므로 내 앞의 대상에 불공을 드려야 한다는 관점이며, 여기

---

28 민순의, 「한국 불교의례에서 '먹임'과 '먹음'의 의미: 불공(佛供) · 승재(僧齋) · 시식 (施食)의 3종 공양을 중심으로」, 『종교문화비평』32, 2017, 247-248쪽.

서 불공은 대상과의 관계맺음에 필요한 자세를 요청한다는 점에서 원불교의 '불공하는 법'은 원불교 특유의 '태도론'이라고 할 수 있다.

기후위기 시대의 마음공부

이와 같이 보은으로부터 불공법에 이르는 태도론을 바탕으로, 삼학(三學), 계문(戒門)과 같은 실천법을 수행할 수 있다. 이 실천법은 주로 '마음공부'로도 일컬어지는데, 이들을 잘 실천한다면 근본적 태도의 전환으로 이어질 수 있다. 예를 들어 삼학 수행의 한 과목인 '사리연구'에서는 '사리연구의 요지'를 다음과 같이 설명하고 있다.

> 사(事)라 함은 인간의 시·비·이·해(是非利害)를 이름이요, 이
> (理)라 함은 곧 천조(天造)의 대소 유무(大小有無)를 이름이니, 대
> (大)라 함은 우주만유의 본체를 이름이요, 소(小)라 함은 만상이
> 형형색색으로 구별되어 있음을 이름이요, 유무라 함은 천지의
> 춘·하·추·동 사시 순환과, 풍·운·우·로·상·설(風雲雨
> 露霜雪)과 만물의 생·로·병·사와, 흥·망·성·쇠의 변태
> 를 이름이며, 연구라 함은 사리를 연마하고 궁구함을 이름이니

라.[29]

　'사리연구의 요지'에서 설명하고 있는 사리연구의 내용 중 '인간'의 시비 이해를 제외하면, '천조', '우주만유', '만상', '천지', '만물'에 관련한 이치나 작용들이 대부분을 차지한다. 이를 생태학적으로 해석하면 인간사뿐 아니라 지구라는 공동체에서 일어나는 여러 현상 또한 우리가 연구할 수 있어야 한다는 의미로 볼 수 있다. 이는 심층생태학자 아르네 네스(Arne Naess, 1912~2009)가 '자기실현'에 대해 설명하며 "협소한 자아를 평생에 걸쳐 만족시키는 것"이 아니라 "가장 넓은 의미의 공동체"와의 관계를 치유하는 것이라고 덧붙였던 것[30]과도 통한다. 다시 말하면 개인에 대한 관심과 지구를 향한 관심을 함께 추구할 때 진정한 자기실현을 이룬다고 말할 수 있다.

　소태산은 사리연구 공부를 통해 "천만 사리를 분석하고 판단하는 데 걸림 없이 아는 지혜의 힘"[31]이 생긴다고 말한다. '천만 사리'는 위 인용문에서 밝힌 천지와 만물의 작용, 즉 전 지구적

29 『정전』 제4장 삼학 제2절 사리연구.
30 아르네 네스 외, 『산처럼 생각하라』, 이한중 역, 소동, 2012, 34-39쪽.
31 『정전』 제4장 삼학 제2절 사리연구.

현상들을 포괄한다. 따라서 개인의 마음을 이해하는 것에 그쳐서는 온전한 사리연구를 했다 할 수 없으며, 지구 구성원의 일과 이치―예를 들어 기후 변동의 추이―또한 밝게 분석할 수 있을 때라야 사리연구 공부는 완전함을 갖추게 된다.

다음으로 계문의 경우, '연고 없이 살생을 말며', '연고 없이 사육(四肉)을 먹지 말며'와 같은 조항들이 있다. 대산은 이 계문에 대해 부연 설명하기를 "현재까지 발달된 모든 문명은 인류만을 위한 문명이요, 일체 생령을 두루 위하는 전체의 문명은 아니었다"고 지적하며, 모두의 '공존공영'을 위해 노력할 필요가 있다고 말했다. 또한 "전 세계 인류가 중생과 동일체인 관계를 깨닫고 살생계문을 더욱 잘 지킬 것"을 당부하는가 하면, "다생을 두고 보면 중생 중에는 내 부모, 형제, 처자, 동기들이 들어 있는 것"이라 하여 지구 구성원들이 곧 나의 부모이자 가족이라고 했다.[32] 모두 '동일체' 관계에 있다고 보는 그의 관점은 일찍이 소태산이 밝힌 일원의 진리가 담지한 공생의 필요성을 정산의 삼동윤리에 이어 그대로 강조한 것이다.

이는 불교에서 불살생계를 강조하는 이유, 즉 "육도를 윤회하

32 『대산종사법문집』제2집 제4부 신년법문, '새해의 제언(提言)'.

는 모든 중생은 한가족"[33]이라는 관점과도 상통하고, 해월의 '천지부모'[34] 사상과도 연관된다. '천지부모' 사상은 전 지구의 모든 존재가 곧 나의 부모라는 뜻을 지닌다. 살생계문을 '천지부모'의 관점에서 본다면 천지의 만물이 전부 나의 부모이자 동포이고 따라서 불공의 대상인데, 이들의 생명을 연고 없이 빼앗는 행위를 해서는 안 된다는 뜻으로 해석할 수 있다.

원불교는 이상과 같은 실천법을 사회적으로 확산하는 추세를 보이고 있는데, 그 이유는 신앙과 수행의 핵심적 가치가 정의론이기 때문이다.[35] 삼학 수행의 한 과목인 '작업취사'(作業取捨)는 육근을 작용함에 있어 정의는 취하고 불의는 버리는 것을 말한다. 「솔성요론」에서도 "정당한 일이거든 아무리 하기 싫어도 죽기로써 할 것"이라 하여, 원불교의 대승적 종교로서의 특색은 곧 정의 실천에 있음을 지목하고 있다. 그렇다면 원불교의 생태학적 요소에 '정의'를 대입했을 때, 우주만물에 대한 불공, 나아

---

33 서재영, 「선의 생태철학 연구」, 동국대 박사학위논문, 2005, 137쪽.
34 『천도교경전』「해월신사법설」〈천지부모(天地父母)〉, "천지는 곧 부모요 부모는 곧 천지니, 천지부모는 일체니라. 부모의 포태가 곧 천지의 포태니, 지금 사람들은 다만 부모포태의 이치만 알고 천지포태의 이치와 기운을 알지 못하느니라. 한울과 땅이 덮고 실었으니 덕이 아니고 무엇이며, 해와 달이 비치었으니 은혜가 아니고 무엇이며, 만물이 화해 낳으니 천지이기의 조화가 아니고 무엇인가."
35 원영상, 「기후위기시대 원불교의 역할-생명생태환경 보전의 관점에서-」, 『종교문화학보』 18-1, 2021, 144쪽.

가 인간사만이 아닌 지구 구성원의 예측하기 어려운 이치에 대한 지혜를 구하려는 것이 정의이고, 이 경향에 역행하는 것이 불의라 할 수 있다. 따라서 앞서 대산이 인류만을 위한 문명을 구축해 온 것을 지적한 것도 그간 저질러 온 인류의 불의를 반성하고 앞으로는 공존공영에 노력할 것을 당부함으로써 정의 실천을 부탁한 것이라 할 수 있다.

밝恩생각

"기후(氣候)는 '핸드폰', '빵', '가방'처럼 명료하게 인식하기 어렵다. 왜냐하면 대기의 상태는 변화무쌍하여 언제 어느 순간 달라질지 알 수 없기 때문이다. 이런 기후에 위기가 닥쳤다. 산업문명의 발달을 위해 쉼 없이 달려온 인류가 이젠 기존의 가치관과 생활방식을 바꾸어야 할 때가 됐다. 그러려면 가변적인 기후를 이해하고, 기후와 새로운 관계를 맺으려는 노력이 필요하다. 우린 누군가와의 관계를 회복하기 위해 그에 대한 이해와 만남의 방식을 새롭게 바꿔본 경험이 한 번쯤은 있다. 기후와 인간의 관계, 지구와 인간의 관계를 '은혜'의 관계로 보는 관점은 우리가 이제 하고자 하는 관계의 회복을 위해 또 하나의 방법이 되어줄 것이다."

제3부

은혜로
읽는
세상

제 1 장

은혜로 읽는 영화*

* 이 글은 제41회 원불교사상연구 총발표회(2022.10.13.)에서 발표한 〈기후와 영화: 비
인간 존재의 메타포〉를 수정한 것이다.

기후위기는 21세기에 가장 두드러진 '전 지구적' 현상이 되었다. 그러나 기후위기가 최근에 시작된 것은 아니다. 이미 오래전부터 이러한 위기의 징후와 경고들이 인류에게 발신되었다. 그에 대해 인간이 의식적 무의식적으로 외면해 왔을 따름이다. 기후위기가 심화되면서 관련 영화와 소설들이 속속 등장하고 있다. 과거 환경문제가 불거지며 생태문학이 다양한 시도로 확산되어 왔다면, 기후소설과 기후영화는 최근 들어 더 빈번하게 눈에 띈다. 봉준호 감독의 <설국열차>는 기상이변 이후 세상에서의 인간 군상을 묘사했다는 점에서 기후영화다. 또는 아담 맥케이(Adam McKay)의 <Don't Look up>처럼 지구에 관한 시선을 말하는 작품도 있다. 스파이크 존즈(Spike Jonze)의 영화 <Her>처럼 비인간 존재에 관한 작품도 있다. 원불교의 은혜 담론이 이런 작품들과 만난다면 어떤 점을 색다르게 포착하며, 말할 수 있을까? 1장에서는 새로운 방식으로 비인간 존재를 그려낸 영화 <Nope>, 멸망한 지구를 통해 근본과 근원을 사유한 영화 <IO>를 만날 것이다. 비인간 존재를 바라보는 관점의 문제, 그리고 우리의 근본으로서 지구, 생명으로서 지구를 상상한다.

1. 〈Nope〉, '애매한 자들'의 집

근대 산업문명이 야기하는 전 지구적 기후위기 시대를 맞아 근대 문명을 낳은 사상적 토대가 된 이성중심, 인간중심의 시선을 넘어선, 비인간 존재에 대한 시선을 고민하는 영화와 문학이 계속 등장하고 있다. 그리고 이렇게 생산되는 작품들의 근간이 되는 배경 담론도 새로운 옷을 갈아입고 있다. 그 대표적인 것으로 퀑탱 메이야수(Quentin Meillassoux)가 『형이상학과 과학 밖 소설』(*Metaphysique Et Fiction Des Mondes Hors-Science*)에서 언급한 'FHS'(fiction hors-science, 과학 밖 소설)가 있다. FHS는 상관주의를 바탕으로 하는 '과학소설'이 아닌 새로운 장르로, 설명 불가능한 현상들, 단절, 넌센스, 불확실한 실재 등이 이 장르의 핵심이다.

상관주의는 사유와 존재의 상관관계가 성립되어야 한다고 보는 입장이기 때문에, 우리의 평소 사유를 벗어난 존재는 존재하는 것 자체가 불가능하다고 본다. 상관주의에 입각한다면 넷플릭스에서 인기리에 방영된 시리즈물 〈Stranger things〉에 등장하는 '뒤집힌 세계'는 애초 존재할 수 없는 곳이다. '뒤집힌 세계'

는 평소 사람들이 인식할 수도, 건너갈 수도 없는 세계이기 때문이다. 또는 영국의 장수드라마 〈Doctor who〉의 경찰 전화박스는 겉보기에 전형적인 전화박스이지만, 알고 보면 내부는 수백 명도 더 수용할 수 있는 우주선이다.(심지어 어떤 때는 전화박스가 사람으로 변신하기도 한다.) 등장인물들은 이 박스를 실제 방문한 다음에야 놀란 눈으로 '넌센스'와 '불확실한 실재'의 가능성을 이해하게 된다. 반면 수년 전 방영된 국내 드라마 〈알함브라 궁전의 추억〉은 특이한 결말로 시청자들의 공분을 샀는데, 그 이유는 주인공이 게임 속에 갇혔기 때문이었다. 이런 서사도 상식적으로는 설명하기 어려운, 관객의 인식 여부에 상관없이 성립되는 경우다. 그러니 닫힌 결말을 선호하는 시청자 입장에선 이런 넌센스가 수용되기 어려웠을 것이다. 이처럼 FHS 장르는 우리가 사유하는가, 그렇지 않은가의 문제에 관계없이 다양한 인물과 배경을 성립시킨다.

국내에서 '조동필'이라는 애칭을 얻을 정도로 인기를 구가하고 있는 영화감독 조던 필(Jordan Peele). 그가 내놓은 영화 〈Nope〉은 다른 SF들과 조금 다른 방식으로 '외계'를 그려낸다. 외계의 존재 '진 재킷'은 우리가 이제까지 본 적 없는 UFO의 모습을 하고 있지만 딱히 UFO라고도 할 수 없는, 생명체라 해도 저 흔한 포유류처럼 살갗과 근육으로 이루어지지도 않은, 아주

기괴한 비인간 존재다. 물론 영화에선 진 재킷의 '식도' 내지는 '창자'로 추정되는 기관을 얼핏 보여주긴 한다. 그러나 겉모습은 딱딱하고 차가운 형태의 비행선에 가깝다.

이전의 관념으로는 이해할 수 없는 애매한 존재자, 진 재킷의 등장은 인간의 기존 사고를 벗어난 일이기 때문에 불확실성과 넌센스를 지닌다. 이런 서사는 상관주의적 입장을 거부하고 인간 외부에 존재하는 것들을 적극적으로 받아들인다. 세계는 "이렇게 존재해야 할 어떤 이유도, 이렇게 존재하지 않아야 할 어떤 이유도 갖지 않은 순수한 카오스로 존재"[1]하는데, 이러한 존재 방식은 모든 비인간 존재들의 존재 자체를 필연적으로 존재하는 것으로 인식할 수밖에 없음을 의미한다.

조던 필의 ⟨Nope⟩은 침팬지 '고디'가 시트콤 촬영장에서 어느 배우를 살해하는 장면으로 시작한다. 고디는 자신의 정체성과 관계없이 인간의 옷을 입고 고깔을 쓴 채로 카메라 앵글 안에 갇히는 존재다. 그는 인간 본위의 촬영 방식에 극도의 스트레스를 받다가 어느 순간 폭발, 폭력성을 드러내고 만다. 고디의 전반부 등장은 '진 재킷'과 우리의 만남을 연출하기 위한 복선 같은 것이다.

---

1 퀑탱 메이야수, 『형이상학과 과학 밖 소설』, 엄태연 역, 이학사, 2017, 47쪽.

관객은 처음부터 진 재킷을 UFO라 생각하기 쉽다. 왜냐하면 진 재킷은 전형적인—흔히 상상되고 있는—UFO의 원반 형상을 띠고 있기 때문이다. 그러나 이것도 어디까지나 관객 입장에서의 해석일 뿐이다. 진 재킷이 외계에서 온 존재인지, 본래부터 지구상에 거주했던 존재인지, 어떤 구조로 이루어진 생명체인지 아는 이는 아무도 없다. 물론 풍부한 상상력의 소유자는 감독의 의도를 재빨리 눈치 챌 것이다. 많은 관객은 당연히 UFO라고 생각하기 쉽지만, 중반부에 이르러서는 이 추측이 진 재킷의 정체성과 관계없는 것이었음을 알게 된다. 마치 고디를 촬영하는 스태프와 배우들이 고디를 '고디'라고 명명하고 인간의 문명에 맞추어 규격화했지만, 정작 고디의 진짜 정체성은 알지 못했던 것처럼 말이다.

고디에 비해 진 재킷은 유기물인지 무기물인지 알 수 없는 미지의 대상이다. 기존의 SF나 동물영화에서도 본 적이 없기 때문에, 관객에게 진 재킷은 고정적 실체가 아니다. 그래서 낯설고 기괴하며, 공포스럽다. 후반부에서는 더욱 더 진화하여 자신의 형태를 바꾸기도 하는데, 관객은 그가 UFO가 아닌 '무언가'임을 알게 되면서 진 재킷의 이후 행로를 유추할 수 없게 된다. 마치 가까운 벗의 행선지는 쉽게 예측할 수 있지만, 전혀 알지 못하는 제3자의 행선지는 알기 어려운 것처럼 말이다.

진 재킷은 구름 위에 숨어 있다가 허기가 지면 '유기체'가 있는 곳으로 날아온다. 그리곤 사람들을 흡수하여 잡아먹는다. 고디 사건 당시 촬영장에서 유일하게 생존할 수 있었던 인물 주프. 그는 처참한 살육의 현장에서 고디와 소통을 했기 때문에 살아남을 수 있었다는 자신감을 가졌다. 그래서 어른이 되어서도 사건 당시의 트라우마를 이용해 돈을 벌고 있다. 진 재킷이 자신의 머리 위로 날아왔을 때도 주프의 자신감은 여전했다. 고디와 그랬던 것처럼 눈을 마주쳐 소통하면 문제없을 거라고 자신하지만, 진 재킷은 이에 아랑곳없이 주프를 흡수해 버리고 만다.

이런 주프와 반대로 진 재킷을 이해하는 인물이 주인공 OJ다. OJ는 주프의 죽음을 두고 동의 없이 맹수를 길들이려 했다고 지적한다. 그가 이해한 진 재킷의 습성대로라면 "곰에게 등을 보여선 안 되고 황소 앞에선 빨간 옷이 금물이듯, 진 재킷의 시선을 안 끌려면 안 봐야" 한다. 결국 OJ와 동생 에메랄드는 끝까지 진 재킷과 눈을 마주치지 않음으로써 살아남는다. 정체 모를 생명체의 식인 습성을 영화에서 '시선의 교환'으로 묘사한 이유는 무엇일까? 진 재킷의 모습은 원반의 비행 물체를 닮았지만, 한편으론 눈의 동공이나 카메라 렌즈와 비슷하다. 눈을 마주한다는 건 상상을 하는 게 아닌 대상을 명확히 인식하는 것, 특정 의미 아래 대상을 규정하는 것을 의미한다.

이 세계에는 유기물로부터 무기물에 이르기까지 다양한 자들이 존재한다. 포유류뿐 아니라 식물과 광물도 우리가 '비인간 존재'라고 부르는 존재들이다. 티모시 모튼(Timothy Morton)의 '유령성'에 따르면 살아 있거나 죽은 것이 아니라 유령적인 존재자, 현실적이지도 않고 비현실적이지도 않은—망령, 유령, 좀비, 죽지 않은 자 등—애매한 존재자들과 우린 언제나 공존하며 살아간다.[2] 이들 유령 같은 존재자의 범위를 어디까지로 설정할 수 있을까? 인간이라면 누구나 이 범위에 포함되지 않는 것일까? 인간은 누구이고, 비인간 존재는 누구인가? 구마(驅魔) 사제의 이야기를 담은 〈검은 사제들〉에는 마귀가 깃든 여학생이 등장한다. 이 학생은 인간인가, 마귀인가? 둘 중 하나를 선택하여 여학생의 정체성을 규정할 수 있을까?

인간과 비인간 존재를 둘로 구분하는 건 이분법적이고 근대적인 방식이다. 오히려 이 세상에는 있다고 할 수도 없고 없다고 할 수도 없는 존재, 수많은 '유령'들이 어울려 살고 있다. 조금 바꾸어 생각한다면, '비(比)-인간'이란 것은 인간 아닌 범주 내 존재를 의미할 수 있으나, 한편으론 인간중심적 방식을 벗어난 존재, 즉 수많은 유령이라는 새로운 의미를 부과할 수도 있다. 비

2 티모시 모튼, 『인류』, 김용규 역, 부산대학교출판문화원, 2021, 95-96쪽.

인간 존재인 진 재킷도 이 유령 중 하나로서, 그는 자신을 유령이 아닌 특정의 '무엇'으로 인식하고 응시하는 존재를 빨아들인다. 대신 자신을 그저 유령인 채 버려 두는 대상은 잡아먹지 않는다.

나를 규정된 존재로 인식하는 대상을 빨아들이는 진 재킷의 포식 습관은 마치 고정된 실체로 인식되길 원치 않는 우리 내면 같다. 상대가 정해 놓은 직사각형에 갇히느니, 자유로운 무명(無名)으로 남는 걸 택하고픈 욕망, 자신의 존재가치가 쉽사리 정복당하는 걸 원치 않는 이 욕망은 타자의 규정이 날 불완전한 존재로 만드는 데서 기인한다. 그리고 이 욕망은 좀 더 완전한 내가 될 수 있다는 자신감이자 바람의 표현이다. 그리고 '완전함'은 근본이자 근원에 도달한 상태다. 우리는 '완전함'을 이루고 싶어 한다.

2. 〈IO〉, 우리의 근원

   그럼 완전함으로서의 근본이자 근원을 그리워하는 인간의 마음이 향하는 곳은 어디일까? 조나단 헬퍼트(Jonathan Helpert)의 영화 〈IO〉는 근본으로서의 지구를 그려낸다.

> 언젠가부터 사람들은 자다가 죽고 길에서 질식사했으며 혈관의 피는 검게 변하기 시작했다. … 난 지구가 어떻게든 살아남으려고 우리를 쫓아낸다고 생각했다.

   주인공 샘의 독백이다. 영화에서 가까운 미래의 지구는 이미 인간이 살 수 없는 곳이 되고야 말았고, 그래서 대부분의 인간은 지구를 떠나 목성 근처의 우주정거장 'IO'에서 살아간다. 인류의 새로운 보금자리 'IO'는 그리스 신화에서 제우스의 사랑을 받았다가 암소로 변한 여인의 이름이다. 실제 목성의 제1 위성 이름이 제우스의 연인 이오의 이름을 딴 'IO'다. 자신의 정체성을 감추어야 했던 제우스의 여인 'IO'의 삶처럼, 영화 〈IO〉의 우주정거장 'IO'는 '지구'라는 인간의 조건을 외면한 데서 기인하는 불완전함을 비유한 것이라 볼 수 있다.

〈IO〉에서 우리가 조우하는 지구는 스스로의 조절 능력을 상실해 버린, 그래서 암모니아 가스의 영향력에 모든 힘을 잃은 상태로 묘사된다. 영화 〈Gravity〉에서 아스라이 내다보이던 향수 어린 우리의 '고향' 지구, 안간힘을 다해 우주의 미아가 되지 않고자 되돌아가려던 그 지구가, 〈IO〉에선 더 이상 '고향'이 아니다. 젊은 과학자 샘은 방독면에 의지해야만 도심으로 나와 문명의 흔적들을 찾아볼 수 있으며, 집 앞에 설치해 둔 등불의 색깔을 매일같이 살펴보며 공기오염의 정도를 판단해야 한다. 지구에 남은 인류가 거의 없는 상황에서, 현재 우주정거장에 있을— 얼굴도 모르는—남자친구 일론과 메시지를 주고받는 게 의사소통의 전부다.

이 영화의 주인공은 사실 샘만이 아니라 지구이며, 공기다. 이들은 처음에 최악의 몰골로 등장하지만, 영화가 끝날 때쯤 강한 생명력을 드러낸다. 샘의 부친이 남긴 라디오 방송을 듣고 찾아온 마이카. 우주정거장으로 함께 떠나자는 그의 권유를 거절하고 지구에 남아 마이카와의 사랑의 결실인 신인류를 낳는 샘. 그는 지구가 가진 항상성에 모든 것을 건다. 항상성은 스스로를 자정시키는 능력이다. 지구가 스스로를 오염으로부터 보호하기 위해 비와 바람, 나무 등을 활용해 자정작용을 한다거나, 이끼를 통해 산소를 공급하고 토양을 관리하며 곤충들에 생명의 원천을 마련해 주는 것 모두가 항상성을 유지하는 활동이다.

그러나 항상성을 잃은 지구는 인류에게 안전한 삶의 근거지가 못 된다. 관객은 스산한 지구가 우리 미래가 될까 염려하게 된다. 소설 「일인용 캡슐」에서는 지구가 항상성을 잃어버림으로 인해 화성으로 이주한 인류가 캡슐을 이용해 지구로 돌아오지만, "비어 있는 우주에는 더 이상 창백한 푸른 점이 존재하지 않는"[3] 가상의 미래를 묘사한다. 우리의 본거지인 지구가 사라진다면, 또는 더 이상 살 수 없는 곳이 된다면, 그때 우린 어디로 가야 할까? 어떻게 살아야 할까? 이 질문은 사실 우리 자신과 지구의 연관성에서 출발한다.

샘은 지구와 자신의 연관성을 거의 절대적인 것으로 인식한 것 같다. 그가 끝까지 우주정거장으로 떠나지 않고 지구를 지키려는 것은 우리와 지구의 떼려야 뗄 수 없는 관계를 근간으로 한다. 이 관계가 느슨해지고 있는 지금의 현실이 곧 기후위기 시대를 향한 다양한 상상들을 통해 수면 위로 오르고 있다. 바로 뿌리 없는 풀이 되었다는 불안, 즉 인간세계 자체가 지구와 분리

---

3 윤해연, 「일인용 캡슐」, 『일인용 캡슐』, 김소연 외 저, 박창희 편, 라임, 2021, 93쪽.

되고, 인간세계만으로 자기 완결적이 되면서 생기는 불안[4]이다. 이때 '뿌리 없는 풀'은 곧 지구와의 긴밀한 관계성을 상실한 우리 자신이다. 인간중심적 문명세계에 둘러싸여 정작 자신을 지탱케 하는 지구에는 관심을 두지 않은 인류.

지구는 우리의 근원이고 근본이다. 베르나르 베르베르(Bernard Werber)의 『아버지들의 아버지』(Le Pere de Nos Peres)라는 소설의 제목이 '인류는 어디에서부터 왔는가?'의 질문에 대한 답을 은유한 것처럼, '부모'는 근본에 대한 은유적 표현이다. 샘이 지구를 떠나지 않은 것은 자신의 부모이자 근본인 지구를 포기할 수 없었기 때문이다. 포기하지 않았기 때문에 다시금 그 위에 신인류와 함께 뿌리를 내리고 그는 정착하게 된다. 해월 최시형이 천지가 곧 부모라고 한 것도, 이렇게 근원이자 근본으로서의 지구에 눈을 뜨라는 의미이다. 원불교에서도 부모은을 강조하며, "나는 내 부모에게 보은을 하였건마는 세상은 자연히 나를 위하고 귀히 알 것"이라고 말한다. 이 말은 날 낳아준 육신의 부모는 물론이거니와, 날 존재하게끔 하는 근본에 대한 자각이 필요하다는 뜻을 내포한다. 근원에 대한 성찰은 개인의 삶을 온전한 것으로 만들어 줄 뿐 아니라 세상의 인정과 사랑으로 이어진다는 뜻이다.

---

4 시노히라 마사타케, 『인류세의 철학』, 조성환 외 역, 모시는사람들, 2022, 129쪽.

3. 지구, 생명이자 은혜

신학의 새로운 경향으로 "지구를 공경하는 신앙"[5]이 제시되거나 동학과 원불교가 '지구를 모시는 종교'론으로 새롭게 조명[6]되는 것은, 이 경향들이 근원이자 근본에 대한 '모심'과 '공경', '불공'(佛供)을 수반하기 때문이다. 그럼 모신다는 것, 공경하고 불공한다는 것은 어떤 것일까? 우선 이 개념들은 지구를 마치 유기체와 같이 보는 데에서 출발한다. 제임스 러브록(James Lovelock, 1919~2022)이 지구를 살아 있는 생명체로 본 것도 유사한 관점이다.

러브록은 1965년 당시 캘리포니아의 제트추진연구소(JPL)에서 외부로부터 지구 대기권을 내려다보는 연구를 진행하던 중, 지구가 살아 있는 생명체로 간주될 수 있다는 생각이 들었다고

---

5 래리 라스무쎈, 『지구를 공경하는 신앙』, 한성수 역, 생태문명연구소, 2017.
6 허남진·조성환, 「지구를 모시는 종교: 동학과 원불교의 '천지론'을 중심으로」, 『원불교사상과 종교문화』 88, 2021.

한다.[7] 이 자각을 시작으로, 가이아는 러브록의 연구를 통해 살아 있는 유기체, 지구로 거듭났다. 그의 가설이 '지구', 그 자체의 존재성에 대해 새로운 눈을 뜨게 한 셈이다. 당시 과학자들은 러브록의 이론을 유사과학이라고 비판했다. 그러나 러브록은 서구 근대과학 기반의 인간중심적 관점을 지적하며, 지구는 인간과 마찬가지로 살아 숨쉬고 있을 뿐 아니라 사이버네틱 시스템을 통해 자신의 환경을 조절할 수 있다고 생각했다.

러브록의 가이아 이론에서 한 걸음 더 나아가 보자. 린 마굴리스(Lynn Margulis, 1938~2011)의 사유에 기대어 본다면, 모심과 공경, 불공의 대상으로서 지구는 "살아 있는 물질"[8]과도 흡사하다. 이 생각은 데카르트의 정신-물질 이원론이 아닌, 자연을 생명, 즉 "지구에 충만한 하나의 태양 현상"[9]으로 보는 관점이다. '태양 현상'이 왜 생명이 될 수 있을까? 이 질문에 우주사적으로 답한다면, 태초에 있었던 "알아볼 수 없을 만치 작으면서 상상할 수도 없을 만치 밀도가 높은 점, 얼룩, 티끌",[10] 즉 점 자체가 우주였던

---

7 James Lovelock, *Gaia, A new look at life on Earth*, Oxford university press, 1979, pp.15-16

8 린 카굴리스·도리언 세이건, 『생명이란 무엇인가』, 김영 역, 리수, 2016, 79쪽.

9 앞의 책, 79쪽.

10 앤드류 H. 놀, 『지구의 짧은 역사』, 이한음 역, 다산북스, 2021, 23쪽.

때에서 생명(태양 현상)이 시작되었다고 볼 수 있다.

물론 인류가 이 '점'에서부터 바로 탄생했다고 말할 수는 없지만, 138억 년 전의 작은 저 점에서부터 빅뱅으로 시작된 우주가 확장과 진화를 거듭하며 태양을 탄생시키고, 46억 살 먹은 지구를 형성하였음을 생각해보자. 액체 상태였던 불덩어리 지구가 서서히 중심부에 핵을 형성하고 층의 분화를 이루어낸 후 원시지각과 원시바다, 그리고 대기를 생성시킨 다음에야 지구에는 오늘날 우리가 생명체라고 부르는 유기체가 나타났다.

이후 원시 인류가 침팬지나 보노보 같은 영장류로부터 분화하기 시작한 것은 지금으로부터 불과 약 700만 년 전 일이다. 눈·코·입·팔·다리를 지니고, 사고하거나 미워하고 사랑하며, 잠을 자거나 일하고 여행을 하는 지금의 인류를 있게 한 것은 사실상 지구의 탄생과 초신성의 폭발, 훨씬 더 전의 빅뱅의 순간에서부터 시작된 셈이다. 인류뿐 아니라 온갖 생명들의 기초는 그 순간부터 시작되었다. 그러니 '지구에 충만한 태양 현상'이 곧 생명이 된 셈이라고 말할 수 있는 것이다.

지구의 생명요소 중 대표적인 것으로 산소, 그리고 대지로서의 지구가 있다. 이 두 가지는 영화의 주된 클리셰로 활용된다. 영화 〈IO〉의 주요 클리셰, '산소의 결핍'은 우주 SF물에서 자주 발견되는 요소다(영화 〈Gravity〉, 〈Stowaway〉, 〈2067〉 등에서도 활용). 영화 속 지구의 종말은 산소의 고갈에서 시작되며, 영화 〈Gravity〉에서도 얼마 남지 않은 산소로 버텨내야 하는 두려움을 시종일관 묘사했다. 생명체에게 산소는 단 한순간도 없어서는 안 되는 은혜로운 원소다.

최근의 학설에 따르면 지구상에 최초의 생명체(유기체)가 탄생한 것은 38억~41억 년 전 사이이다. 그로부터 약 20억 년 동안 이 지구상의 지배적 생물종은 '산소'에 노출될 경우 사멸하게 되는 혐기성 박테리아였다. 그런데 지금으로부터 24억 년 전, '시아노박테리아'(Cyanobacteria)라고 불리는 남세균이 나타나 산소를 만들어내는 광합성을 함으로써 드디어 지구에 산소가 충분히 존재할 수 있게 만든 폭발적인 증식이 이루어졌다. 남세균이라는 소소한 세균군이 없었다면 이 '대산소화 사건'(The Great Oxidation Event)도 일어나지 않았을 것이고, 오늘날과 같은 생명체가 탄생조차 못했을 것이다.

이러한 산소의 결핍 다음으로 곧잘 활용되는 클리셰로는 '척박해진 지구'도 있다. SF에 등장하는 척박해진, 그래서 더 이상 온전한 거주지가 되지 못하는 지구는 종종 대체 거주지로서 달 또는 지구 궤도상을 공전하는 초거대 우주정거장과 함께 다뤄지곤 한다(〈Moonfall〉, 〈고요의 바다〉, 〈Ad Astra〉, 〈승리호〉 등). 가상의 행성으로 회자되는 45억 년 전의 '테이아'(Theia)가 혹 어떤 이유로 인해 그 옛날 지구와 충돌하지 않았다면? 그래서 지구의 파편이 튀어나가 수많은 시와 그림, 연서의 소재가 된 우리의 '달'이 되지 않았다면?

달은 지구로부터 38만 킬로미터 떨어진 곳에 위치한 위성이다. 위성이라고는 하지만 지구에 대한 영향력은 막강하다. 지구와 달 사이의 끈끈한 중력이 대표적 영향력인데, 바닷가의 밀물과 썰물을 비롯해 생명체의 진화나 계절의 변화를 가능하게끔 하는 게 전부 달의 역할이다. 특히 지구의 자전축을 23도가량 기울어진 상태로 자전하도록 유지시켜 주는 일은 달의 핵심 임무다. 만약 달이 생겨나지 않았다면 지구가 균형을 잃을 수밖에 없기 때문에, 지금과 같은 기후가 조성되거나 생명이 존재하는 것 자체가 불가능한 일이었다고 여겨진다.

우주가 시작된 이래 138억 년 동안, 또는 지구가 탄생한 이래 46억 년 동안, 남세균이 등장한 이래 24억 년 동안, 인류가 침팬지와 보노보로부터 분화되기 시작한 이래 700만 년 동안, 수없이 많은 우연과 필연이 이어지고 이어져서 지금 우리의 생명이 존재하게 되었다. 즉 우리는 그저 지금의 부모를 통해 수십 년 전 태어난 존재가 아니다. 토마스 베리는 최초 기원의 순간 이래 수많은 과정을 거쳐 지구가 먼저 물리적 형태를 완전히 갖춘 후에야 생명이 출현했음에 주목한다. 그는 말한다; "우주의 어느 하나도 다른 존재로부터 분리될 수 없고, 또한 우주 이야기의 한순간도 다른 순간들과 분리되어 존재할 수 없다."[11] 우리, 그리고 지구의 나이는 46억 살, 또는 138억 살이다. 그러므로 지구는 '살아 있는 물질'이자 생명이다.

이 아름다운 생명의 연속성, 연결성을 원불교에서는 은혜라고 말한다. 왜냐하면 이 모든 우연과 필연이 없었다면 지금의 우리는 없었기 때문이다. 인과관계, 공생의 관계로만으로는 이 우연과 필연들을 전부 설명할 수 없다. 커피를 설명한다고 할 때 원두의 종류, 양, 물의 온도만으로 커피의 모든 것을 말한다고 할 수 없다. 원두가 만들어지기까지 소요된 태양과 수분, 흙, 농부들의 땀, 커피를 만드는 사람의 기분과 정성, 마시는 사람의 미각 등 다양한 요소들이 어우러져 커피가 된다. 우리는 기왕이면 맛있고 향긋한 커피를 제대로 제공하는 카페를 찾는다. 그저 원두와 물, 공간만 있다고 해서 단골이 되는 것은 아니다. 이렇게 커피 하나에 연관된 모든 것들이 서로 좋을 수 있는 것을 '자리이타'(自利利他)라고 부른다. 은혜는 인과관계만으론 전할 수 없는 얽힘의 속성이다. 은혜를 알면 자리이타도 함께 실천할 수 있다.

11 토마스 베리, 『위대한 과업』, 이영숙 역, 대화문화아카데미, 2009, 47-53쪽.

〈IO〉 이야기로 돌아와서, 샘의 아버지 해리는 죽기 전까지 샘과 함께 지구를 지켰던 인물이다. 그는 사망하기 전까지 지구를 떠나는 사람들을 설득하려 했다. 그러나 해리의 사망 후 녹음기에서 흘러나오는 그의 목소리는 외롭고 공허하다. "우린 구제 수단으로 다른 별을 찾아가지만 아직 깨닫지 못한 것이 있죠. 이미 이곳은 최고의 장비를 갖춘 우주선이라는 것입니다. 이 아름다운 행성에 적응하고 번영합시다."

아버지를 떠나보내고 혼자 남은 샘. 그리고 해리의 메시지를 듣고 찾아온 마이카. 그도 샘처럼 가족을 잃고 혼자 남았다. 마이카는 "사람은 혼자 있으면 안 된다."고 말하며, 샘을 엑소더스로 데려가려 한다. 마이카는 떠나고, 자신의 근본이자 근원인 지구를 떠나지 않기로 한 샘은 결국 홀로 남고야 만다. 하지만 샘은 혼자가 아니었다. 그는 사랑스러운 아이를 낳아 기르며, '함께', 다시금 '회복해 가는' 지구에 정착한다. 역시 지구와 생명의 회복은 '얽힘' 속에서 이루어졌다.

요즘 들어 '관계', '얽힘', '연결' 등에 관한 사유가 주목받고 있다. 예상 못한 바이러스의 확산을 겪으며 피할 수 없었던 경기 침체, 폭우와 홍수로 인한 건물 파손과 이재민·사망자 발생 등은 지구와 인간, 문명과 자연이 서로 연결되어 있음을 가리킨다. "독립이란 정치적 용어이지 과학적 용어가 아니다"[12]란 말은, 모든 존재의 존재 방식이 독립이 아닌 '연결'임에도 불구하고 문명의 발달을 거쳐 오는 동안 이 속성이 희석되고, 끝내 망각되고 말았음을 절감하게 한다.

동물학자 데이비드 애튼버러(David Attenborough)는 다큐멘터리 〈A Life on Our Planet〉에서 말한다. "살아 있는 세계는 독특하고 극적인 경이다. 수백만 종, 무수한 개체수의 동물과 식물이 다양함과 풍부함을 자랑하는 가운데 태양이 내리는 에너지와 지구가 보유한 광물이 주는 혜택을 누리기 위해 힘을 합친다." 은혜는 특별한 혜택을 가리키지 않는다. 우리가 연결되어 있고, 따라서 연대할 수 있을 때, 그 순간이 은혜로워지는 순간이다.

---

12 Lynn Margulis and Dorion Sagan, *What is life*, University of California press, 1995, p.20.

"세상에 좀 더 확산되었으면 하는 말이 있다. 바로 '고마워'다. 누군가에게, 또는 무엇에게 고마움을 느끼는 순간, 그래서 이 기분을 언어로 표현한 순간, 우리는 소소한 행복을 느낄 수 있다. 왜냐하면 이 순간은 우리가 인위적으로 조성해야 하는 상황이라기보다 세상 본연의 얽힘을 인정하고 받아들인 상황이라 할 수 있기 때문이다. 자연적인 행위를 했을 때 우린 편안하고 즐겁다. 하지만 복잡한 세상사에 묻혀 살다 보면 가장 자연적인 표현 '고마워'를 표현하지 못한 채 하루하루가 지나가기도 한다. 마찬가지로, 요즘 등장하는 비인간 존재에 관한 영화, 또는 폐허가 되어가는 지구를 사유하는 영화는 우리가 인식하지 못한 자연적 본질의 또다른 측면에 직면할 것을 요청한다. 이 측면을 원불교 식으로 말한다면 '은혜'라고 할 수 있으며, 이 측면을 이해한다면 우린 '함께' 좀 더 나아질 수 있을 것이다."

제 2 장

은혜로 읽는 생명평화

전 세계적으로 멈추지 않는 개발 폭력, 그리고 이로 인한 기후위기 문제가 가시적으로 드러남에 따라 이제는 지구 구성원의 '위기'로부터 '평화'로의 전환이 새로운 과제로 부상하고 있다. 그래서 2000년부터 생명평화운동이 본격적으로 일어났다. 이 시기부터 지구법과 자연권에 대한 인식이 전 세계적으로 향상된 데다, 한국에서도 환경권을 인권에 제한하여 정의하려던 경향이 점차 '모든 생명체'의 권리에 대한 관심으로 발전하고 있다. 한국의 생명운동, 그리고 생명평화운동은 전 세계적 차원의 문제에 대한 답을 궁구하는 것이기도 하지만 한국에서 일어난 생명의 고통, 생명의 아픔에 대한 한국의 답을 제시한 것이다. 한국의 자생종교인 원불교의 기후행동 또한 한국의 아픔을 향한 한국의 응답이 되길 기대한다.

1. 지구권, 본래 존재하던 것[1]

자연의 권리, 우리나라에선 어떻게 정의되는가?

문순홍은 1960~90년대 한국의 환경운동이 국민과 각 단체의 참여를 바탕으로 전개되었음에도 불구하고, 그 과정이 한계에 도달했다고 지적한다.[2] 그는 이런 운동이 여전히 인간중심적 관점에 머물러 있다고 보았다. 6.25 전쟁 이후부터 1990년대 중반까지만 해도 우리나라는 가파른 경제성장률을 보였다. 급속한 발전이 우선시되다 보니, 환경문제에 대한 인식이 있다고 해도 이를 긴박한 문제로 다루진 않았다. 그러다가 1980년에 헌법이 개정되면서 환경권에 관련된 조항이 등장했고, 현재는 이 조항이 다음과 같이 '헌법 35조'로 존재한다.

---

1 이 글은 '2022년 지구인문학 국제학술대회' 〈인류세 시대의 지구와 문명-인간의 조건에 대한 성찰〉(2022. 4. 21-23)에서 발표한 원고 일부를 수정한 것이다.
2 문순홍, 「생명운동의 이념과 전략」, 법륜(法輪) 편, 『생명운동작은대학-생태주의 논의와 생명운동의 지향』, 사)한국불교환경교육원, 2000, 49쪽.

[대한민국헌법 제35조]

① 모든 국민은 건강하고 쾌적한 환경에서 생활할 권리를 가지며, 국가와 국민은 환경보전을 위하여 노력하여야 한다.

② 환경권의 내용과 행사에 관하여는 법률로 정한다.

③ 국가는 주택개발정책 등을 통하여 모든 국민이 쾌적한 주거생활을 할 수 있도록 노력하여야 한다.

최근 들어 이 조항은 현재의 기후변화로 인한 위기와 지구 환경 문제의 악화 상황에 대처하는 헌법적 토대로서 역할을 다하기에 미흡하다는 의견이 등장하고 있다. 이 조항이 제정될 당시는 우리나라가 급속한 산업화로 인해 공해 문제를 심각하게 겪던 시기였고, 따라서 자연히 국민이 공해로부터 '쾌적'할 수 있는 권리를 중심에 두었다. 1972년 개최된 UN환경회의에서의 '스톡홀름 선언'이 '환경권도 인권'이라고 언급한 걸 보면, 인권과 환경권에 대한 관심이 전 세계적인 경향이기도 했다. 이때는 우리나라가 개발도상국의 대열에 서서 숨 가쁘게 경제성장을 이뤄 가던 시기였고, 그래서 환경권은 큰 비중을 차지하지 않았다. 그저 국민이 누릴 수 있는 최소한의 권리에 부합되는 정도였다.

이제는 '생활환경권으로서 국민의 개체적 권리'에서 '집합적

(연대적) 권리', 즉 환경을 개인이 누리는 이익이 아닌 미래세대의 공동자산으로 인식하려는 경향이 나타나고 있다.[3] 2018년 3월 20일에 제시된 '대통령 개헌안' 제38조 중 '국가와 국민은 지속가능한 발전이 가능하도록 환경을 보호해야 한다.'는 조항을 보면 알 수 있는 점이다. 국민은 국가에 의해 쾌적함을 누릴 수 있어야 한다는 관점이, 후세대의 삶을 위해 국민이 직접 환경을 보호하자는 관점으로 변천된 것이다. 이러한 변천은 환경권에 대한 인식이 그간 적잖이 달라져 왔음을 의미한다. 하지만 이것도 자세히 들여다보면 환경의 주체가 '개인'에서 '미래세대'로, 그 영역이 좀 더 확장되었을 뿐이다. '개인'이든, '미래세대'든, 환경은 인간이 누릴 수 있어야 하는 자산과 같이 정의된다. 본질적인 면에서는 차이가 없는 셈이다.

그러나 같은 해 3월부터 10월까지 네 차례에 걸쳐 개최된 '2018 환경헌법포럼'에서는 인간 이외의 존재에 대한 보호 의무를 명시해야 한다는 의견이 개진되었다. 이 의견 개진은 기존의 경향과는 다른 흐름으로 보인다. 이 포럼에서 제안한 개정안에는 '대통령 개헌안'에서와 달리 '국가는 법률이 정하는 바에 따라

---

3 박태현, 「헌법 제35조 환경권 조항의 개정 방향에 관한 일고찰-생태적지속가능성의 관점에서」, 『인권법평론』 20, 2018, 58-60쪽.

동물을 포함한 생명체를 보호하여야 한다.'는 조항이 추가되었다. 환경권의 대상 범주를 확장하려 한 것이다.

이 포럼이 개최되던 당시 "환경권의 주체로서 사람 외에도, 동물을 포함한 모든 생명체의 보호 의무를 국가가 부담하도록" 해야 한다는 의견이 제시되었다. 그리고 "자연과 동물의 권리주체성에 관한 논의에 법적으로 이견이 있음을 고려하여, 그 대안으로 동물을 포함한 모든 생명체의 보호를 국가 의무로 규정하는 것이 필요하다"는 의견이 오고갔음도 확인된다.[4] 다만 자연의 권리를 어느 정도까지 인정할 수 있는가의 문제에 대해 우리나라는 아직 명확한 정의를 내리지 않고 있고, 그 대신 모든 생명체에 대한 보호를 국가의 의무로 규정한 것으로 보인다.

지구의 권리는 이미 존재해

반면, '법인격' 개념에 의거하여 자연의 권리를 인정하려는 추세는 국외에서 지속적으로 진전되어 왔다. 법인격체는 비인간 존재들을 포함한 만물을 대상으로 하는데, 이 대상의 범위

4 한상운 · 서은주, 「2018 환경헌법포럼」, 한국환경정책 · 평가연구원, 2018, 13쪽.

는 "우리의 가치와 보조를 같이 해 오랜 시간에 걸쳐 변화"[5]해 왔다. 인간의 법인격에서 출발해 침팬지나 오랑우탄을 '물건'으로 정말 분류할 수 있는 것인지 논의한 적도 있고, 이런 논의는 이후 강을 비롯한 자연의 권리에 대한 새로운 인식으로 나아갔다. 2020년 당시 전 세계적으로 자연의 권리를 인정한 사례는 다음과 같이 발견된다.

〈표 1〉 '자연의 권리' 인정 사례[6]

구 분	사 례
에콰도르(Ecuador) 헌법	(『Republic of Ecuador Constitution of 2008』) "자연과 조화하면서 자연의 권리를 인정"
니카라과(Nicaragua) 헌법 제60조 (『Nicaragua's Constitution of 1987』)	"최고의 그리고 보편적인 공통 선으로서, 또한 그 밖의 다른 모든 선의 전제조건으로서 어머니 지구"
뉴질랜드(New Zealand) 판례	원주민인 마오이족이 신성시하는 자연하천인 황거누이 강(Whanganui River)의 원고 적격 인정
인도(India) 판례	갠지스 강(Ganges River)과 야무나 강(Yamuna River)의 원고 적격 인정

5　데이비드 보이드, 『자연의 권리-세계의 운명이 걸린 법률 혁명』, 이지원 역, 교유서가, 2020, 90쪽.
6　한상운 외, 「환경권의 실체적 구현을 위한 입법 개선방안」, 한국환경정책 · 평가연구원, 2020, 20쪽.

황거누이 강이나 야무나 강 같은 비인간 존재의 권리를 주장한 토마스 베리는 '지구법', 즉 "인간뿐만 아니라 지질학적, 생물학적 구성요소들에게도 법적 권리를 부여할 법체계"[7]의 필요를 말했다. 베리의 이러한 견해는 권리의 대상을 유기체에 한정해서는 안 된다는 의미이다. 그 이유는 우리는 "풀과 나무와 모든 피조물과 하나의 유기적 공동체를 구성"[8]하고 있기 때문이다.

지구를 하나의 공동체로 보려는 것은 곧 "인간 역량 개념을 넘어 존재 역량으로"[9] 우리의 삶을 조망하는 것이기도 하다. 공동체의 구성원은 유기체만이 아닌 계곡과 강, 풀과 나무, 암석과 같은 존재마저 포함한다. 소태산의 언어로 말하자면 이 구성원들은 '없어서는 살 수 없는 은혜'로 더불어 관계를 맺고 있고, 베리의 언어로 말한다면 "우리는 모두 어떤 식으로든 서로를 필요로 하는"[10] 관계 속에 있다. 요즘 인공관절이나 인공심장박동기를 체내에 삽입, 정상적인 삶을 영위할 수 있는 것도 이러한―무기체도 포함되는―비인간 존재와의 공생의 관계를 확인하게 한

---

7 토마스 베리, 『위대한 과업』, 이영숙 역, 대화문화아카데미, 2009, 209쪽.
8 토마스 베리, 『지구의 꿈』, 맹영선 역, 대화문화아카데미, 2013, 266쪽.
9 박일준, 「인권에서 존재역량으로-가소성(plasticity)을 통해 성찰하는 공-산 (sympoiesis)의 의미와 카트린느 말라부의 '파괴적 가소성'(destructive plasticity)에 대한 종교철학적 성찰-」, 『종교연구』81-2, 2021, 329쪽.
10 토마스 베리, 위의 책, 2013, 266-267쪽.

다. 지구 구성원들이 '생명'을 보유한 '생물'의 범주에 제한되지 않고, 서로 긴밀한 상호작용을 하며 삶을 영위하고 있는 것, 즉 인간을 위한 인간 역량도, 생명을 위한 생명 역량도 아닌 존재하는 그 자체를 위한 존재 역량을 함께 발달시키고 있는 것이다. 그러므로 만약 법적 권리의 주체를 유기체로 한정한다면 유기체가 아닌 존재들을 '객체'의 범주로 제한하는 셈이 된다. 그러나 "자연 세계는 객체일 뿐만 아니라 주체"[11]이다. 법적 권리의 객체와 주체를 이분법적으로 분리하는 것은 인간중심적인 행위다.

2018년에 제시했던 헌법 개정안이 '모든 생명체의 보호'를 중심에 두었던 것은 '환경=인권'에서 '환경=생명권'으로의 전환을 추구한 경향으로 보인다. 그런데 지구 구성원의 공생 관계를 염두에 두고 보면 이것도 인간중심적인 입장에 불과한 것이 될 수 있다. 모든 생명체를 보호하는 차원에서 자연을 훼손하지 말아야 한다고 한다면, 이는 자연 스스로 침해받지 않을 권리를 의미하지 않고, 자연을 보호해야 하는 인간의 의무만을 가리키기 때문이다.

코막 컬리넌(Cormac Cullinan)이 제안한 '지구권'(Earth right)[12]은

---

11 앞의 책, 133쪽.
12 코막 컬리넌, 『야생의 법: 지구법 선언』, 박태현 역, 로도스출판사, 2016, 169쪽.

베리가 「권리의 기원과 분화 그리고 역할」(The Origin, Differentiation and Role of Right)에서 밝힌 지구 구성원들의 세 가지 권리를 전제로 한다. 바로 '존재할 권리, 거주할 권리, 지구 공동체의 공진화 과정에서 자신의 역할과 기능을 수행할 권리'다. 저 숲 속의 말 없는 암석도 지구권에 의해 '존재'하고, '거주'하고, '공진화'할 권리를 가졌다고 한다면, 우리 인간이 법적으로 자연의 권리를 인정한다거나 저 강이나 암석이 권리를 부여받는 일은 사실상 불필요한 일이다. 구성원들은 지구에 출현하기 시작한 이래, 인간의 인정 여부에 관계없이 이미 자신의 권리를 누리고 있기 때문이다.

2. 생명평화, 범종교적 가치[13]

환경운동에서 생명운동으로

2018년의 헌법개정안을 보면 환경권의 주체를 기존의 인간에서 '모든 생명체'로 확장시켰음을 알 수 있다. 여기엔 어떤 이념적 배경이 있을까? 바로 동학의 맥을 이어온 생명운동, 2000년 이후 본격적으로 전개된 생명평화운동이 '생명'에 대한 새로운 인식을 사회 전반에 은연중 형성했던 점이 알게 모르게 영향을 미치지 않았을까?

환경운동연합의 뿌리로서 1988년 출범했던 '공해추방운동연합'은 반핵의 기치를 세우고 공해 문제의 원인이 되는 기업들의 문제를 공론화했다. 당시 국외에서는 체르노빌 원자력발전소 사건으로 인해 핵에 대한 인식을 새롭게 하던 차였다. 공해 문

---

13 2, 3절은 2023년 2월 『한국종교』 54집에 실린 「원불교 기후행동의 사상적 토대로서 '恩」 일부를 수정한 것이다.

제의 심각성을 국내외에서 인식하던 시점에 영덕의 핵폐기물처리장 건설 반대사업에 적극 동참한 것도 '공해추방운동연합'이었다.

'환경'(環境)은 '사람이 생활하는 주위의 상태'라는 사전적 의미를 지닌다. '환경' 중심적 관점은 중심과 주변, 주체와 객체를 분리하는 입장이라면, '생명' 중심적 관점으로 생명운동은 중심과 주변, 주체와 객체를 분리가 아닌 연결과 연속의 관계로 만물을 인식하는 입장이다. 반공해운동이나 환경운동은 여전히 피해자와 가해자, 인간과 자연의 이원화를 전제로 한 운동을 전개하고 있었고, 반면 새롭게 등장하는 생명운동은 둘로 나뉘지 않는 자연과 생태를 중심에 함께 두고 있었다. 그래서 반공해운동과 주류 환경운동이 여전히 산업주의와 이념적·실천적으로 단절하지 못하고 있는 반면, 한살림을 비롯한 생명운동 진영은 적어도 이념적으로는 산업주의적 가치와 단절하려 하고 있었다.[14] 어쨌든 환경운동의 지향점은 '환경에서 생명'으로 발전하고 있었고, 결국에는 여러 지역의 반공해운동조직들이 연합하여 '공해운동'의 키워드 대신 '환경운동연합'이라는 새로운 이름으로 창립되기에 이르렀다.

14 구도완, 「6월항쟁과 생태환경」, 『역사비평』 2007년 봄호, 2007, 164-265쪽.

그리하여, 활발히 전개되고 있던 환경운동에 이념적 전환이 일어났다. 바로 생명운동으로의 전환이다. 1981년에 최열은 김지하와 첫 대면을 한 이후 그와 동지로서의 관계를 유지하다, 1993년 환경운동연합이 출범할 당시 김지하의 생명사상을 본격적으로 받아들인 것으로 보인다. 당시 김지하는 '환경' 개념에 대해 비판적이었다.

> 환경이나 생태란 말은 지금 보편화된 유행 개념이긴 하나 근본적으로는 잘못된 개념이거나 눈에 보이는 현상만을 보는 한계적 개념이에요. 환경이란 개념은 인간중심주의와 유물주의적 지구관의 그릇된 산물이죠. 인간을 우주와 지구의 중심에 놓고 기타의 모든 생명체를 마치 죽은 물질들의 체계, 병풍이나 무대장치, 혹은 들러리쯤으로 치부해온 근대 서양 사상의 오류의 찌꺼기예요.[15]

김지하는 '환경'과 '생태'에는 개념적 오류가 있다고 보았다. '환경'은 인간중심주의와 유물론적 지구관의 그릇된 산물이라는 것이다. 그리고 생태학은 가시적인 드러난 질서의 연구만을 다

---

15 김지하, 『생명학』 1, 화남, 2003, 76-77쪽.

룰 뿐, 생태계 내부나 배후의 '숨겨진 질서'를 다루지 않기 때문에 환경 파괴를 역전시키기 어렵다는 견해다. 반면 '생명'은 보이는 부분과 보이지 않는 흐름, 이들을 연결하는 숨겨진 질서와 영성을 포괄한다.[16] 최열은 환경운동연합의 첫 캐치프레이즈를 '환경은 생명이다'로 정하였다.[17]

이 과정을 톺아보건대, 반공해운동에서 시작한 환경운동이 생명운동으로 발전해 왔고, 이후에는 범종교·범시민적인 생명평화운동으로 이어졌음을 알 수 있다. 여기에는 무엇보다 생명운동을 이념적 배경과 실천이 어우러진 운동으로 정착케 한 한살림운동의 역할이 크다. '한살림'은 "모든 생명을 함께 살린다", "모든 생명이 더불어 산다", "모든 생명이 더불어 사는 세상을 이룬다", "모든 생명은 유기적 연관 속에서 더불어 무한하게 공생한다"는 의미를 가진다.[18] '모든 생명'을 운동 이념의 중심에 둔다는 점에서 '환경'이란 용어가 내포하는 인간중심적 의미와는 다름을 알 수 있다. 한살림운동은 박재일이 강원도 원주에서 '한살림농산'을 설립하여 시작한 생명운동으로, 생명을 억압하는

---

16 앞의 책, 78쪽.
17 신동호, '[秘錄환경운동25년]김지하의 '생명' 최열의 '환경' 통하다', 〈주간경향〉, 20017. 2. 13. http://m.weekly.khan.co.kr/
18 이상국, 「한살림운동이란?」, 『도시와 빈곤』 19, 1995, 46쪽.

산업주의에 대항하고 새로운 영성과 실천을 통해 생명중심적 사회로의 이행, 전환을 이루고자 했다. 이 과정의 첫 출발점은 동학에 있었다.

1986년 원주에서 '한살림농산'이 첫 걸음을 내딛은 후 1989년에 〈한살림선언〉이 나왔다. 이 시기 국외에서는 기존의 환경운동이 인간중심성에 경도된 것을 비판하며 심층생태주의가 태동해 있었다. 아르네 네스(Arne Næss, 1912~2009)가 1973년 '심층생태학'이란 용어를 처음 사용한 이래로, 기존의 '환경' 개념으로는 문제를 해결할 수 없다는 인식이 확산되던 시기였다. 이로부터 멀지 않은 시점에 한국에서 등장한 '한살림'은 '모든 생명'을 사고와 운동의 중심에 두며 공생을 중시한다는 점에서 심층생태학과 상통한다고 보인다. 그러나 원주캠프의 장일순과 윤노빈, 김지하 모두 '신(新)동학파'[19]라고 불릴 정도로 동학을 바탕으로 생명사상을 발전시켰고 이로부터 한살림이 창립된 점을 근거하여 보면, '한살림'의 생명사상은 한국의 자생적 생명사상이면서도 전 세계적 환경문제에 함께 접근하는 보편성을 띤다고 볼 수 있다.

한국적 생명사상으로서의 정체성은 '한살림선언'에서 언급하

---

19 조성환, 「생명과 근대-원주의 생명학파를 중심으로-」, 『한국종교』 45, 2019, 72쪽.

고 있는 '한'의 개념을 통해서도 확인할 수 있다. 한살림선언에서 '한'은 우리 민족이 우주의 근원적 생명을 표현한 말, '전체로서의 하나'이면서 '개체로서의 하나'라고 설명되고 있다. 이 '한'의 사상은 고조선 시대 이래 우리 민족의 전통사상으로 면면이 그 맥락을 이어왔으며, '한'은 없는 곳이 없고 포용하지 않는 것이 없다는 것이다.[20] 이와 같이 고대 한민족의 한사상, 그 명맥을 이은 동학의 정신을 계승하였다는 점에서 한살림운동은 한국적 생명사상으로서의 정체성을 지닌다고 말할 수 있다.

원주캠프의 철학을 담은 '한살림선언'은 한살림운동이 추구하는 생명운동의 방향, 생명사상을 집약하고 있다. '한살림선언'은 산업문명을 옹호하는 지배적 이데올로기로 "과학만이 진리에 이르는 유일한 길이라는 신념", "실재(實在)를 이원론적으로 분리해서 보는 존재론", "물질과 우주를 기계모형으로 보는 고전역학", "생명현상을 유기적으로 보지 않는 요소론적 생물관", "인간정신을 기계모형으로 보는 영혼 없는 행동과학과 육체 없는 정신분석"을 제시했다. 그리고 이 이데올로기에 대응하여 생명의 의미를 다음과 같이 정의한다.

---

20 모심과살림연구소, 『죽임의 문명에서 살림의 문명으로-한살림선언 · 한살림선언 다시읽기』, 도서출판한살림, 2014, 49-50쪽.

첫째, 생명은 '자라는 것'이고 기계는 '만들어지는 것'이다.

둘째, 생명은 부분의 유기적 '전체'이고 기계는 부품의 획일적 '집합'이다.

셋째, 생명은 '유연한' 질서이고 기계는 '경직된' 통제이다.

넷째, 생명은 '자율적'으로 진화하고 기계는 '타율적'으로 운동한다.

다섯째, 생명은 '개방'된 체계이고 기계는 '폐쇄'된 체계이다.

여섯째, 생명은 순환적인 '되먹임고리(feedback)'에 따라 활동하고 기계는 직선적인 '인과연쇄'에 따라 작동한다.

일곱째, 생명은 '정신'이다.[21]

'한살림선언'에서 언급하는 '생명'은 '한'이 의미하는 근원적 생명, '우주생명'[22]을 의미하며, 한살림운동의 사상적 바탕을 이루는 동학사상 측면에서 조명하면 이는 '한울'이라 할 수 있다. 나락 한 알도 한울이기 때문에, 모든 생명이 우리에게 없어서는 안 되는 대상이 된다. 장일순은 풀이나 나무, 티끌 하나에도 우주가 들어 있으며, 따라서 티끌마저도 우리에게 없어서는 안 되는

21 앞의 책, 41-46쪽.
22 김지하, 위의 책, 87쪽.

것이라고 말했다. 내 앞에 보이는 풀 한 포기를 한울로 인식하지 못하고 홀대한다면 이는 우주 없이는 한순간도 삶을 영위할 수 없음을 모르는 것, 즉 내 존재를 지탱케 하는 '우주'를 포기하는 것이다. 곧 모심과 공경은 필요에 따라 실천해도 되는 윤리가 아니라, '생명'의 문제에 직결되는 필수적인 윤리다.

우리가 마주하는 대상을 '생명'이자 '한울'로 볼 수 있다는 것은 그로부터 어떤 이득을 취할 수 있을지 계산하려는 마음이 아닌, 우리의 생명이 존재할 수 있게끔 하는 대상을 모시는 삶의 출발점이 된다. 이런 점에서 장일순은 한살림운동이 어떤 이로움이나 필요에 의해 이루어져서는 안 된다고 강조했다. 이로움과 필요성이 한살림운동의 목적이 될 경우 여기에는 서열을 정하는 경쟁이 수반되고, 그러다 보면 우리 앞의 한울이자 '생명'을 홀대하는 상황이 만들어질 수도 있다는 것이다.[23]

윤노빈은 『신생철학』에서 한국적 고통, 인류의 고통과 그 해결이 외면당하고 있는 학문적 현실을 지탄했다. 한국인의 철학이자 한반도의 철학이라야 한국의 문제를 해결할 수 있는데, 외국 철학에 담긴 외국의 고민을 곱씹는 당시 풍조에 대한 비판이

---

23 장일순, 『나락 한알 속의 우주』, 녹색평론사, 2009, 98-101쪽.

었다.[24] 이에 반해 생명사상은 한국의 '한'사상에서 출발했거니와, 동학의 맥을 현대적 차원에서 이어와 한국의 시대적 문제─기계론적 패러다임과 산업문명─의 해법으로 정착시켰다. 한국에 대한 질문을 하면 한국에 대한 답을 하는 게 가장 정확한 답변이듯이, 한살림운동의 생명사상은 한반도의 시대적 고민을 한국적으로 풀기 위해 선두에 서 있던 사상이었다.

생명운동에서 생명평화운동으로

생명사상은 이후 2000년을 기점으로 '생명평화운동'으로 발전하면서 재개념화되었다. 가까운 시기에 '지구법'과 자연권이 언급된 걸 보면 자본주의 문명사회 속의 '생명', 그리고 이 생명의 '평화'에 대한 관심이 전 세계적으로 확산되고 심화하던 때이기도 했다. 근대화가 시작된 이래 지금까지 지속되고 있는 폭력과 희생에 대한 문제의식을 바탕으로, "기존의 생명운동의 전통적 가치와 운동 범주를 뛰어넘어 '평화'라는 가치를 전면에 제시"[25]

---

24 윤노빈, 『신생철학』, 학민사, 2010, 115-117쪽.
25 류하, 〈[생명평화운동]①생명평화결사의 태동과 생명평화운동〉
    https://ecosophialab.com/.

한 것이 이 생명평화운동이다.

　도법은 21세기의 사회 현실을 생명 위기, 평화 위기, 삶의 위기로 설명하면서, 이 문제를 풀기 위해선 실체론적 세계관과 이분법적 방법론에서 벗어나야 한다고 말한다. 여기엔 모든 벽을 넘어 서로 함께할 수 있는 보편적 진리가 필요하고, '생명'은 누구나 할 것 없이 가장 절실하게 여기는 보편적 가치인데다 이러한 내 생명이 누리고 싶은 삶은 '평화'라고 그는 강조한다.[26] '생명평화'는 기후변화와 생태문제, 양극화, 소외와 차별, 혐오 등, 물질적 풍요도가 올라감에 따른 지구적 위기에 대한 21세기의 새로운 가치라 할 수 있다.

　생명평화운동의 사례는 다양하게 발견할 수 있으나, '삼보일배'가 대표적이다. 2002년부터 새만금 간척사업을 막기 위한 '삼보일배'가 범종교적 차원에서 시작되었다. 또한 2001년 2월에는 "좌우익 희생자와 뭇 생명의 해원상생을 위한 100일 기도"가 지리산에서 개최되었는데, 이 기도 또한 범종교적인 차원에서 이루어졌다. 같은 해 5월에는 '생명평화 민족화해 지리산 위령제'를 올림으로써, 본래 시작했던 100일 기도가 '생명평화 민족화

26　도법, '생명평화 운동과 대승불교의 수행', 『불교평론』
　　http://www.budreview.com/

해 평화통일 지리산 1,000일 기도'로 확대되었다. 그리고 이후 2002년 5월에 '지리산생명연대'가 발족되고 2003년 8월 '지리산 평화결사 추진위원회'가 발족되었다.

한반도 대운하 사업이 시작됨에 따라 2009년에는 가톨릭, 개신교, 불교, 천도교, 원불교의 5대 종교가 '생명의 강 생명평화순례단'을 꾸렸다. 이들은 '한반도 대운하 백지화 종교인 생명평화 100일 도보순례'를 했다. 여기엔 '생명의 강을 모시는 원불교 사람들'도 있었다. 이후 원불교환경연대가 본격적으로 활동하며 '생명평화탈핵순례'도 시작했다.[27] 이와 같이 '생명평화'를 회복하기 위한 움직임이 다양하게 일어났다.

2000년을 기점으로 본격화된 생명평화운동은 무엇보다 범시민적·범종교적 차원에서 일어난 운동이라는 특징을 띤다. 그리고 또 한 가지 특징은 자본주의 체제 하에서의 자연 파괴가 멈추지 않고 계속 진행됨에 따라, 현대문명의 개발 폭력과 그로 인한 지구적 재해·재난에 대처하기 위해 기존의 생명운동에서 '생명평화운동'으로 발전했다는 점이다. 이전까지는 생명이 당하는 '죽임'에 대응하기 위해 '살림'의 생명운동을 펼쳤다면, 이 시

---

27 오정행. '[생명·환경·평화] 원불교환경연대 10주년을 돌아보다'. 《원불교신문》.
   http://www.wonnews.co.kr/news/articleView.html?idxno=205643.

기는 생명이 맞닥뜨린 '위기'에 대해 '평화'의 생명운동을 전개한 시기다.

도법은 생명평화에 대해 "인간이 아닌, 작고 보잘 것 없어 보이는 생명체의 가치를 이해하는 것"이라고 말하며, "그들의 아픔을 헤아려주고 평화를 찾아주어야 한다."고 당부한다.[28] 생명평화는 이와 같이 '생명'이라고 하는 세계 보편의 지향점을 안고 있기 때문에, 종교적 울타리를 해체하고 범종교적 운동으로 전개된 것으로 보인다.

28 김택근, 『사람의 길-도법스님 생명평화 순례기』, 들녘, 2008, 93쪽.

3. 원불교 기후행동, 생명평화와의 만남

원불교의 시대적 응답

원불교는 '물질이 개벽되니 정신을 개벽하자'라는 표어 아래 창립되면서 '정신개벽', 즉 정신을 새로이 대전환할 것을 촉구했다. 원불교는 당대 세계정세의 주된 흐름이던 서세동점의 인류사적인 의미를 배경으로 하면서 그에 대한 근본적인 대응이자 대안으로서 민중 의식의 대전환을 추구했다고 볼 수 있다. 소태산은 구성원들과 공동체 생활을 하며 간척사업과 저축조합 등을 통해 허례허식의 폐지, 근검저축, 단결을 실천하면서 일제강점기 민중의 의식을 일깨우고자 했다. 이러한 '개벽'의 시도들은 당시 변화의 물결 속에서 역동적이고 새로운 방식으로 정신의 변혁을 이루고자 한 것이었다. 소태산의 정신개벽 사상은 개인의 심리적 자유나 해탈을 넘어서서 사회 전체를 변화시킴으로써 국가·세계를 의미 있는 방향으로 변화시키려는 사회 변혁적

성격을 띠고 있었다.[29]

이후 정산이 종법사를 역임한 1943~1962년까지 우리나라는 해방과 6.25 전쟁, 세계 최빈국 수준의 경제난, 4.19 혁명 등 격동의 역사를 겪었다. 이 시기에 정산은 '귀환 전재동포 구호소'를 설치하여 운영하거나 야학원을 만들어 한글을 교육했고, 전국 교당을 통해 문맹퇴치운동도 벌였다. 그리고 원광대학교를 비롯한 여러 교육기관을 설립하였다. 특히 원광대학교 전신인 '유일학림'이 개설된 해는 해방 직후인 1946년이었고, 원광대학교가 정식으로 설립된 1953년 1월 29일은 6.25 전쟁이 휴전에 들어가기 전이었다. 당시 정부가 의무교육정책을 추진함에 따라 교육의 팽창이 일어나고 있었지만, 우리나라는 궁핍한 상황에서 미국의 경제적 지원을 받으며 문화적, 경제적 측면에서 서구(미국)에 대한 의존적인 경향을 심화시켜 가던 때였다. 이런 시기에 정산이 교육 사업을 펴거나 『건국론』을 저술해 국력을 배양하는 방법을 제시한 것은, 지식 보급을 통해 국가와 민중의 실질적인 삶을 변화시키고 정신적 측면에서도 전환을 이루려는 것이었다.

이와 같이 정산이 추구했던 정신개벽은 "보편윤리를 기반으

---

29 허석, 「원불교 정신개벽 사상의 사회 변혁적 성격 연구」, 『한국종교』 46, 2019, 60쪽.

로 한 세계 구제의 이념"[30]으로서 그의 삼동윤리[31]를 근간으로 한다. 정산은 삼동윤리에 대해 "장차 우리 인류가 모든 편견과 편착의 울 안에서 벗어나 한 큰 집안과 한 큰 권속과 한 큰 살림을 이루고, 평화 안락한 하나의 세계에서 함께 일하고 함께 즐길 기본 강령"[32]이라고 설명했다. 문맹을 퇴치하고 국력을 배양함으로써 '편견과 편착'을 극복하고 경제적, 문화적 빈곤을 벗어나 '한 큰 집안'에서 조화로운 공생을 할 수 있도록 한 것이다.

정산 이후 종법사를 역임한 대산은 열반 전 "진리는 하나, 세계도 하나, 인류는 한 가족, 세상은 한 일터, 개척하자 하나의 세계"를 게송으로 제시했다. 이 게송은 소태산의 일원의 진리와 정산의 삼동윤리의 정신을 이은 것으로, 종(種)·인종·성별·국가·민족의 경계를 뛰어넘어 조화롭게 공생해 갈 것을 당부한 것이다. 대산의 재위 기간에도 한국사회에는 많은 일이 있었다.

---

30 원영상, 「근대 한국종교의 '세계'인식과 일원주의 및 삼동윤리의 세계관」, 『원불교 사상과 종교문화』84, 2020, 32쪽.
31 종교와 인류에게 필요한 윤리강령으로, 1961년 원불교 개교 경축식 전 정산이 처음 제시했다. 이듬해 1월에 정산은 삼동윤리를 마지막으로 설한 후 이를 최후의 게송이라고 밝혔다. 삼동윤리는 동원도리(同源道理)·동기연계(同氣連契)·동척사업(同拓事業)의 세 가지 윤리로, 인류의 대동화합과 단결을 주 내용으로 하며 원불교가 교단의 울을 벗어나서 세계주의를 지향할 것과, 모든 종교들이 평화와 진화의 길로 나아갈 방향을 제시한 강령이다. 〈원불교대사전〉
32 『정산종사법어』도운편 34장.

경제개발 5개년 계획 발표와 급속한 산업화가 진행된 데다 민주화의 열기도 뜨거웠고, 국외로는 소련의 붕괴와 냉전의 종결 등이 있었다.

대산도 소태산과 정산의 뒤를 이어 시대적 변화에 대응하는 교단을 만들어가고자 했던 것으로 보인다. 그는 1965년 종법사 취임식에서 "일원대도와 삼동윤리의 실현은 현대의 위기를 극복하는 길"이라고 했고, 이후에는 '세계평화를 위한 3대 제언'으로 "종교연합운동·세계공동시장 개척·인류심전계발운동"을 제창하여 세계의 화합을 강조하였다. 그의 게송과 이 세 가지 제언은 "화동(和同)의 도"에 따른 "도덕의 정치학"[33]을 강조한 것이라고도 볼 수 있다. 왜냐하면 당시는 개인뿐 아니라 지역이나 국가 간의 연대와 화합이 절실한 시기였고, 원불교 입장에서 이 시기 정신의 대전환은 분열에서 공생으로 나아가기 위한 발상의 변화를 의미했기 때문이다.

이와 같이 원불교는 시대적 요청에 응답하기 위해 노력해 왔는데, 은혜철학은 그 기저에서 사상적 바탕으로서 역할을 해왔다고 볼 수 있다. 소태산이 민중의 정신 및 물질적 삶의 방향을

---

33 조성면, 「대산(大山) 김대거(金大擧)의 사상과 문학-동아시아발(發) 근대 평화사상으로서의 원불교」, 『한국학연구』 18, 2008, 201쪽.

전환하기 위해 실천했던 운동들은 모두 선지자의 개인 역량이 아닌 대중의 조화와 단합을 기반으로 한 것이었다. 이후 이어진 시대적 대응들 또한 '얽힘'이라는 지지대 위에서 가능한 일이었다.

이러한 맥락에서, 원불교의 기후행동도 은혜철학을 사상적 바탕에 두고 있다. 이 지구가 베풀어주는 없어서는 살 수 없는 은혜에 새로운 눈을 뜨고, 더 늦기 전에 지구의 회복을 위해 '보은'이라는 작은 실천을 해보자는 것이다. 원불교 기후행동은 원불교환경연대를 비롯한 다양한 단체와 기관에서 진행하고 있다. 물론 다음 부분에서도 언급할 테지만, 기후행동에는 원불교뿐 아니라 많은 종교들이 함께 참여하는 경향을 보인다. 그래서 요즘의 기후행동은 기후위기가 더 이상 특수한 종교적 이념으로 풀 수 있는 문제가 아니며, 반대로 전 인류가 공감하고 실천할 수 있는 보편적 윤리로써 극복할 수 있음을 확인케 한다. 원불교 기후행동도 '은혜'의 철학을 지구에 필요한 보편적 담론으로 인식하는 것에서부터 출발한다. 또한 '인류세'라는 새로운 시대인식과 함께 한다.

원불교의 기후행동

21세기를 맞이한 인류는 '인류세'라는 또 하나의 물결을 맞이하고 있다. 그렇다면 21세기의 원불교가 추구하는 정신개벽은 어떤 것으로 이해하고 재의미화할 수 있을까? 여러 가지가 있을 수 있지만, 2021년 국가에서 「기후위기 대응을 위한 탄소중립·녹색성장 기본법」을 제정한 만큼 기후위기 문제 등에 관한 대응을 꼽을 수 있다. 또는 2022년 발발한 러시아-우크라이나 전쟁도 공생에 관한 인식의 전환이 필요함을 의미한다.

현재(2023) 원불교 최고 수장인 전산 종법사(김주원, 재임: 2018. 11~현재)는 2022년 「신년법문」에서 "코로나19 팬데믹과 극심해지는 기후 위기를 겪으며 지구공동체와 우리 삶의 지속가능성에 대한 근본적인 성찰과 지혜를 요청" 받고 있다고 말하며, "모든 만물이 하나로 연결되어 있으며 없어서는 살 수 없는 은혜의 관계임을 깨달아 일체 만물을 부처로 모시고 더불어 살아가는 생태 문명으로 대전환을 이루어 가야 할 것"을 당부했다. 이는 지금 원불교가 추구할 정신개벽이 지구 구성원의 '생명'을 위한 대전환임을 가리킨다. 새로운 전환을 위해 원불교는 2000년대 초반부터 생명평화운동에 참여해왔으며, 현재는 원불교환경연대, 둥근햇빛발전협동조합, 원생태 사회적협동조합, 원불교여

성회 등을 중심으로 기후행동을 이어가고 있다.[34]

원불교환경연대는 원불교 공식 생명평화운동 단체로서 활동 취지를 다음과 같이 소개하고 있다; "기후위기는 우울한 파국이 아니라 모든 생명의 평화를 위해 새로운 세계를 향한 밝은 기회가 될 수 있습니다. 더 이상 물질적 경제성장이 인류의 발전을 대표해서는 안 됩니다. 크고 작은 모든 생명이 함께 사는 지구 공동체를 회복시켜야 합니다."[35]

취지문에서 알 수 있듯, 원불교환경연대는 '생명의 평화'를 목적으로 한다. 원불교환경연대는 2011년 발생했던 후쿠시마 원전사고를 계기로 그해 '생명평화 탈핵순례'를 시작, 매주 월요일마다 소그룹으로 진행하기를 10년째 지속해 오고 있다. 2020년 5개 종단의 협의체 '종교환경회의'가 「종교인 기후행동 선언문」을 발표할 때 원불교환경연대가 참여했고, 이때 당시 "생명평화의 세계를 만드는 일"을 언급하기도 했다.

그리고 'STOP 1.5℃ 지구살림 천지보은법회-일일초록'을 통해 '천지보은 일상수행', 'STOP 1.5℃ 초록실천', '지구살림 초록교당

---

34 기존의 원불교 환경운동 내역은 황화경의 「원불교 사은사상의 생명윤리」, 『한국종교』 40, 2016을 참조하기 바란다.
35 원불교환경연대, https://www.woneco.net/.

활동', '탄소제로 "RE100 원불교"' 등, 마음공부와 '천지은(天地恩)' 보은을 결합시킨 형태의 실천 방법들을 권장하고 있다. 아래는 일상생활 속에서 때와 장소를 가리지 않고 수행을 이어가기 위해 지침으로 삼는 '일상수행의 요법' 중 1-3조이다. 원불교환경 연대에서 제시한 '초록 일상수행의 요법'은 '일상수행의 요법'을 응용한 것으로, 개인의 내적 수행과 기후위기 대응을 통합적으로 실천하려는 것이다.

〈일상수행의 요법 1-3조〉[36]

1. 심지(心地)는 원래 요란함이 없건마는 경계를 따라 있어지나니, 그 요란함을 없게 하는 것으로써 자성(自性)의 정(定)을 세우자.

2. 심지는 원래 어리석음이 없건마는 경계를 따라 있어지나니, 그 어리석음을 없게 하는 것으로써 자성의 혜(慧)를 세우자.

3. 심지는 원래 그름이 없건마는 경계를 따라 있어지나니, 그 그름을 없게 하는 것으로써 자성의 계(戒)를 세우자.

36 『정전』 제3 수행편 제1장 일상수행의 요법

〈지구를 살리는 초록 일상수행의 요법 1-3조〉[37]

지구는 원래 대기오염이 없건마는 화석연료를 따라 있어지나니, 바람에너지로써 미세먼지 없는 지구를 이루자.

지구는 원래 방사능오염이 없건마는 핵에너지를 따라 있어지나니, 햇빛전기로써 핵 없는 지구를 이루자.

지구는 원래 온난화가 없건마는 온실가스를 따라 있어지나니, 3덜운동으로써 함께 사는 지구를 이루자.

한편 원불교여성회는 "생명이 시작한 이래 여성의 고귀한 영역이었던 '살림'을 확대시켜 우리 외부의 환경뿐만 아니라 사람의 정신까지 살리도록 하겠습니다. 실천 없는 환경운동이 어떻게 가능하겠습니까!"[38]라는 취지문을 제시하고 있다. 이 취지에 부합하기 위해 핵시설 반대, 에너지 절약 운동, 음식물 쓰레기 줄이기 운동, 도농연결, 시민환경교육 등을 진행한다. 2022년에는 기후행동의 차원에서 채식을 위한 방법들을 공유하며, '함께 살림'이라는 휴대폰 어플을 개발하기도 했다.

---

37 《원불교환경연대》, https://www.woneco.net/
38 《원불교여성회》, http://www.wbwa.or.kr/index.php.

다음으로, 원불교의 '원기 107-109 교정정책[39]에서 볼 수 있는 '미래 준비'의 관련 내용 중에는 '지구살리기 운동'이 있다. '지구살리기 운동'은 구체적으로 '자연환경운동', '인권·생명·평화운동'으로 세분화된다. 이에 원불교 교정원 공익복지부는 2022년부터 '절약절제 캠페인'을 진행하기 시작했다. 이 캠페인은 정부가 2020년 발표했던 '2050 탄소중립 추진전략', 그리고 「기후위기 대응을 위한 탄소중립·녹색성장 기본법」을 반영하여 시작된 것이다. 탄소발자국을 줄이는 것을 목표로 하루 30분 에너지 절전, 영상시청 줄이기, 재활용 제품 사용하기, 음식물 먹을 만큼만 담기 등의 사항을 실천하고, 그 결과를 SNS에 공유한다. 이 밖에 2022년 개최된 '원불교 탄소중립 기후행동 결의대회', 교구별 '원불교 탄소중립학교', 'K-eco 아이디어톤' 등의 활동도 있었다.

원불교 기후행동 중 원불교환경연대, 원불교여성회, 교정원 공익복지부의 실천 상황을 살펴보았다. 애초 원불교는 생명사상에 바탕을 둔 환경운동을 시작[40]했다. 그 이유는 현대 한국의 환경운동이 대부분 생명사상을 주된 이념으로 삼았기 때문이며, 한편으로는 원불교 핵심 사상인 은혜철학이 생명사상과 직

---

39 '원기 107-109년'은 2022년부터 2024년까지를 말한다.
40 황화경, 앞의 논문, 207쪽

결되기 때문이었다. 이후 한국의 환경운동이 생명운동으로, 다시금 범종교·범시민적 생명평화운동으로 확장됨에 따라 원불교 환경운동 또한 생명평화운동에의 참여로, 이후에는 기후행동으로 발전해 왔다. 이러한 발전 과정에는 바탕에 두어온 생명사상, 그리고 우주만유의 은(恩)적 관계에 관한 사유가 기저에 지속적으로 존재해 왔다.

기후행동들이 효과적으로 지속되기 위해서는 원불교와 기후행동이 어떤 접점을 가지는지에 관해 사상적 토대를 마련할 필요가 있다. 왜냐하면 "종교의 사회운동은 해당 종교의 교리 실천의 결과"[41]이기 때문이다. 출발점이 종교의 교리라면, 도착점은 종교의 사회운동이다. 출발점을 만들지 못하면 도착점을 완성하기 어렵다. 사상누각(沙上樓閣), 기초가 튼튼하지 못하면 모래 위 누각처럼 무너져 버리고 만다는 말과 같이, 사상적 토대의 모색이 충분치 않으면 종교의 사회운동은 부실할 수 있다. 이 점에서 은혜철학은 원불교 기후행동의 유의미한 토대가 될 수 있을 것이다.

---

41 박세준. 2021. 「동학사상과 한국의 사회운동」, 『한국학논집』 83, 2021, 137쪽.

"'생명'과 '평화'는 모든 인류가 희망하는 보편적인 가치이다. 거대한 우주가 시작되어 영속한다는 것, 그 가운데 지구라는 이름의 푸른 구체에서 살아 숨 쉬고 있다는 것은 그야말로 생명의 신비이자 경이라 할 수 있을 것이다. 그런데 이 경이로움이 위기에 직면하였다. 모든 생명이 누려 마땅한 평화가 위험에 처한 것이다. 원불교에서 은혜의 관계를 말하듯 많은 종교가 자비와 사랑, 공생, 연결을 말한다. 이러한 경향은 종교라는 영역을 벗어나 생명과 평화를 회복하려는 시민운동으로 발전할 필요가 있다. 2000년대부터 한국에서 일어나고 있는 범 종교적 생명평화운동이 그 대표적 사례이다."

제
3
장

———

은 혜 로 읽 는 언 어*

* 이 글은 2019년 12월 『종교연구』 79-2에 실린 「원불교 『대종경』의 수사학적 연구」를 수정한 것이다.

종교의 경전은 대부분 언어로 만들어진다. 경전의 언어가 '달을 가리키는 손가락'에 흔히 비유되는 것은 경전만으로 그 종교를 온전히 전할 수 없음을 의미한다. 그러나 언어와 사유는 서로 긴밀한 관계를 맺고 있다. 언어의 힘을 빌리지 않고 종교적 사유를 하는 것은 어려운 일이다. 앞에서 언급한 바와 같이, 원불교는 일제강점기와 6.25, 산업화와 민주화 등 질곡의 역사에 응답하려 애써 왔다. 이 응답은 우주만유가 은혜로 연결되어 있다는 철학을 근간으로 민중, 전 세계 인류, 지구공동체 구성원의 협력과 조화를 지향해 왔다. 특히 혼란의 근대에 초기교단을 이끌며 민중의 경제활동 및 의식의 쇄신을 꾀했던 소태산의 언어에는 민중의 연대를 추구했던 흔적이 남아 있다. 따라서 이번에는 『대종경』의 언어들이 어떻게 은혜로운 세상을 위한 '연대의 언어'로 기능하는지를 탐색해 보려 한다.

1. 언어, 종교와의 대화

비트겐슈타인과 소태산의 언어철학

학자들은 비트겐슈타인(Ludwig Wittgenstein, 1889-1951)의 전기 사유를 가리켜 '그림이론'이라고 이름 지었다. 언어가 놀이가 될 수 있는 것도 이 명칭에 연관된다. '그림이론'에 따르면 언어는 정적으로 고정된 것으로, 하나의 대상이 하나의 이름과 일대일로 연결되어 의미를 형성한다. 가령 "사과"는 배나 포도가 아닌 사과라는 과일 한 가지에 일대일로 매치되는 것과 같다.

그러나 후기에 이를 보완한 개념 '언어놀이'는 언어가 각 개체들을 가리키는 이름표로서가 아닌, 인간의 활동 그 자체임을 의미한다. '사과'는 더 이상 과일인 사과를 가리키는 이름표로만 정의되는 게 아니라, 과일 사과를 생각하고, 기억하고, 언급하는 활동 자체가 된 것이다. 즉 언어는 고정된 형태로 멈춰 있는 것이 아니라 역동적인 활동이자 규칙을 가진 놀이이다. 그러나 이 언어놀이를 통해서도 언어 전반에 적용되는 본질적 특질을 밝힐 수가 없다. 이는 언어의 공통적 본질은 애초에 존재하지 않는다고 보았기 때문이다. 오로지 언어는 각각의 맥락에 따라 고유성을 가지고 사용되는 동시에, 놀이로서의 규칙만을 따를 뿐이다.

비트겐슈타인의 이러한 사유는 언어와 대상의 관계를 이해하는 데 하나의 시사점을 제공한다. 학생이 책을 가리켜 "책"이라고 발화한다고 해서 이 발화를 단순히 책을 지시하는 것으로만 규정할 수는 없다. 책을 누군가에게 달라고 요청하는 말일 수도 있고, 혼잣말일 수도 있다. 혼잣말이라 하더라도 학생의 기분 상태나 상황에 따라 "책"이라는 발화는 다른 의미를 가지게 된다. 이와 같이 언어는 다양한 요소들과 상호작용하며 영향을 받고, 시시각각 변화한다. 다만 '책'이라 부르기로 약속한 규칙이 존재할 따름이다.

이러한 관점으로 보건대, 하나의 종교에 경전이라는 언어로 접근하는 것은 경전에 표현된 교리들이 고정불변의 '그림'이 아닌 '언어놀이'가 될 수 있음을 가리킨다. 경전의 언어들은 정지된 그림으로 존재하는 것이 아니라, 삶의 맥락과 상호작용하며 다양한 의미를 구현한다. 물론 인간은 늘 이 다양한 의미들의 공통분모이자 일반적인 본질을 찾으려는 속성을 가진다. 그러나 비트겐슈타인은 명제의 일반적 본질에 관해 "대상들은 단지 명명될 수 있을 뿐"[1]이라고 하여, 모든 언어놀이의 기저에 존재하는 규정된 본질은 본래 없다고 하였다.

그럼 소태산이 바라본 언어는 어떤 것이었을까? 류성태는 소태산의 언어관이 언어도단(言語道斷), 즉 언어로는 온전히 표현할 수 없는 심오한 진리를 설명하면서도 역으로 언어로 설명 가능한 양면성을 갖추었다고 보았다. 소태산은 진리에 대한 이해를 두 차원에서 하고 있는데, 하나는 체(體)의 측면으로서 언어도단이고, 다른 하나는 용(用)의 측면으로서 언어명상(言語名相)이 완연하다는 것이다.[2] 이 말은 진리의 본질적 측면은 언어로 모두 설명할 수 없는 것이지만 때와 장소, 기분 등에 따라 달라지는 측면은 언어로 충분히 설명할 수 있음을 의미한다.

그래서 소태산은 『대종경』 성리품 25장에서 "언어도(言語道)가 끊어진 자리지마는 능히 언어로 형언"할 줄 알아야 한다고 강조한다. 또는 "불조(佛祖)들의 천경 만론은 마치 저 달을 가리키는 손가락"이라 하면서도 『예전』에서는 "사람의 마음은 말로써 표시하고 말은 응대로써 실현되나니, 언어 응대는 곧 인도 행사와 사회 교제의 중심이 되나니라."고 말했다. 본질적 측면에

---

1 루드비히 비트겐슈타인, 『비트겐슈타인 철학일기』, 변영진 역, 책세상, 2015, 130쪽.
2 류성태, 「소태산과 (少太山) 장자의 (莊子) 언어관 비교」, 『정신개벽』 3, 1984, 47쪽.

서 진리를 모두 담아낼 수 없는 언어, 그리고 맥락에 따라 다양하게 표현되는 언어 모두 필요하다는 것이다. 즉 소태산은 언어만으로는 온전히 전할 수 없는 진리, 그리고 언어로 전할 수 있는 진리의 두 측면을 함께 주목한 것으로 보인다.

그리고 부촉품 3장에서 "나의 일생 포부와 경륜이 그 대요는 이 한 권에 거의 표현되어 있나니, 삼가 받아가져서 말로 배우고, 몸으로 실행하고, 마음으로 증득하여, 이 법이 후세 만대에 길이 전하게 하라."고 하여, 경전에 대할 때 언어를 활용할 것을 강조한 점이 눈에 띈다.[3] 임전옥이 지적했듯 소태산은 상담자이기도 했는데, 그는 마음을 헤아려주거나, 질문을 통해 깨우침을 주거나, 원인을 알려주거나, 문제에 대한 해결 방법을 가르쳐주는 등 다양한 방법을 사용했다.[4] 이러한 상담에는 언어가 필요하다. 형이상학적 진리를 누구나 이해하고 증득할 수 있도록, 언어라는 보편적 도구를 활용했음을 알 수 있다.

언어로 모두 전할 수 없는, 그리고 언어로 쉽게 전할 수 있는

---

3 원불교 제2대 종법사였던 정산 또한 『정산종사법어』 경륜편 1장에서 "원은 형이상으로 말하면 언어와 명상이 끊어진 자리라 무엇으로써 이를 형용할 수 없으나, 형이하로써 말하면 우주만유가 다 이 원으로써 표현"되어 있다 하여 진리의 양면성을 말하였다.
4 임전옥, 「상담자로서의 소태산 대종사」, 『원불교사상과 종교문화』 69, 2016, 165쪽.

진리의 양면성을 모두 강조한 소태산의 언어관은, 비트겐슈타인의 관점과 미묘한 유사성을 띤다. 비트겐슈타인은 『논리철학논고』에서 "'p'라는 기호와 '~p'라는 기호가 같은 것을 말할 수 있다는 것은 중요"하다고 하여, 두 명제 "p"와 "p"의 부정 "~p"가 함께 존재하고 있음을 주장한다.

또한 "실로 언표할 수 없는 것이 있다. 이것은 드러난다, 그것이 신비스러운 것"이라고 말했는데, 이 말은 언어만으로 모두 전할 수 없는 영역이 있음을 의미한다고 보인다. 마찬가지로 "말할 수 없는 것에 관해서는 침묵해야 한다."고도 하여, 언어 외적인 요소에 대한 인식이 필요함을 강조하였다. 흥미로운 점은 "우리 일상 언어의 모든 명제들은 사실상, 있는 그대로, 논리적으로 완전하게 정돈되어 있다"고 하여 접근 가능한 성격의 명제를 논하기도 한다는 점이다.[5] 마치 어떤 사물이 '책'이라고 하는 약속된 이름을 가지기 때문에, 혹 상황 맥락에 따라 '동화책', '교과서', '파손된 책' 등 다양한 의미를 가지더라도 이 다양성은 '책'이라는 약속 위에서 전개되는 것처럼 말이다.

비트겐슈타인의 주장들은 역설적으로 이해할 수 있다. 비트겐슈타인의 이론은 단순히 말할 수 있는 영역의 문제를 해결해

---

5 루드비히 비트겐슈타인, 『논리-철학 논고』, 이영철 역, 책세상, 2006, 61-117쪽.

주는 소극적인 단계를 벗어나서 '말할 수 없는 영역'을 보여주는 적극적인 기능을 한다. 이는 삶의 문제에 대한 완벽한 해결책을 제시한 부처나 예수의 가르침과도 비슷하다.[6] 삶의 문제를 언어로 전부 해결할 수 없기도 하지만, 언어로 해결 방법을 찾을 수도 있는 것이다. 이런 점에서 비트겐슈타인의 탐구법은 말할 수 있는 영역과 말할 수 없는 영역 모두를 인식했던 소태산의 방식과도 유사하다.

이 글에서 탐색하려는 『대종경』의 수사학적 표현들은 이렇게 소태산과 비트겐슈타인이 주목했던 언어의 양면성을 바탕으로 한다. 특히 필자가 수사학적 표현을 논의에 부치는 것은 결국 용(用)으로서의 언어적 표현을 통해 체(體)-언어로 형언할 수 없는 진리적 세계와, 용(用)-언어로 표현 가능한 진리를 함께 추구하는, 소태산의 언어철학에 기반을 둔다. 체는 용을 기반으로 하고, 용은 체를 전제로 한다. 종교에서의 언어적 접근은 언어의 길을 통하여 언어의 길이 끊어진 곳까지 도달하도록 하는 방법이라 볼 수 있다.

---

6 황필호, 「분석철학과 불교」, 『僧伽』7, 1990, 220쪽.

수사학이란 무엇인가?

수사학(rhetoric)의 어원인 그리스어 '레토리케'(rhetorike)는 대중 연설가를 의미하는 '레토르'(rhetor)와 테크닉을 뜻하는 '이케'(ike) 의 합성어이다. 결국 '대중연설가의 기술'을 가리키는 수사학은 웅변에 그 기원을 둔다. 이처럼 수사학은 원래 웅변의 기술이었으며, 말을 잘 하거나 글을 잘 쓰는 기술을 의미해 왔다. 고대 그리스 시대부터 사용된 수사학은 그간 극단적으로 상반된 평가를 받으며 성쇠의 역사를 거듭해 왔다. 때로는 간결한 표현을 중시하는 문인들로부터 업신여겨지기도 했고, 때로는 언어의 본질에 다가서게 하는 통로로 인정받기도 했다. 어쨌든 포스트모더니스트들과 포스트구조주의자들에게 수사학은 그들의 이론을 세우는 초석과 다름없었다. 20세기 전반이 '논리의 시대'였다면 20세기 후반은 '수사학의 시대'라고 할 정도였다.[7]

본래 의미와는 다르게 수사학이 오해를 받고 있다면, 수사학이 "말이나 글을 아름답게 꾸미는 기교" 정도로 이해되고 있다는 점에서다. 그러나 아리스토텔레스(Aristoteles)는 수사학을 가

---

7 김욱동, 『수사학이란 무엇인가』, 민음사, 2002, 29쪽.

리켜 "주어진 경우에 가능한 모든 설득 수단을 찾아내는 능력"[8]
이라고 정의했다. 의술은 건강의 문제에 연관되어 제한적으로
인간을 교육하거나 설득하는 역할을 한다면, 수사학은 특정 영
역의 제한 없이 어떤 주제에 관련해서도 설득할 방법을 찾아내
는 역할을 한다.

아리스토텔레스가 수사학을 설득의 능력이라 본 것은 그가
진리와 정의를 관철시키는 데서 수사학의 지원을 기대하고 있
다는 것으로 해석된다. 경우에 따라서는 공적 연설의 제약성 때
문에 어떤 사실을 안다고 하더라도 누구를 가르친다는 게 가능
하지 않을 수도 있고, 그런 경우 진리와 정의를 관철시키려면 수
사학이 필요하다는 것이다.[9] 더불어 아리스토텔레스가 언급한
훌륭한 문체의 규칙을 살펴보면, 그는 "사물을 흔해빠진 이름이
아니라 특별한 이름으로 부르는 것", 그리고 "모호한 표현을 피
하는 것"을 훌륭한 문체의 규칙으로 꼽았다. 수사학은 진리와
정의를 관철시키는 방법이자, 이 관철의 과정을 정교하고 효과
적으로 구성하는 기술이다.

아리스토텔레스가 수사학을 화자의 입장에서 설명했다면, 포

---

8 아리스토텔레스, 『수사학 / 시학』, 천병희 역, 숲, 2017, 31쪽.
9 한석환, 『아리스토텔레스 수사학 연구』, 서광사, 2015, 31쪽.

스와 그리핀(Foss & Griffin)은 '생산하는 자'와 '청자'로 관계를 설정하고 수사학을 언급했다. 그들은 수사학을 "평등, 내재적 가치 그리고 자기 결정에 뿌리를 둔 관계를 생성하기 위한 의미로서의 이해에 대한 초대"[10]라고 정의하고 있다. 이 정의는 수사학을 청자의 자립적인 이해를 위한 매개로 본 것이다. 수사학은 화자가 청자에게 자신의 생각을 일방적으로 설득하기 위해 필요한 것이 아니라, 청자가 화자와 동등한 관계에서 해석권을 가지고 화자의 언어를 이해하기 위해 필요하다는 것이다. 화자에 중심을 둔 아리스토텔레스, 그리고 청자에 중심을 둔 포스와 그리핀의 정의는 서로 다르다. 그러나 이 두 정의가 만난다면, 수사학은 화자의 입장에서 의미를 효과적으로 관철시키는 동시에 청자의 입장에서 주체적으로 의미를 이해하기 위해 필요한 방법이라 할 수 있다. 수사학의 이런 기능은 『대종경』에 어떻게 나타나 있을까? 소태산이 추구했던 민중의 연대는 언어라는 도구를 통해 어떤 방식에 의해 경전이라는 지면으로 전달되고 있을까? 소태산의 언어관이 어떻게 표출되고 있을까?

수사학적 표현을 범주화하는 데에는 여러 방법이 있을 수 있는데, 이 글에서는 김욱동의 방법을 차용하려 한다. 김욱동은

---

10 티모시 보서스, 『수사학 이론』, 이희복 외 역, 커뮤니케이션북스, 2007, 9쪽.

수사법을 소리에 따른 수사법, 의미 전이에 따른 수사법, 문장 구조에 따른 수사법, 감정에 호소하는 수사법, 상호텍스트적 수사법의 다섯 갈래로 나누었다.[11] 『대종경』에서는 두운, 모운, 각운 등의 소리에 따른 수사법이 별도로는 발견되지 않았고 다만 다른 범주에 일부 혼합되어 있기에 다섯 가지 수사법 중 '소리에 따른 수사법'은 제외하고 살펴볼 것이다. 나머지 네 가지 범주 중 의미 전이 및 문장 구조에 따른 수사법은 문법 범주에서 다루는 것이고, 감정에 따른 수사법은 호소와 강조에 비중을 둔 것이며, 상호텍스트적 수사법은 다른 텍스트에의 의존을 중심으로 한 것이다.

11 김욱동, 위의 책, 48쪽.

2. 수사학, 대종경의 안내자

의미 전이에 따른 표현

1) 은유

은유는 원관념과 보조관념을 동일시하여 대상을 묘사하는 방법이다.[12] 은유를 적용한 문장은 '…은/는 이다'의 형식을 띤다. 은유에서의 주요 특질은 원관념과 보조관념 사이의 긴장 관계라 볼 수 있다. 원관념과 보조관념의 유사성이 구심력이라면 그 이질성은 원심력이다. 원심력과 구심력의 긴장이 지속적인 원운동을 가능하게 하는 것처럼, 그 유사성과 이질성의 팽팽한 긴장이 은유의 은유다움을 보장해준다.[13]

『대종경』에서는 명사끼리 결합하여 형성된 은유가 주로 눈에

---

12 '침묵은 금이다'처럼, 원관념인 '침묵'이 보조관념 '금'와 동일하지 않음에도 원관념의 새로운 의미를 환기시키는 기법이다.
13 류수열·이지선, 「은유 개념의 허상과 실상」, 『문학교육학』46, 2015, 19쪽.

띈다. 명사 은유에는 '인연의 향기', '인생의 봄'과 같은 것으로부터 '책상다리', '산허리' 등과 같이 오랫동안 통용되어 이제는 긴장감을 잃은 죽은 은유도 해당된다.

> 대종사 말씀하시기를 「저 하늘에는 검은 구름이 걷혀 버려야 밝은 달이 나타나서 삼라만상을 비쳐 줄 것이요, 수도인의 마음 하늘에는 욕심의 구름이 걷혀 버려야 지혜의 달이 솟아올라서 만세 중생을 비쳐 주는 거울이 되며, 악도 중생을 천도하는 대법사가 되리라.」(『대종경』, 천도품 24장)

여기서 서로 개념이 다른 명사 '마음'과 '하늘'을 결합하여 '마음하늘'이라고 표현하였다. 이는 마음의 작용 이치를 하늘의 이치에 비유하기 위한 것이다. "욕심의 구름"과 "지혜의 달", "만세 중생을 비쳐 주는 거울"도 마찬가지로 은유에 해당한다. 현상 세계에서, 혹은 일상적인 수준에서 '욕심'과 '구름', '지혜'와 '달', '만세 중생'과 '거울'은 서로 유사성이 없다. 그러나 '욕심', '지혜', '만세 중생'과 같이 피부에 와 닿지 않는 추상적인 개념에 '구름', '달', '거울'과 같이 구체적이며 보편적인 언어를 통해 숨결을 불어 넣음으로써, 추상적인 개념을 구체적인 이미지로 바꾸게 된다. 이는 마음에서 욕심이 제거되는 것, 그리고 지혜가 샘솟는 것이 구체적으로 어떤 의미를 가지고 있는지 독자가 쉽게 이해할 수 있도록 만들어 놓은 장치라 할 수 있다.

2) 직유

직유는 은유와 함께 대표적인 비유 표현으로, '같이', '처럼', '듯이', '마치', '흡사', '듯' 등의 표현을 사용하여 원관념과 보조관념을 매개하는 방법이다.[14] 이영주에 따르면, 주로 발화자의 바람, 염원, 의지 등의 지향성이 직유를 통해 드러난다. 이때 지향의 방향을 드러내는 구체적인 표상이 직유의 보조관념이다.[15] 『대종경』에 나타난 직유는 보조관념을 지향하는 방식으로 구성되어 있다.

> 그대들의 입선 공부는 비하건대 소 길들이는 것과 같나니 사람
> 이 세상에서 도덕의 훈련이 없이 보는 대로 듣는 대로 생각나
> 는 대로 자행자지하여 인도 정의에 탈선되는 행동을 하는 것은
> 어미젖 떨어지기 전의 방종한 송아지가 자행자지로 뛰어다닐

---

14 '아기처럼 잔다'고 할 때, 원관념인 '아기'와 보조관념인 '잔다'를 직접적으로 연결하는 기법이다.
15 이영주, 「직유의 효과에 관한 새로운 이해-직유의 벡터와 그 작용을 중심으로」, 『수사학』3, 2005, 262쪽.

때와 같은 것이요, 사가를 떠나 선원에 입선하여 모든 규칙과 계율을 지켜 나갈 때에 과거의 습관이 떨어지지 아니하여 지도인의 머리를 뜨겁게 하며, 각자의 마음에도 사심 잡념이 치성하여 이 공부 이 사업에 안심이 되지 못하는 것은 젖 뗀 송아지가 말뚝에 매달리어 어미 소를 부르고 몸살을 치며 야단을 할 때와 같은 것이며⋯. (『대종경』, 수행품 55장)

소태산은 원관념인 '입선 공부'와 보조관념인 '소 길들이는 것'을 매개하기 위해 '비하건대'와 '같나니'를 사용하고 있다. 이어서 원관념인 '인도 정의에 탈선되는 행동을 하는 것'과 보조관념인 '방종한 송아지가 자행자지로 뛰어다니는 것'을 형용사 '같은'을 사용하여 매개한다. 또한 원관념인 '과거의 습관이 떨어지지 아니하는 것', '이 공부 이 사업에 안심이 되지 못하는 것'과 보조관념인 '젖 뗀 송아지가 어미 소를 부르고 몸살을 치며 야단을 하는 것'을 형용사 '같은'으로 매개한다. 같은 맥락의 수행품 56장에서도 직유법이 나타난다. '선원에 입선하는 것'을 '환자가 병원에 입원하는 것'에 비유하고, '교법'을 약재에, '교당'을 '병원'에 비유하고 있다. 소를 길들이거나, 몸이 아파 약을 구하고, 병원을 찾는 행위는 종교적이라기보다 사람들의 일상생활에 가까운 것들이다. 독자에게 친근한 일상생활 문화를 활용해 입선 공부의 의미를 설명한 것이라 볼 수 있다.

3) 역설

역설은 얼핏 모순되고 논리적이지 않은 것같이 보이나, 그 내면의 의미를 파악하고 보면 나름의 진실을 담고 있는 표현을 말한다.[16] 『대종경』에 역설의 표현이 쓰인 것은 직관적 사고가 발달한 동양사상의 특성과 연관된다. 역설은 동양사상 전반에 걸쳐서 지대한 영향을 미쳐 왔다. 이는 양립불가능성의 원리에 근거한 논리가 서양 사상 전반에 영향을 미쳐 온 것과 대비된다.[17] 사실 역설 기법은 『정전』에서도 많이 발견된다. "언어 명상(言語名相)이 돈공(頓空)한 자리", "공적 영지"(空寂靈知), "진공 묘유", "원만 구족(圓滿具足)하고 지공 무사(至公無私)한 각자의 마음" 등이 역설의 전형적인 표현이다.

대종사 말씀하시기를 「중생들은 열 번 잘해준 은인이라도 한
번만 잘못하면 원망으로 돌리지마는 도인들은 열 번 잘못한 사
람이라도 한 번만 잘하면 감사하게 여기나니, 그러므로 중생들

---

16 최인호의 장편소설 『길 없는 길』(여백, 2013)이란 제목이 역설에 해당한다. 얼핏 보
면 모순되는 것 같으나 그 내용에는 진실이 담겨 있다.
17 이경무, 「모순(矛盾)과 역설(逆說)」, 『범한철학』 26, 2002, 74쪽.

은 은혜에서도 해(害)만 발견하여 난리와 파괴를 불러 오고, 도인들은 해에서도 은혜를 발견하여 평화와 안락을 불러 오나니라.」(『대종경』, 요훈품 33장)

'은혜에서도 해만 발견'하고, '해에서도 은혜를 발견'한다는 것은 역설이다. 은혜와 해는 양 극단에 놓인 개념이어서 병존하기 어려워 보인다. 그러나 위 구절은 역설을 통해 '진리'를 전하려 한다. 은혜에서 해를 발견하고 해에서 은혜를 발견한다는 것은 은혜와 해가 둘이 아님을 시사한다. 이 세상의 모든 해가 알고 보면 은혜인데, '중생'은 이를 모르고 표층적 의미에 머무른다. 겉으로 인지되는 '해'만 읽을 수 있는 것이다. 반대로 '도인'은 세상만사가 은혜임을 알아서, '해'에서도 심층적 의미로서의 '은혜'를 발견한다는 뜻이다.

문장 구조에 따른 표현

1) 대조
대조는 반대되는 언어나 관념을 함께 드러냄으로써 서로의 차이를 두드러지게 보여주는 것이다.[18] 의미를 효과적으로 강조하고 싶을 때 사용하는 기법으로, 그저 하나의 상태를 설명하는 것보다 반대되는 상태를 함께 드러냄으로써 두 가지 상태가 모두 강한 인상을 남기도록 한다.

> 대종사 말씀하시기를 「내가 못 당할 일은 남도 못 당하는 것이요, 내게 좋은 일은 남도 좋아하나니, 내 마음에 섭섭하거든 나는 남에게 그리 말고, 내 마음에 만족하거든 나도 남에게 그리 하라. 이것은 곧 내 마음을 미루어 남의 마음을 생각하는 법이니, 이와 같이 오래오래 공부하면 자타의 간격이 없이 서로 감화를 얻으리라.」(『대종경』, 인도품 12장)

'내가 못 당할 일'과 '내게 좋은 일'이 대조되고, '남도 못 당하는 것'과 '남도 좋아하나니'가 대조되며, '내 마음에 섭섭하거든' 과 '내 마음에 만족하거든'이 대조되고, '나는 남에게 그리 말고' 와 '나도 남에게 그리 하라'가 대조된다. 이 표현은 '나'와 '남'의

---

18 '고저장단' 같은 표현에서 대조의 효과를 알 수가 있다. 높음과 낮음, 길고 짧음을 대조함으로써 각각의 의미가 선명히 드러난다. 짝을 이루는 각 표현들은 형식적인 면뿐 아니라 내용적인 면에서도 대조의 효과를 준다.

차이를 축으로 하여 '좋은 것'과 '싫은 것'의 차이, '만족'과 '불만족'의 차이, '행함'과 '행하지 않음'의 차이를 부각시킨다. 이는 '내 마음을 미루어 남을 생각하는 법', 즉 '나'의 입장을 성찰함으로써 '남'의 입장을 헤아리도록 하기 위한 것으로, 수사적 측면에서는 '내 마음을 미루는 것'과 '남을 생각하는 것'이 서로를 기반으로 할 때라야 그 의미가 제대로 전해진다는 점을 시사한다. 마찬가지로, 인도품 12장에서도 '만족'과 '행함', '불만족'과 '행하지 않음'을 함께 사용하여 각 표현의 의미가 독자에게 부각되도록 하고 있다.

2) 반복

반복은 동일하거나 유사한 뜻의 단어, 또는 어구, 문장을 반복적으로 사용함으로써 전하려는 의미를 호소력 있게 표현하는 것을 말한다.[19] 로렌스 페린(Laurence Perrine)은 인간이 기본적으로 변형과 결합을 선호하는 심리를 가지고, 이에 예술의 기본구조를 이루는 두 요소는 '반복과 변화'라고 하였다. 여기에서 '반복'의 기능을 위한 음악적 장치는 각각의 음소(모음과 자음), 음절,

---

19 '파랗다/파랗다/하늘은 파랗다'와 같이 반복적 표현을 통해 의미를 강조할 수 있다.

단어, 구, 행, 단락 등에 설치될 수 있다.[20] 이 점에서 반복은 두운법·모운법·각운법 같은 소리에 따른 수사법으로부터, 대조법이나 열거법 같은 문장 조직에 따른 수사법, 그리고 감정에 호소하는 수사법 등 다양한 방법들에 깊이 연관되어 있다.[21]

> … 곧 심지(心地)에 요란함이 있었는가 없었는가, 심지에 어리석음이 있었는가 없었는가, 심지에 그름이 있었는가 없었는가, 신·분·의·성의 추진이 있었는가 없었는가, 감사 생활을 하였는가 못하였는가, 자력 생활을 하였는가 못하였는가, 성심으로 배웠는가 못 배웠는가, 성심으로 가르쳤는가 못 가르쳤는가, 남에게 유익을 주었는가 못 주었는가를 대조하고 또 대조하며 챙기고 또 챙겨서 필경은 챙기지 아니하여도 저절로 되어지는 경지에까지 도달하라 함이니라…. (『대종경』 수행품 1장)

수행품 1장에서는 종결어미 '-는가'를 반복적으로 사용하여 각운[22] 효과를 만들어 낸다. 일정한 위치에서 동일한 종결어미의

---

20 로렌스 페린, 『소리와 의미』, 조재훈 역, 형설출판사, 1998, 359-362쪽.
21 김욱동, 위의 책, 242쪽.
22 각운이란 끝부분의 음들이 동일한 소리를 내며 반복적으로 나타나는 것을 말한다.

반복으로 운율적 효과를 얻고 있는데, 이러한 음악성은 독자들로 하여금 '일상수행의 요법'을 매일같이 대조하는 것이 어떤 것인지 분명하게 이해하도록 유도한다. 또한 반복을 통한 각인 효과가 그 내용을 빨리 그리고 오래 기억되게 한다. 위의 경우 '일상수행의 요법'은 대조하고 또 대조하며 챙기고 또 챙겨야 제대로 실천하는 것으로 정의된다. '일상수행의 요법'을 반복적으로 대조해야 한다는 인식을 '반복'이라는 수사적 기법을 통해 독자에게 전이시키는 것이다. 이는 마치 예이츠가 시 「그래서?」("What Then?")에서 '그래서'라는 단어를 반복적으로 사용함으로써 자신뿐만 아니라 독자들로 하여금 삶의 참된 목적이 무엇인가에 대한 대답을 하도록 유도했던 경우와 흡사하다.[23]

3) 점층

점층법은 표현하려는 내용의 강도를 서서히 높여 가는 기법으로, 좁은 것에서 넓은 것으로, 작은 것에서 큰 것으로 확장하여 호소력 있게 전달하거나 감동을 안겨준다.[24] 즉 내용의 긴장미를 표현하기 위한 수법으로, 언어의 내용을 사다리 올라가듯

23 유병구, 「예이츠의 시에 나타난 반복적 수사」, 『영미어문학』 96, 2010, 38-39쪽.
24 '수신제가치국평천하'와 같이 강도와 범위를 점진적으로 높여나간다.

한 층 한 층 북돋아 올려놓아서 읽는 사람의 감정을 절정까지 끌어올리고자 할 때 쓰인다.[25]

> ① 대종사 말씀하시기를 「큰 재주 있는 사람은 남의 재주를 자기 재주 삼을 줄 아나니, 그런 사람이 가정에 있으면 그 가정을 흥하게 하고, 나라에 있으면 나라를 흥하게 하고, 천하에 있으면 천하를 흥하게 하나니라.」 (『대종경』, 인도품 13장)
>
> ② … 같은 한 물건이지마는 한 사람에게만 주면 그 한 사람이 즐겨하고 갚을 것이요, 또는 한 동리나 한 나라에 주면 그 동리나 나라에서 즐겨하고 갚을 것이요, 국한 없는 세계 사업에 주고 보면 전 세계에서 즐겨하고 갚게 될 것이라…. (『대종경』, 변의품 27장)

①에서는 '남의 재주를 자기 재주 삼을 줄 아는 사람'이 있는 곳이 가정, 나라, 천하의 순서로 확장되어 표현된다. ②에서는 물건을 공유하는 대상이 한 사람, 한 동리나 한 나라, 국한 없는 세계 사업으로 확장되어 표현된다. 이와 같이 『대종경』에서의 점층적 기법은 주로 개인적인 것에서부터 세계적인 것으로 그

---

25 고영진, 『글짓기! 무엇을 어떻게 할 것인가』, 정음, 2003, 36쪽.

범위를 넓히는 데 사용되고 있다.

　점층적으로 표현된 진술은 내용이 점차 고조되기 때문에, 그 단계적 과정을 거치는 동안 독자가 주의 집중을 하도록 유도한다. 만약 점층의 과정 없이 '그런 사람이 천하에 있으면 천하를 흥하게 하나니라.'고 축약하여 말한다면 ①만큼 주의를 집중하기는 어려울 것이다. 마찬가지로 '같은 한 물건이지마는 국한 없는 세계 사업에 주고 보면'이라고 한다면 ②만큼 주의 집중이 어렵고, 납득 또한 잘 되지 않을 것이다. 이러한 점에서, 『대종경』에서의 점층은 독자가 주의를 집중하는 과정을 거쳐 '천하', 또는 '국한 없는 세계 사업'에 이르고자 하는 원대한 동기를 가지도록 하는 것, 다시 말해 서원을 품게 하는 것을 최종 목적으로 하게 된다.

감정에 호소하는 표현

1) 영탄

　영탄은 고조된 감정을 직접적으로 표출하여 상대방에게 호소하기 위해 사용된다.[26] 벅차오르는 감정을 표현하는 데 사용되

26　영탄법이 쓰이는 경우는 대부분 감정을 드러내는 표현에 있다. 혹 '잘 된 일인데?'와

는 까닭에 감탄사 '오', '아', '어즈버'나 호격 조사 '아', '야', '이여', 감탄형 종결어미 '-아라/어라', '-구나', '-네' 등을 사용하게 된다. 그리고 더러는 명령어의 형태를 띠기도 한다.

> … 그대들이여! 시대가 비록 천만 번 순환하나 이 같은 기회 만나기가 어렵거늘 그대들은 다행히 만났으며, 허다한 사람 중에 아는 사람이 드물거늘 그대들은 다행히 이 기회를 알아서 처음 회상의 창립주가 되었나니, 그대들은 오늘에 있어서 아직 증명하지 못할 나의 말일지라도 허무하다 생각하지 말고, 모든 지도에 의하여 차차 지내가면 멀지 않은 장래에 가히 그 실지를 보게 되리라. (『대종경』, 서품 15장)

위의 경우는 호칭어 '그대들이여!'를 사용한 영탄의 표현이다. 영탄법은 돈호법과 혼동을 일으키기도 하는데, 이 표현이 돈호법[27]이 아닌 이유는 돈호법은 무생물, 동식물, 추상적 존재나 현존하지 않는 어떤 존재를 대상으로 하기 때문이다.

같이 마치 질문을 던지는 듯 하지만 사실은 축하하는 마음을 표현하는 경우도 영탄법을 사용한 경우다.
27 사람이나 사물을 불러 주의를 집중시키는 수사법.

서품 15장은 위에서 인용한 서품 15장의 상황맥락은 소태산이 발화를 하고 대중이 그 발화를 듣고 있는 것이며, '그대들'은 종교가에서 흔히 쓰이는 '신이시여!' 같은 돈호적 표현에서와 달리 '모든 지도에 의하여 차차 지내 가길' 바라는 구체적인 인물들이다.

『대종경』에 나타난 영탄의 표현 중 감탄사나 감탄형 종결어미는 찾을 수 없었고, 대신 호격 조사들이 발견되었다. 유추하건대, 호칭어를 중심으로 영탄을 사용한 이유는 진리를 실천해 가는 공부인, 또는 아직은 어리석음으로 인해 제대로 실천하지 못하는 이들을 향한 간절함과 안타까움 때문일 것이다. 반대로, 감탄사나 감탄형 종결어미가 주로 사용되고 호격조사는 사용되지 않았다면 영탄의 목적과 성격이 달라졌을 것이다. 그러나 『대종경』에 나타난 호칭어들은 대중을 향한 소태산의 연민과 애정을 간접적으로 느끼도록 하는 것이다.

2) 설의

수사학에서 설의는 의문문의 형식을 가지고는 있으나 일반적인 의문문의 기법과 다르다.[28] 일반적인 의문법은 명령법이나

---

28 마치 의문을 품고 질문하는 것 같지만 알고 보면 화자는 이미 답을 알고 있는 경우

청유법 등의 서법과 마찬가지로 청자의 존재를 필요로 한다. 여기서 청자는 반드시 언어적 반응을 보여야 한다는 특징을 가진다.[29] 그러나 수사학에서의 설의는 언어적 반응을 반드시 필요로 하지는 않으며, 오히려 독자가 스스로 결론을 얻을 수 있게하는 묘미가 있다.

> …대종사 들으시고 말씀하시기를 「그대들이 어찌 등상불에게는 불공할 줄을 알면서 산 부처에게는 불공할 줄을 모르는가.」…. (『대종경』, 교의품 15장)

노인 부부가 며느리의 불효를 견딜 수 없어 실상사 부처님께 불공을 드리려 하자, 법당의 불상이 아닌 함께 사는 며느리에게 불공을 할 것을 일러주는 대목이다. 비록 의문형 종결어미 '-는가'를 사용하여 의문문의 형태를 띠고 있지만, 이 대목을 통해 '가까이에 산 부처가 있으므로 그 산 부처에게 불공을 해야지 왜 등상불에게만 불공하려 하느냐' 하는 소태산의 안타까움을 반영하고 있다. 즉, 화용론적 의문이 아닌 산 부처에게 불공할 줄

다. '공든 탑이 무너지랴'는 속담이 설의법의 표현이다.

29 류현미, 「국어 의문법과 화용론적 연구」, 『어문연구』22, 1991, 348쪽.

을 알아야 한다는 결론이 문장에 내재된 의문이다. 평서문이 아닌 의문문의 형식으로서 답안이 포함된 내용을 제시하는 이유는, 그 내용이 그만큼 '기정사실'이라고 할 정도로 당연하고 확실하다는 것을 전제한다. 따라서 위와 같이 설의가 적용된 경우는 반드시 알아야 할 것을 모르는 상대에 대한 안타까움과 함께, 제대로 된 방법을 알 것을 정감 있게 촉구하는 것이다.

상호텍스트성 기반의 표현

1) 인유

인유는 잘 알려져 있는 사건 또는 명언이나 문구 등을 인용하여 표현하는 수사법이다.[30] 인유법을 사용하는 것은 독자가 이미 그 내용을 이해하고 있는 경우 인용을 통한 문장의 함축 또는 강조로써 저자의 의도를 전달받기 쉽기 때문이다. 그러나 만약 잘 알려지지 않은 문구를 인용할 경우에는 오히려 글을 산만하게 만들어 수사적 효과를 떨어뜨리게 된다.

---

30 '인용법'으로도 알려져 있다. 유명한 말, 격언, 감동적이었던 문구 등을 인용함으로써 효과적인 전달을 할 수 있다. '모방은 창조의 어머니라고 흔히 말한다.'라고 한다면 '모방은 창조의 어머니'라는 격언을 사용한 인유법에 해당한다.

…악한 마음이 자주 일어나 없애기가 힘이 드는 때에 정성스럽게 심고를 올리면 자연중 그 마음이 나지 않고 선심으로 돌아가게 되며, 악을 범하지 아니하려 하나 전일의 습관으로 그 악이 자주 범하여지는 경우에 그 죄과를 실심(實心)으로 고백하고 후일의 선행을 지성으로 발원하면 자연히 개과천선의 힘이 생기기도 하나니, 이것이 곧 감응을 받는 가까운 증거의 하나이며, 과거 전설에 효자의 죽순이나 충신의 혈죽(血竹)이나 우리 구인의 혈인이 다 이 감응의 실적으로 나타난 바이니라.… (『대종경』, 교의품 17장)

여기서는 '효자의 죽순', '충신의 혈죽'에 관한 고사와 역사를 인용하였다. '효자의 죽순'은 어느 효자가 병을 얻은 부친을 위해 엄동설한에 간절한 기도를 올린 끝에 죽순이 땅을 뚫고 올라왔고, 그 죽순으로 효성을 다하였다는 구전 설화다. 그리고 '충신의 혈죽'은 이방원이 정몽주에게 지지 세력이 되어줄 것을 요청하였으나 정몽주는 이를 거절하였고 이에 이방원에 의해 선죽교에서 피살을 당했는데 혈흔이 묻은 그 자리에 핏자국 모양이 선연한 대나무가 자라났다는, 잘 알려진 이야기이다.

교의품 17장에서 '효자의 죽순'과 '충신의 혈죽'을 '우리 구인의 혈인'과 함께 언급한 것은, 독자가 이 이야기들을 잘 알고 있고

따라서 심고의 감응이 정성에 따라 '상상하지 못할 위력'을 얻는
다는 것을 이해하는 데 도움이 되기 때문이다. 이렇게 인유법을
사용하지 않았다면 충분한 감화를 불러일으키기 어렵고 설득력
도 덜했을 것이다. '효자의 죽순'이나 '충신의 혈죽'을 예로 든 것
은, '심고의 감응'이라는 어쩌면 추상적이고 이해하기 어려운 내
용을 독자가 쉽게 이해할 수 있도록 한다.

2) 경구

수사법에서 사용되는 경구는 보편적으로 인정되어 있는 속담
이나 격언들을 가리킨다.[31] 날카로운 경구를 통해 듣는 사람을
일깨울 수 있다. 경구법의 특징은 기발한 표현을 사용해 신선한
자극을 준다는 점이다. 『대종경』이 경전이기 때문인지, 익살스
럽거나 특이한 표현을 사용한 경구법의 흔적은 거의 보이지 않
는다. 다만 아래와 같이 '나발 불다'라고 하는 익숙한 관용구를
통해 자극을 준 경우는 경구법에 해당한다고 볼 수 있다.

---

31 '오이밭에서 신 고쳐신지 마라고 했다'처럼 흔히 알고 있는 표현을 인용하는 수사법
  이다. 비슷한 수사법으로 '풍유'가 있는데, 풍유는 이솝우화와 같이 원관념의 본래
  의미를 감춘 상태에서 비판이나 풍자를 하는 수사법이다.

우리 속담에 말하고 다니는 것을 나팔[32] 불고 다닌다고도 하나
니, 사람사람이 다 나팔이 있어 그 나팔을 불되 어떤 곡조는 듣
는 사람의 마음을 편안하게 하고, 어떤 곡조는 듣는 사람의 마
음을 불안하게 하며, 어떤 곡조는 슬프게 하고, 어떤 곡조는 즐
겁게 하며, 어떤 곡조는 화합하게 하고, 어떤 곡조는 다투게 하
여, 그에 따라 죄와 복의 길이 나누이게 되나니라. (『대종경』, 인
도품 21장)

위 대목에서는 '나발 불고 다닌다'라는 관용적 표현을 사용하
고 있다. 나발을 분다는 말은 당치 않은 말을 함부로 하거나 과
장하여 말을 한다는 사전적 의미를 가진다.[33] '나발 불다'는 〈국
립국어원 표준국어대사전〉에서 '속된 표현'으로 정의되고 있는
데, 그 이유는 사람의 입을 나발에 비유했기 때문이라 보인다.
소태산이 이렇게 속된 관용구를 활용한 이유는, '나발 불다'가
속된 표현이기는 하지만 민중에게는 친숙하기 때문이었을 것이

---

32 현재 『대종경』에는 '나팔'로 표현되고 있으나, '나팔'의 바른 표기는 '나발'이다. '나팔
(喇叭)'은 금속으로 만든 관악기로 행군하거나 신호할 때 쓰는 것, '나발(喇叭)'은 옛
관악기로 규정된다. 『대종경』에서의 '나팔'은 '나발'로 표기되는 것이 맞다. 〈국립국
어원 표준국어대사전〉, https://stdict.korean.go.kr/main/main.do
33 〈국립국어원 표준국어대사전〉, https://stdict.korean.go.kr/main/main.do

다. 어쨌든 친숙한 '나발 불다'를 통해 상생과 평화의 관계를 맺어나갈 것을 수사적으로 당부한다. 이와 같이 소태산과 관용구의 만남은 경구법의 효과를 유도하고 있다.

3. 얽힘, 모두의 연대

대종경의 수사학적 특징

지금까지 『대종경』 속에서 활용된 수사학적 기법들을 살펴보았다. 먼저 의미 전이에 따른 표현들로는 은유, 직유, 역설을 찾아보았다. 은유, 직유에서는 '하늘', '구름', '달', '거울', '소 길들이기', '약재', '병원'과 같이 우리의 일상생활에 가까운 표현들이 사용되고 있다. 그리고 역설에서는 상식을 벗어난 접근으로 주의를 환기시킴으로써 가르치고자 하는 바를 효과적으로 전달하고자 하였다. 이와 같이 독자의 생활문화를 도입하거나 이로부터 의도적으로 벗어난 표현을 한 것은, 독자에게 익숙한 요소들을 통해 교리를 좀 더 쉽게, 그리고 깊이 이해하도록 하는 뜻이 반영된 것이다.

다음으로 문장 구조에 따른 표현들로는 대조, 반복, 점층이 있었다. 대조에서는 대응하는 어구들이 서로를 기반으로 그 의미의 완성도를 높이고, 나아가 독자에게 부각되도록 하고 있다.

반복에서는 교리를 대조하며 실천해야 하는 필요성을 반복적으로 언급하는 등, 수사적 기법을 통해 내용을 강조하고 있다. 점층에 있어서는 개인적인 것으로부터 세계적인 것에 이르기까지 점차 그 내용을 확장해 가고 있음을 알 수 있다. 이와 같이 점진적인 확장은 독자의 주의 집중과 마음가짐의 변화를 유도하고 있다. 이상의 문장 구조에 따른 표현들은 공통적으로 독자에게 동기를 부여하는 측면에서 사용되었음을 알 수 있다.

감정에 호소하는 표현들로는 영탄, 설의가 있었다. 영탄을 사용한 표현으로는 '그대들이여!'와 같은 호칭어가 발견되었다. 이는 소태산의 발화를 듣는 구체적인 대상, 그리고 미래의 독자들을 향해 다소 고조된 감정으로 호소하는 기능을 한다. 설의적 표현에서는 꼭 알아야 하는 것을 모르는 것에 대한 소태산의 안타까움, 그리고 정감 있는 촉구를 읽을 수 있다. 이상 감정에 호소하는 표현들에는 독자가 진리를 알고 실천하길 바라는 소태산의 간절함, 아쉬움과 염려, 그로 인한 호소와 강조가 드러났다.

상호텍스트성에 기반을 둔 표현들로는 인유, 경구를 탐색하였다. 인유에서는 우리에게 잘 알려져 있는 이야기를 사용함으로써 추상적인 개념을 쉽게 이해하도록 하고 있다. 경구법은 기발하고 간결한 격언이나 속담, 관용구 등을 사용해 독자가 새로운 인식을 할 수 있도록 한다. 이상의 상호텍스트적 표현들은 독자가 이해하기 어렵고 친숙하지 않은 개념들을 좀 더 실감나게, 또는 격언 및 속담이 가진 권위에 대한 신뢰를 바탕으로 쉽게 이해할 수 있도록 하였다. 네 범주의 수사학적 표현들이 가지는 성격을 정리하면 다음과 같다.

a. 익숙한 의미로 전이된다.

b. 동기 유발을 유도한다.

c. 간절함과 염려를 전한다.

d. 좀 더 수월한 이해로 안내한다.

인지적 측면에서의 대종경

『대종경』의 이러한 수사학적 표현의 특성은 인지적 측면과 정의적 측면에서 그 의의를 살펴볼 수 있다. 먼저 인지적 측면에서는 좀 더 쉽고 일상적인 표현으로 독자의 이해를 돕는다는 점, 다음으로 정의적 측면에서는 독자의 동기 유발을 유도할 뿐 아니라 그들의 깨달음과 체득을 향한 간절함과 염려를 전한다는 점이다.

인지적 측면에서 『대종경』은 독자에게 익숙한 의미로 전이됨으로써 오히려 '원초적 언어'로서 기능을 한다. 독자는 생활 속에서 가까이 접하는 요소들을 동원한 수사적 기법을 통해 소태산의 가르침을 좀 더 쉽게 이해할 수 있는데, 이는 익숙한 표현들이 소태산의 원관념을 만나 '원초적 언어'가 되도록 하였기 때문이다. 원초적 언어를 다른 말로 하면 '원시인이 사용하던 것과 같은 언어'라는 말도 된다. 태초에 말이 처음 생겨날 때, 사물 하나하나에 의미 있는 이름을 붙이는 것처럼 그 대상을 표현하는 새롭고도 낯선 언어라야 진리를 효과적으로 전달할 수 있다. 사물의 본질을 적확하게 지칭하는 '일물일어'(一物一語)와 같은 언어[34]를 발견하는 것이 바로 수사학적으로 진리를 전하려 함에 우선적으로 요청되는 요건이다.

『대종경』 속 일상적인 독자의 언어들이 소태산의 원관념을 만나 원초적이고 낯선 언어로 탈바꿈할 수 있을 것이다. 소태산의 원관념은 일상적이고 흥미로운 언어를 통해 독자에게 쉽게 '지각'된다. 텍스트에서 독자를 낯설게 하는 것은 하나의 참신한 관점이 낯익은 대상을 낯설게 보이도록 함으로써 독자로 하여금 '지각'을 할 수 있게 한다.[35] 여기에서 '참신한 관점'은 원관념과 관계를 형성한 보조관념으로서의 언어이고, '낯익은 대상'은

34 김대행, 『문학이란 무엇인가』, 문학사상사, 1992, 93쪽.
35 빅터 쉬클로프스키, 『러시아 형식주의 문학이론』, 한기찬 역, 월인재, 1980, 23-34쪽.

312
은혜철학의 발견

원관념의 전달을 위해 보조관념으로 사용된 독자의 언어이다.

만약『대종경』에 독자의 일상적 언어가 아닌 생소한 표현들이 수사법 없이 그대로 사용되었다면, 진리를 받아들이고 지각하는 것은 어려운 일이라는 선입견이 독자의 마음에 자리 잡게 되고, 따라서 원불교의 대중화는 크게 지장을 받았을 것이다. 그러나『대종경』에서는 수사법을 활용함으로써 일부 생소하고 고차원적인 내용을 좀 더 친근하고 쉽게 수용할 수 있게 하였다. 이해하기 쉽고 익숙한 것이 보조관념으로 사용되어야 이해의 발판을 마련할 수 있다. 또한 독자를 낯설게 함으로써 차원 높은 깨달음을 얻을 수 있도록 돕는 것이다. 그럼으로써 경전(『대종경』)이 목적하는 설득과 이해를 성공적으로 수행할 수 있게 된다. 한편 의도적으로 리듬을 독특하게 한 단어 구사나 어법 또한 이러한 효과를 주는데,『대종경』에 나타난 수사학적 표현, 즉 원초적이고 낯선 언어 표현들뿐 아니라 운율적 특색을 보이는 문장들이 전부 이 경우에 해당한다. 즉 익숙한 언어와 참신한 관점을 수사학적으로 구현함으로써, 독자로 하여금『대종경』의 교의를 능동적으로 이해하고 수용할 수 있도록 하는 것이다.

소태산의 언어관에 따르면 '언어명상이 완연한 상태'는 '언어명상이 돈공한 상태'와 분리되는 개념이 아니다.『대종경』에서는 말과 글이 끊어진 경지만 추구하는 것이 아니며, 그렇다고 해서 언어로 모든 개념이 완전히 설명된다고 본 것도 아니다. 『대종경』에 나타난 수사학적 표현들은 원초적이고 낯선 기분을 느끼게 함으로써 이 두 국면 사이에 발생할 수 있는 간격을 좁히는 역할을 하고 있다. 즉, 언어명상이 완연한 상태의 소태산의 가르침이 독자의 내면에 깊이 파고들고, 이로써 마침내는 언어명상이 돈공한 경지에도 이르도록 하는 '교량'으로서의 역할을 부여받은 것이다.

정의적 측면에서의 대종경

다음으로 정의적 측면에서는 독자, 즉 '공부인'의 동기를 유발하고 그들을 진리의 세계로 인도하고자 하는 간절함과 염려를 전하고 있다. 이는 『대종경』의 구성 방식이 공부인을 중심에 두고 있음을 의미한다. 공부인은 원불교 교인뿐만이 아니라 『대종경』을 읽는 사람 모두를 가리킨다는 점에서 한편으로 '대중' 일반이라고도 말할 수 있다. 원불교는 대중 지향적인 종교로 세상에 나타난 데 이어, 다음과 같은 측면에서 대중의 연대를 추구하며 교법을 전개하고 있다.

첫째, 대중은 소태산에게 교화의 대상인 동시에 연대의 주체다. 소태산은 "우리들의 일이 마치 저 기러기 떼의 일과 같으니,

시절 인연을 따라 인연 있는 동지가 혹은 동에 혹은 서에 교화의 판을 벌이는 것이 저 기러기들이 철을 따라 떼를 지어 혹은 남에 혹은 북에 깃들일 곳을 벌이는 것과 같다"[36]고 하여, 대중이 기러기 떼와 같이 동반자이자 서로 연대의 주체임을 말하고 있다.

둘째, 대중은 불성을 가진 부처이다. 그는 부처를 봉안한 장소가 어디인지 질문하는 시찰단 일행에게 농구를 메고 들에서 돌아오는 산업부원 일동을 가리키며 "저들이 다 우리 집 부처"[37]라고 답하였다. 또한 "대중의 마음을 모으면 하늘 마음이 되며, 대중의 눈을 모으면 하늘 눈이 되며, 대중의 귀를 모으면 하늘 귀가 되며, 대중의 입을 모으면 하늘 입이 되나니, 대중을 어찌 어리석다고 속이고 해하리요."[38]라고 하여, 대중의 위력에 대해 경외심을 가져야 할 것을 강조한다. 이는 사실 "처처불상(處處佛像) 사사불공(事事佛供)", "일원은 제불·조사·범부·중생의 성품", "일원상과 같이 원만 구족하고 지공무사한 각자의 마음" 등 누구나 갖춘 '불성'에 연관된 이야기이다. 모두가 불성을 가지고 있기에 동등하며, 누구나 이 불성을 기반으로 '성불제중 제생의세'[39]를

---

36 『대종경』 교단품 19장.
37 『대종경』 성리품 29장.
38 『대종경』 인과품 23장.
39 원불교인이 궁극적으로 지향하는 삶의 목적이다. '성불제중'은 깊은 마음공부를 통

할 수 있다고 보는 관점이다.

서로 동등한 연대의 주체, 그리고 불성을 가진 존재로서 대중의 이 두 가지 의미는, 『대종경』의 수사학적 구성이 독자 중심적으로 되어 있다는 점을 뒷받침한다. 텍스트에 대한 독자의 주체적이고 능동적인 의미 구성을 유도하기 위해서는 독자의 이해력과 창의력에 대한 신뢰가 우선되어야 한다. 그러지 않고서는 어디까지나 저자의 의도를 일방적으로 전달하는 도그마의 텍스트, 저자의 생각에 독자의 해석을 끼워 맞추려 하는 강압의 텍스트만이 생산될 뿐이다. 이 점에서 『대종경』은 수사학적 표현을 사용함에 있어, 독자의 불성을 전제하는 동시에 연대의 주체로 위상을 정립함으로써 독자의 주체성과 능동성을 지향하고 있다.

언어의 대공사(大公事)

경전에 수사학적 표현이 다양하게 등장해야 한다는 당위성은 없다. 경전은 어디까지나 교의와 창시자의 언행을 기록한 것이지, 문학 작품이 아니기 때문이다. 그럼에도 경전에서 수사학적

해 깨달음을 얻고 일체 생령을 교화하는 것을 말한다. '제생의세' 또한 비슷한 맥락에서 사용되는 말로, 나 자신뿐 아니라 병든 세상을 치유하는 삶을 살 것을 권한다.

표현이 여러 차례 그것도 다양한 범주에서 사용된다면, 이는 경전이 가지는 교리적 특수성의 측면에서도 검토될 필요가 있다.

지금까지 소태산의 언행록인 『대종경』을 수사학적으로 살펴보았는데, 이 과정은 『대종경』의 통시적 형성사가 아닌 공시적 텍스트 연구에 주안점을 두고 진행되었다. 따라서 『대종경』의 텍스트가 소태산의 법설을 편집 과정에서 사실 그대로 옮겨 담았는지의 여부가 아닌, 현재 독자들에게 읽혀지고 있는 『대종경』 내의 수사학적 표현들 자체를 검토한 것이다.[40] 지금, 바로 여기에서, 독자가 그 내용을 바르게 이해하고, 적극적으로 실천하며, 은혜의 연대를 실천하길 바랐던 소태산의 심경은 지금도 『대종경』에 고스란히 남아 있다. 『대종경』은 일원의 체성에 합하여 언어의 길이 끊어진 경지가 인류의 성불제중을 위해 언어에 합치되어 나타난 대공사(大公事)이다. 소태산은 열반한 지 오래이지만, 지금을 살아가는 우리는 『대종경』에 나타난 표현들의 본래적 기능과 의의를 이해하고 실천할 수 있기를 염원한다.

---

40 통시적 관점에서의 『대종경』 연구는 「대종경 법문의 상황성 연구: 주산종사의 대종사법설 수필집 중심으로」(박광수, 1998), 『원불교 교리성립사』(고시용, 2012), 「교서결집에 대한 연구 - 『대종경』을 중심으로」(류성태, 2014) 등을 참조하기 바란다.

"언어와 종교의 관계는 도달할 수 없는 미지의 섬 같은 것이다. 언어는 눈으로 읽고 귀로 들을 수 있으며 입으로 말할 수 있는 실체이지만, 종교의 교리는 보이지 않는 세계까지 포괄하기 때문에 그 실체를 명확히 전달하기란 쉬운 일이 아니다. 언어와 종교는 함께 평행선을 달릴 뿐이다. 그러나 소태산과 비트겐슈타인의 생각을 빌려 고민해보건대, 누구나 언어를 통해 언어의 길이 끊어진 경지에도 도달할 수 있다. 마치 명상가가 호흡을 통해 깊은 이완과 통찰의 세계에 진입하듯이 말이다. 그래서 언어는 종교와 끈끈한 관계를 맺고 있다. 경전에서 사용된 수사법 또한 이러한 측면에서 이해될 필요가 있다."

찾아
보기 ____

____ 참고
문헌

참고문헌

〈경전·원전류〉
『동경대전』
『대산종사법문집』
『대산종사법어』
『대종경』
『보경육대요령』
『불교정전』
『월말통신』
『정전』
『정산종사법어』
『원불교교사』
『해월신사법설』
원불교 정화사 편, 『원불교 교고총간』, 원불교출판사, 1994.
원불교 정화사 편, 『원불교전서』, 원불교출판사, 1998.

〈단행본〉
고시용, 『원불교 교리성립사』, 한국학술정보, 2012.
고영진, 『글짓기! 무엇을 어떻게 할 것인가』, 정음, 2003.
김대행, 『문학이란 무엇인가』, 문학사상사, 1992.
김애령, 『여성, 타자의 은유』, 그린비, 2012.
김욱동, 『수사학이란 무엇인가』, 민음사, 2002.
김용해, 「연대의 가능성과 인간의 의무」, 『생명연구』 45, 2017.
김은주, 「포스트휴먼은 어떻게 지구 행성의 새로운 유대를 만드는가?」, 이감
　　　문해력연구소 기획, 『21세기 사상의 최전선』, 이성과감성, 2020.
김용휘, 『최제우의 철학』, 이화여자대학교출판부, 2012.
김지정, 『개벽의 일꾼』, 원불교출판사, 1985.
김지하, 『생명학1』, 화남, 2003.

김택근,『사람의 길-도법스님 생명평화 순례기』, 들녘, 2008.

김팔곤,「일원상진리 소고」,『일원상진리의 제연구 上』, 원광대학교 원불교사
상연구원, 1989.

그레고리 베이트슨,『마음의 생태학』, 박대식 역, 책세상, 2006.

노권용,「원불교 법신불신앙의 의의와 과제」,『원불교 신앙론 연구』, 원불교사
상연구원 편, 원광대학교출판국, 1996.

대산종사수필법문편찬회 편,『대산종사수필법문집』1, 원불교100년기념성업
회, 2014.

대한불교조계종 포교원 엮음,『불교의 이해와 신행』, 조계종출판사, 2004.

데릭 젠슨,『문명과 혐오』, 이현정 역, 아고라, 2020.

데이비드 보이드,『자연의 권리-세계의 운명이 걸린 법률 혁명』, 이지원 역, 교
유서가, 2020.

도나 해러웨이,『해러웨이 선언문』, 황희선 역, 책세상, 2019.

디페시 차크라바르티,『유럽을 지방화하기』, 김택현·안준범 옮김, 그린비,
2014.

루드비히 비트겐슈타인,『논리-철학 논고』, 이영철 역, 책세상, 2006.

_____,『비트겐슈타인 철학일기』, 변영진 역, 책세상, 2015.

미하이 칙센트미하이,『창의성의 즐거움』, 노혜숙 역, 북로드, 2003.

박남희,『레비나스, 그는 누구인가』, 세창출판사, 2019.

빅터 쉬클로프스키,『러시아 형식주의 문학이론』, 한기찬 역, 월인재, 1980.

래리 라스무쎈,『지구를 공경하는 신앙』, 한성수 역, 생태문명연구소, 2017.

로렌스 페린,『소리와 의미』, 조재훈 역, 형설출판사, 1998.

로지 브라이도티,『유목적 주체』, 박미선 역, 여이연, 2004.

류병덕,『원불교와 한국사회』, 시인사, 1977.

_____,『소태산과 원불교사상』, 원광대학교 출판국, 1995.

류성태,『동양의 수양론』, 학고방, 1996.

린 마굴리스·도리언 세이건,『생명이란 무엇인가』, 김영 역, 리수, 2016.

마사 너스바움,『혐오와 수치심』, 조계원 역, 민음사, 2015.

모심과살림연구소,『죽임의 문명에서 살림의 문명으로-한살림선언·한살림
선언 다시읽기』, 도서출판 한살림, 2014.

문순홍,「생명운동의 이념과 전략」, 법륜(法輪) 편,『생명운동작은대학-생태주

의 논의와 생명운동의 지향』, 사)한국불교환경교육원, 2000.

박길진, 『일원상과 인간의 관계』, 원광대학교출판국, 1985.

박혜명, 『함께 한 서원의 세월』, 원불교출판사, 1989.

백낙청 외, 『문명의 대전환을 공부하다』, 창비, 2018.

벤자민 리 워프, 신현정 역, 『언어, 사고, 그리고 실재』, 나남, 2010.

샐리 맥페이그, 『풍성한 생명』, 장양미 역, 이화여자대학교출판부, 2008.

송봉구, 『동학을 배우다 마음을 살리다』, 모시는사람들, 2020.

송천은, 「소태산의 일원상진리」, 『일원상진리의 제연구 下』, 원광대학교 원불
  교사상연구원, 1989.

시노하라 마사타케, 『인류세의 철학』, 조성환 외 역, 모시는사람들, 2022,

신도형, 『교전공부』, 원불교출판사, 1981.

신승철, 『펠릭스 가타리의 생태철학』, 그물코, 2011.

신창호, 『경敬이란 무엇인가』, 글항아리, 2018.

아르네 네스 외, 『산처럼 생각하라』, 이한중 역, 소동, 2012.

아르준 아파두라이, 『소수에 대한 두려움』, 장희권 역, 에코리브르, 2011.

아리스토텔레스, 『수사학 / 시학』, 천병희 역, 숲, 2017.

앤드루 H. 놀, 『지구의 짧은 역사』, 이한음 역, 다산북스, 2021.

에드가 모랭, 『유럽을 생각한다』, 임문영 역, 문예출판사, 1995.

에마뉘엘 레비나스, 『시간과 타자』, 강영안 역, 문예출판사, 1996.

_____, 『윤리와 무한. 필립 네모와의 대화』, 양명수 역, 다산글방, 2000.

_____, 『신, 죽음 그리고 시간』, 김도형 외 역, 그린비, 2013.

_____, 『타자성과 초월』, 김도형・문성원 역, 그린비, 2020

우치다 다쓰루, 『사랑의 현상학』, 이수정 역, 갈라파고스, 2013.

울리히 벡, 『자기만의 신』, 홍찬숙 역, 도서출판 길, 2013.

원불교학교재연구회 편, 『원불교학개론』, 원광대학교출판국, 1985.

윤노빈, 『신생철학』, 학민사, 2010.

윤대선, 『레비나스의 타자물음과 현대철학』, 문예출판사, 2018.

윤보라 외, 『여성 혐오가 어쨌다구?』, 현실문화, 2015.

윤해연, 「일인용 캡슐」, 『일인용 캡슐』, 김소연 외 저, 박창희 편, 라임, 2021.

이규성, 『최시형의 철학』, 이화여자대학교출판부, 2011.

이돈화, 『신인철학』, 일신사, 1963.

이주연, 「지구적 연대를 위한 뒤섞임」, 『우리는 어디로 가야 하는가』, 모시는 사람들 철학스튜디오 기획, 모시는사람들, 2020.

장일순, 『나락 한알 속의 우주』, 녹색평론사, 2009.

정혜정, 「동학의 성경신 이해와 분석」, 『동학학보』 3, 2002.

제인 베넷, 『생동하는 물질』, 문성재 역, 현실문화, 2020.

조성환, 『한국 근대의 탄생』, 모시는사람들, 2018.

_____, 「동학에서의 제천의례의 일상화」, 원광대학교 종교문제연구소 기획, 『한국 근현대 민족중심 제천의례 조명』, 모시는사람들, 2021.

조지 세션스, 「세계관으로서 근본 생태론」, 『세계관과 생태학』, 메리 이블린 터커, 존 A. 그림 엮음, 유기쁨 역, 민들레책방, 2003.

조지형 외, 『지구사의 도전』, 서해문집, 2010.

최진석, 『노자의 목소리로 듣는 도덕경』, 소나무, 2001.

카롤린 엠케, 『혐오사회』, 정지인 역, 다산지식하우스, 2019.

칼 야스퍼스, 『계시에 직면한 철학적 신앙』, 신옥희 역, 분도출판사, 1989.

켄 윌버, 『무경계』, 김철수 역, 무우수, 2005.

_____, 『켄 윌버의 통합영성』, 김명권 · 오세준 역, 학지사, 2018

코막 컬리넌, 『야생의 법: 지구법 선언』, 박태현 역, 로도스출판사, 2016.

퀑탱 메이야수, 『형이상학과 과학 밖 소설』, 엄태연 역, 이학사, 2017.

클라이브 해밀턴, 『인류세』, 정서진 역, 이상북스, 2018.

토마스 베리, 『위대한 과업』, 대화문화아카데미, 2009.

_____, 『지구의 꿈』, 맹영선 역, 대화문화아카데미, 2013.

티모시 모튼, 『인류』, 김용규 역, 부산대학교출판문화원, 2021.

티모시 보서스, 『수사학 이론』, 이희복 외 역, 커뮤니케이션북스, 2007.

프란체스카 페란도, 『철학적 포스트휴머니즘』, 이지선 역, 아카넷, 2021.

프란치스코 교황, 『찬미받으소서』, 한국천주교주교회의, 2021.

하인리히 롬바흐, 『아폴론적 세계와 헤르메스적 세계』, 전동진 역, 서광사, 2001.

한기두, 『원불교 정전연구-교의편』, 원광대학교 출판국, 1996.

한나 아렌트, 『인간의 조건』, 이진우 역, 한길사, 2021.

한상운 외, 「환경권의 실체적 구현을 위한 입법 개선방안」, 한국환경정책 · 평가연구원, 2020.

한상운·서은주, 「2018 환경헌법포럼」, 한국환경정책·평가연구원, 2018.

한석환, 『아리스토텔레스 수사학 연구』, 서광사, 2015.

한정석, 『사은은 얽혀 있다』, 원불교출판사, 2004.

한종만, 「일원상진리의 상즉성」,, 『일원상진리의 제연구 上』, 원불교사상연구원, 1989.

_____, 『원불교 신앙론』, 원불교출판사, 1995.

혜강 최한기, 『氣學』, 손병욱 역주, 통나무, 2004.

James Lovelock, *Gaia, A new look at life on Earth*, Oxford university press, 1979.

Lynn Margulis and Dorion Sagan, *What is life*, University of California press, 1995.

Timothy Morton, *Hyperobject*, University of Minnesota press, 2013.

〈논문 및 정기간행물〉

강수택, 「연대의 개념과 사상」, 『역사비평』 102, 2013.

강은애, 「원불교의 생태학적 상상력: '개벽'의 생태 공공성을 중심으로」, 『원불교사상과 종교문화』 89, 2021.

공병혜, 「세계소외와 이야기적 정체성」, 『인간연구』 25, 2013.

구도완, 「6월항쟁과 생태환경」, 『역사비평』 2007년 봄호, 2007.

김경희, 「『장자』 외·잡편에 나타난 군주 통치론」, 『선도문화』 9, 2010.

김낙필, 「은사상의 생철학적 조명」, 『원불교사상과 종교문화』 9, 1986.

김도공, 「원불교 교의해석의 근대성 극복 문제(Ⅰ)」, 『원불교사상과 종교문화』 41, 2009.

_____, 「원불교 초기 전개과정에 나타난 공공성의 변모양상」, 『신종교연구』 28, 2013.

_____, 「원불교 100년의 후천개벽사상」, 『원불교학』 10, 2018.

_____·임병학, 「원불교 四恩의 『周易』 연원에 관한 고찰」, 『원불교사상과 종교문화』 67, 2016.

김도형, 「레비나스와 페미니즘 간의 대화」, 『철학논총』 96-2, 2019.

김성규, 「은사상의 의의-생태학적 윤리관에서 본-」, 『원불교학연구』 10, 1979.

김영신, 「송구영신을 기념하여 영장의 본처에 돌아가자.」, 『월말통신』 22, 불법연구회, 1929.

김용준, 「동학의 신관과 생명관: 이돈화의 해석을 중심으로」, 『동학학보』 18, 2009.

김용휘, 「동학의 수양론」, 『도교문화연구』 22, 2005.

김윤성, 「1920~30년대 한국사회의 종교와 여성 담론」, 『종교문화비평』 9, 2006.

김인철, 「초기자료에서 찾아본 일원상과 사은의 표현과정」, 『원불교학연구』 8, 1978.

김팔곤, 「사은윤리의 현대적 의의」, 『원불교 신앙론 연구』, 원불교사상연구원 편, 원광대학교출판국, 1996.

김현, 「원불교 事會敎化의 방향과 과제」, 『원불교사상과종교문화』 20집, 1996.

노권용, 「「교리도」의 교상판석적 고찰」, 『원불교사상과 종교문화』 45, 2010.

_____, 「원불교의 불신관 연구: 법신불사은을 중심으로」, 『원불교사상과 종교문화』 50, 2011.

류성태, 「소태산과 (少太山) 장자의 (莊子) 언어관 비교」, 『정신개벽』 3, 1984.

_____, 「사요의 용어 변천에 대한 연구」, 『원불교사상과 종교문화』 48, 2011.

류수열·이지선, 「은유 개념의 허상과 실상」, 『문학교육학』 46, 2015.

류현미, 「국어 의문법과 화용론적 연구」, 『어문연구』 22, 1991.

민순의, 「한국 불교의례에서 '먹임'과 '먹음'의 의미: 불공(佛供)·승재(僧齋)·시식(施食)의 3종 공양을 중심으로」, 『종교문화비평』 32, 2017.

민현주, 「원불교의 남녀평등사상과 실천에 관한 연구」, 이화여대 석사학위논문, 1994.

박길진, 「一圓相에 대하여」, 『원광』 57, 1967.

박광수, 「원불교의 상생(相生) 사상 - 사은(四恩)을 중심으로」, 『신종교연구』 12, 2005.

박민철·최진아, 「펠릭스 가타리의 생태철학: 카오스모제, 생태적 주체성 그리고 생태민주주의」, 『철학연구』 127, 2019.

박상권, 「원불교의 생명사상: 생명의 인식과 실천원리에 대하여」, 『원불교학』 2, 1997.

_____, 「진리 인식에 있어서 무-일원상 진리의 구조에 대한 해석에 있어서 무의 문제」, 『원불교사상과 종교문화』 40, 2008.

박석, 「『논어(論語)』의 '학(學)'의 용례를 통해서 본 공자(孔子) 수양론(修養論)의 특징」, 『중국문학』 58, 2009.

박세준, 2021. 「동학사상과 한국의 사회운동」, 『한국학논집』 83

박일준, 「인권에서 존재역량으로-가소성(plasticity)을 통해 성찰하는 공-산(sympoiesis)의 의미와 카트린느 말라부의 '파괴적 가소성'(destructive plasticity)에 대한 종교철학적 성찰-」, 『종교연구』 81-2, 2021.

박치완, 「'유럽의 지방화' 논제와 계몽주의적 보편주의 비판」, 『철학과 현상학 연구』 84, 2020.

박태현, 「헌법 제35조 환경권 조항의 개정 방향에 관한 일고찰-생태적지속가능성의 관점에서」, 『인권법평론』 20, 2018.

서재영, 「선의 생태철학 연구」, 동국대 박사학위논문, 2005.

신진식, 「노자의 수양론 체계」, 『윤리교육연구』 25, 2011.

심귀연, 「가부장적 구조 속에서 본 타자화된 여성」, 『철학논총』 59, 2010.

양선진, 「서양의 이성중심의 윤리학과 동양의 수양중심의 윤리학 비교-고대 희랍철학과 유가철학을 중심으로-」, 『동서철학연구』 75, 2015.

염승준, 「'법신불 사은' 신앙 연구」, 『원불교사상과 종교문화』 59, 2014.

원영상, 「근대 한국종교의 '세계'인식과 일원주의 및 삼동윤리의 세계관」, 『원불교사상과 종교문화』 84, 2020.

_____, 「기후위기시대 원불교의 역할-생명생태환경 보전의 관점에서-」, 『종교문화학보』 18-1, 2021.

유병구, 「예이츠의 시에 나타난 반복적 수사」, 『영미어문학』 96, 2010.

유정엽, 「사은 신앙의 고찰」, 『원불교사상과 종교문화』 25, 2001.

윤대선, 「'너'와 '나'의 삶의 공동체를 위한 페미니즘의 기원과 해석」, 『해석학 연구』 20, 2007.

이경무, 「모순(矛盾)과 역설(逆說)」, 『범한철학』 26, 2002.

이공주, 「정축을 맞으면서」, 『회보』 31, 불법연구회총부, 1937.

이기운, 「한국 근대불교잡지에 나타난 사회인식의 근대전 전환」, 『禪學』 24, 2009.

이길용, 「수양론으로 본 한국 신종교의 구조적 특징: 동학과 증산교를 중심으로」, 『동학학보』 25, 2012.

이상국, 「한살림운동이란?」, 『도시와 빈곤』 19, 1995.

이상봉, 「한국사회 중앙-지방 불평등에 대한 문화적 접근」, 『로컬리티 인문학』 20, 2018.

이상순, 「은(恩)의 연원과 실천원리」, 『원불교사상과 종교문화』 77, 2018.

이상화, 「지구화시대의 현장 여성주의: 차이의 존재론과 공간성의 사유」, 『한국여성철학』 4, 2004.

이성택, 「환경문제를 극복하는 새 가치관으로서의 恩」, 『원불교사상과 종교문화』 17 · 18, 1994.

이영주, 「직유의 효과에 관한 새로운 이해-직유의 벡터와 그 작용을 중심으로」, 『수사학』 3, 2005.

이재헌, 「한국 신종교의 생태담론과 생태사상: 동학, 원불교, 금강대도를 중심으로」, 『신종교연구』 15, 2006.

이재호, 「유학의 수양론과 대순진리의 수도론에 관한 고찰: 성, 경, 신을 중심으로」, 『대순사상논총』 12, 2001.

임전옥, 「상담자로서의 소태산 대종사」, 『원불교사상과 종교문화』 69, 2016.

이주연 · 허남진, 「기후위기시대 원불교사상의 생태학적 재해석」, 『원불교사상과 종교문화』 93, 2022.

이찬수, 「대산의 일원주의와 세계주의」, 『원불교사상과 종교문화』 61, 2014.

이희원, 「레비나스, 타자 윤리학, 페미니즘」, 『영미문학페미니즘』 17, 2009.

전동진, 「창조적 과정의 근본특징들: 롬바흐의 유일한 사유거리에 관한 일고」, 『현대유럽철학연구』 45, 2017.

전명수, 「신영성운동에 대한 종교사회학적 고찰」, 『한국사회』 5, 고려대학교 한국사회연구소, 2004.

전음광, 「우리의 신앙할 곳」, 『회보』 7, 불법연구회, 1934.

_____, 「도덕학을 공부함에 대하여」, 『회보』 41, 불법연구회총부, 1938.

정순일, 「사은신앙의 형성사적 연구」, 『원불교사상과 종교문화』 21, 1997.

_____, 「일원상 신앙 성립사의 제 문제」, 『원불교학』 8, 2002.

_____, 「'법신불사은' 호칭 제고」, 『원불교사상과 종교문화』 49, 2011.

_____, 「소태산 대종사의 생명철학」, 『원불교사상과 종교문화』 69, 2016.

정향옥, 「원불교 2세기 교화방안 연구」, 『원불교사상과 종교문화』 82, 2018.

조명래, 「'지구화'의 의미와 본질」, 『공간과 사회』 4, 1994.

조성면, 「대산(大山) 김대거(金大擧)의 사상과 문학-동아시아발(發) 근대 평화사상으로서의 원불교」,『한국학연구』18, 2008.

조성환,「정제두의 심학적 응물론」,『유교문화연구』1-19, 2011.

_____,「생명과 근대-원주의 생명학파를 중심으로-」,『한국종교』45, 2019.

_____ · 허남진,「인류세 시대의 새로운 존재론의 모색」,『종교교육학연구』 66, 2021.

한기두,「법신불 사은에 대한 고찰」,『원불교사상과 종교문화』20, 1996.

한종만,「불공의 원리에 대한 연구」,『원불교학연구』8, 1978.

황필호,「분석철학과 불교」,『僧伽』7, 1990.

황화경,「원불교 사은사상의 생명윤리」,『한국종교』40, 2016.

허남진 · 조성환,「디페시 차크라바르티의 지구인문학 (1)-지구(Earth)에서 행 성(Planet)으로」,『문학/사학/철학』67, 2021.

_____,「지구를 모시는 종교-동학과 원불교의 '천지론'을 중심으로-」, 『원불교사상과 종교문화』88, 2021.

허석,「원불교 정신개벽 사상의 사회 변혁적 성격 연구」,『한국종교』46, 2019.

허종희,「일원상진리에 관한 연구」, 원광대 박사학위논문, 2018.

_____,「일원상진리의 본원론과 현상론 소고」,『원불교사상과 종교문화』79, 2019.

은혜철학의 발견

등록 1994.7.1 제1-1071
1쇄 발행 2023년 5월 30일

지은이   이주연
펴낸이   박길수
편집장   소경희
편 집   조영준
관 리   위현정
디자인   이주향
펴낸곳   도서출판 모시는사람들
         03147 서울시 종로구 삼일대로 457(경운동 수운회관) 1207호
전 화   02-735-7173, 02-737-7173 / 팩스 02-730-7173

인 쇄   피오디북(031-955-8100)
배 본   문화유통북스(031-937-6100)
홈페이지   http://www.mosinsaram.com/

값은 뒤표지에 있습니다.
ISBN 979-11-6629-165-4   03290